DUMONT

W0194775

GERALD DRISSNER

ALS SPION AM NIL

4500 KILOMETER
ÄGYPTISCHE WIRKLICHKEIT

DUMONT

FSC
www.fsc.org
MIX
Papier aus ver-
antwortungsvollen
Quellen
FSC® C105485

1. Auflage 2013
© 2013 DuMont Reiseverlag, Ostfildern
Alle Rechte vorbehalten
Gestaltung: Herburg Weiland, München
Umschlagfoto: laif, Markus Kirchgessner
Umschlagkarte: Gerald Konopik, DuMont Reisekartografie
Innenkarten: Gerald Drißner
Printed in Spain
ISBN 978-3-7701-8252-7

www.dumontreise.de

Für die Ägypter,
die täglich ums Überleben kämpfen
und trotzdem ihren Humor
nicht verloren haben

HINWEIS

Einige Namen wurden in diesem Buch aus Rücksicht auf die Personen geändert.

INHALT

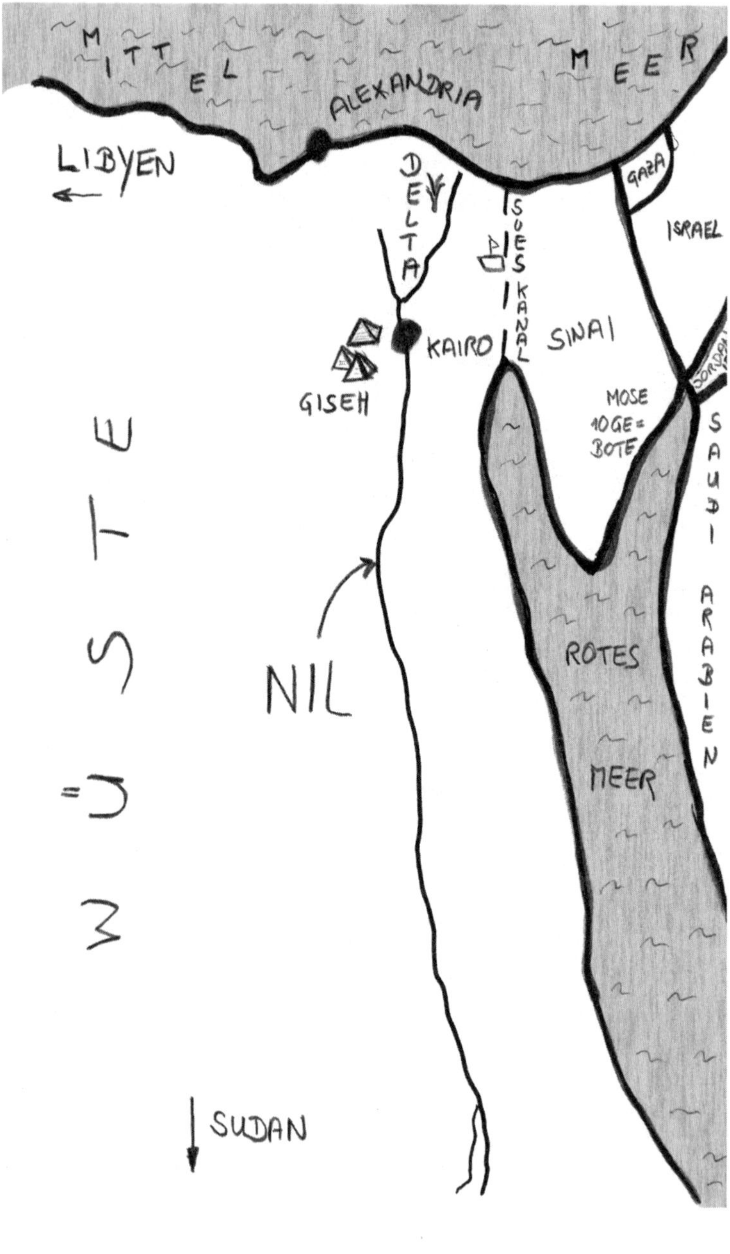
MITTEL MEER
ALEXANDRIA
LIBYEN
DELTA
SUES KANAL
GAZA
ISRAEL
KAIRO
SINAI
GISEH
MOSE
10 GE=
BOTE
SAUDI ARABIEN
ROTES
MEER
NIL
WÜSTE
SUDAN

Vor und nach der Revolution

ALEXANDRIA UND KAIRO

Kapitel

1

Alexandria

الإسكندرية

Die Sonne ist gerade untergegangen und lässt den Horizont aussehen, als hätte dort jemand mit einem Schweißbrenner gearbeitet. Die Wüste glüht und pocht in der Ferne, so sehen das meine Augen. Die Sonne wirkt in Ägypten größer und kräftiger als in Deutschland. Staub, Abgase und die flirrende Hitze machen sie, anders als in Hamburg, mehr zu einer reifen Blutorange als zu einer blassen Zitrone.

»Niemand zieht hier die Schuhe aus!«, ruft der Fahrer auf Arabisch nach hinten. Die Klimaanlage laufe auf Hochtouren, und er werde deshalb auf keinen Fall die Fenster aufmachen, »nur, weil es im Bus stinkt«. Dann stellt er den Koran im Radio wieder an, es läuft die Sure al-Baqara. Die Sure heißt deshalb so, weil Moses darin sein Volk auffordert, eine Kuh *(baqara)* zu opfern.

Ich sitze in einem Minibus auf dem Weg von Kairo nach Alexandria, an einem Montagabend im Oktober, und die Außentemperatur ist noch immer höher als meine Körpertemperatur. In dem weißen Toyota Hiace haben fünfzehn Leute Platz. Einige Männer führen einen kleinen Koran mit sich. Sie lesen still vor sich hin und wippen dabei mit dem Oberkörper leicht nach vorne und hinten. Die Straße führt durch die Wüste in Richtung Norden, 220 Kilometer durch eine Landschaft, die aussieht, als hätte jemand eine graue, staubige Decke über das Land gelegt. In der Ferne sehe ich ein paar Teile einer nie vollendeten Brücke aus Beton. Die leeren Chipstüten der Marke Schibsi, Coladosen und leere Wasserflaschen, die am Straßenrand liegen, machen mir klar, dass ich nun in Ägypten bin, einem der faszinierendsten, aber auch schmutzigsten Länder der Welt.

»So, so, nach Alexandria also wollen Sie«, sagt der Mann neben mir plötzlich.

Er spricht Englisch mit amerikanischem Akzent, hat graue Haare und ist dicker als ein dicker Ägypter. Ich fühle mich wie eine Sardine in der Büchse. In Alexandria gebe es zwei Arten von Menschen, sagt der Mann: »Diejenigen, die hier geboren sind, und diejenigen, die in die Stadt zogen, um vor etwas davonzulaufen.« Er erzählt mir, dass Rudolf Hess im Jahr 1894 in Alexandria zur Welt gekommen ist. »Und wissen Sie, was dabei interessant ist?«, fragt er. Ausgerechnet in Ibrahimia sei Hitlers Stellvertreter aufgewachsen, »dieser Hurensohn«, einem damals wie heute zutiefst islamischen Stadtteil. Vor ein paar Jahren habe er in einem Kaffeehaus einen Mann getroffen, der den Falten im Gesicht nach längst hätte tot sein müssen. Dieser Mann wusste noch, was sich die Leute damals voller Stolz erzählten: dass Hess sich geweigert habe, Englisch zu sprechen. »Die Ägypter mögen Leute wie Hess«, sagt mir mein Nachbar, »und dafür gibt es drei Gründe: Erstens finden die Ägypter jeden gut, der gegen die Briten und die Amerikaner ist. Zweitens sind Ägypter von großen Führern fasziniert.

Und drittens ist Adolf Hitler für viele hier ein Idol, weil er von der
Idee besessen war, die Juden auszurotten. Du kannst hier an jeder
Straßenecke »Mein Kampf‹ kaufen, und übrigens, ich heiße Sam.
« Nun wurde ich nicht wie Rudolf Hess in Alexandria geboren,
sondern wie sein Chef in Österreich, allerdings nicht im oberös-
terreichischen Innviertel, sondern in einem kleinen Bergdorf in
Vorarlberg. Ich bin also jemand wie Sam und die wenigen ande-
ren Ausländer, die nach Alexandria ziehen.

Ich bin Anfang dreißig, Journalist und habe mich nach einiger
Zeit in Deutschland gelangweilt, weil alles so funktioniert, wie es
zu funktionieren hat. Hört man deutsche Nachrichten, hört man
Moll und nicht Dur. Einem Autor des US-Magazins »Vanity Fair«
ist während einer Recherche in Deutschland aufgefallen, dass viele
Alltagsbegriffe mit Exkrementen zu tun haben: Dreck, Mist, Scheiße (die man gelegentlich auslöffeln muss), Scheißdreck, Kacke (die
auch dampfen kann), Kackwurst, Arsch, bescheißen, scheißegal,
Klugscheißer, Geldscheißer, Scheißangst und das etwas Hinter-
gründige »Leck mich«. Hört sich nicht nach einem netten Land an.

So komme ich als deutscher Muttersprachler auch nicht um-
hin zu erwähnen, dass man den Ägyptern nachsagt, sie würden einen gern bescheißen, seien scheißfreundlich und stinkfaul. Hört
sich auch nicht gut an, doch die Klischees bestätigten sich leider
bei meiner Ankunft. Am Flughafen in Kairo lauerten Dutzende
Männer in der Empfangshalle auf unbedarfte Urlauber aus dem
Westen. Sie grüßten mich mit »Welcome to Egypt«, wollten Geld
fürs Koffertragen und später noch einmal Geld, weil sie mich zu
einem klapprigen Taxi begleitet hatten, das ich nicht wollte und
das völlig überteuert war.

Ich möchte Ägypten aber eine Chance geben. Denn ich habe
auch viel Gutes über das Land und seine Menschen gehört. Alexandria habe ich gewählt, weil ich meine Arabischkenntnisse ver-
bessern möchte. Die Lehrer an der Universität dort sollen gut
sein. Es wird ein Abenteuer. Ich war noch nie in dieser Stadt am

Mittelmeer. Sie ist wohl so etwas wie die Petersilie auf dem Teller eines Wiener Schnitzels mit Kartoffeln: liegt am Rand, sieht nett aus und stört niemanden.

»Und was machen Sie in Alexandria?«, frage ich Sam.

»Ich bin Rentner und ein bisschen müde geworden«, antwortet er.

Sam erzählt, dass er aus South Dakota stammt. In den Sechzigerjahren verschlug es ihn beruflich nach Moskau und später nach Ostberlin, weshalb er noch ein paar Brocken Deutsch spricht. Anschließend schickten ihn seine Arbeitgeber in den Libanon, um ein »paar kleine und große Aufträge« zu erledigen. Sam lernte Beirut noch als das Paris des Nahen Ostens kennen, bis er die Stadt 1982 fluchtartig verlassen musste, als die Israelis das Land übernehmen wollten. »Dann habe ich etwas Ruhigeres gesucht und in Kolumbien ein Stück Land gekauft, direkt an den Ufern des Orinoco, um dort eine große Farm zu bewirtschaften, die mir ein paar Bastarde später niedergebrannt haben. Kurz nach dem 11. September 2001 bin ich schließlich nach Alexandria gezogen«, sagt Sam. Für mich gibt es nur zwei Möglichkeiten: Entweder ist Sam ein Kommunist oder er ist ein Spion.

Wir sind jetzt seit zwei Stunden unterwegs, und die Nacht schluckt das letzte Licht. Es gibt entlang dieser Wüstenautobahn nur wenige Straßenlaternen. Es ist aber auch deshalb so finster draußen, weil unser Fahrer meistens mit Standlicht fährt. Die Wagen, die uns entgegenkommen, machen das auch. Sobald sich zwei Autos näher kommen, warnen sich die Fahrer gegenseitig und schalten für zwei Sekunden das Fernlicht ein. Es muss wirklich wahnsinnig viele Schutzengel geben, denn eigentlich müsste es hier pausenlos krachen.

Von Sam erfahre ich, dass dieses Fahren ohne Licht im Krieg gegen Israel eingeführt wurde. Der israelische Geheimdienst, der Mossad, sollte mit seinen Fernrohren und Satelliten nichts sehen können. Heute zählt es quasi zum ägyptischen Brauchtum.

»Ich habe mal einen Wagen in Kairo gemietet und bin mit Ab-
blendlicht gefahren, wie man es überall sonst auf der Welt tut. Ein
Polizist hat mich angehalten und höflich darum gebeten, es doch
bitte auszumachen. Jemand aus dem Westen kann das nicht verstehen, aber die Ägypter wollen niemanden blenden und nicht im
Rückspiegel geblendet werden«, erzählt Sam.

Andere fragen sich, warum man mit Licht fährt, wenn es doch
auch ohne geht. Schließlich, so die ägyptische Logik, liest auch
niemand ein Buch mit Brille, wenn er keine braucht. Und die
Glühbirnen und die Batterie schont es auch noch.

Sam meint, da sei noch etwas, was ich über das Autofahren
in Ägypten wissen müsse: »Falls Sie mal jemanden niederfahren,
drücken Sie aufs Gas und rufen Sie die Polizei.« Für einen Europäer gehöre es zur moralischen Pflicht, dem Verletzten zu helfen. »Doch die Leute hier würden Sie womöglich noch an Ort und
Stelle lynchen. Die meisten Ägypter sind eben doch noch sehr tra-
ditionell«, sagt Sam.

Plötzlich sehe ich Tausende kleine Lichter, die sich im Wasser spiegeln. Es sind Raffinerien und große Fabriken, das sieht
nach Leben aus, nach einer pulsierenden und arbeitenden Stadt,
die nicht schläft. Das muss Alexandria sein, die einst berühmteste Metropole der Welt, in der heute fünf Millionen Menschen leben. Alexander der Große, ein Feldherr aus Makedonien, gründete sie im Jahr 331 vor Christus. Von hier aus brach er auf, um
Persien, den Hindukusch und Indien zu erobern, und hier ließ er
sich auch begraben, noch keine dreiunddreißig Jahre alt, gestorben wohl an einer Überdosis Weißen Germers *(Veratrum album)*.
Die giftige Pflanze wurde damals zur Entschlackung verschrie-
ben. Das Rätsel um den genauen Ort seines Grabes ist bis heute
eine Quelle für Legenden.

In Alexandria stand die berühmte Bibliothek, in der das Wissen der Welt gesammelt wurde und wo Wissenschaftler wie die
griechischen Mathematiker Archimedes und Euklid Dinge ent-

deckten, die Schüler bis heute nerven. Der Leuchtturm auf der Insel Pharos zählt zu den Sieben Weltwundern der Antike. An die 1600 Jahre lang konnte ein halbes Dutzend Erdbeben den über hundert Meter hohen Turm nie gänzlich zerstören, bis er zu Beginn des 14. Jahrhunderts dann doch endgültig in sich zusammenfiel. Die Menschen im alten Alexandria spielten Theater, hörten Musik und statt Tee aus Chlorwasser tranken sie köstlichen Wein. Alexandria muss mal richtig sexy gewesen sein.

»Ist das denn schon das Meer?«, frage ich Sam.

Er schüttelt den Kopf. »Das ist der Mariut-See«, antwortet er, »eine Kloake, die Sie bei Tageslicht nicht sehen möchten.«

Der See sei gewissermaßen »das Destillat« des Mubarak-Regimes: zerstörte Natur, Korruption und Anwohner, die an Krebs erkranken. Vor zweitausend Jahren hingegen muss diese Gegend paradiesisch gewesen sein, mit üppigen Dattelpalmen und frischer, salziger Meeresluft. Alexander der Große war damals auf der Suche nach einem Standort für seine neue Stadt. Er wollte, dass sein Alexandria von zwei Seiten geschützt ist: vom Meer und vom See.

»Noch zwanzig Minuten«, sagt Sam, »dann sind wir da.«

Wir haben die dampfenden Schlote hinter uns gelassen und nähern uns der Zivilisation. Zumindest sehe ich Häuser, die aus rot gebrannten Ziegeln errichtet wurden, und ein großes Einkaufszentrum, das der französischen Supermarktkette Carrefour gehört. Es ist eine Stunde vor Mitternacht, und die Menschen sind so zahlreich auf den Straßen, als hätte der Tag erst begonnen. Sie bieten auf Eselskarren Tomaten für umgerechnet dreißig Cent das Kilo an. Auf der Straße gackern Hühner, während nebenan Männer in einem ägyptischen Kaffeehaus sitzen und Wasserpfeife rauchen. Es ist wie die Fahrt durch ein knallbuntes Museum. Überwältigt von den Eindrücken kann ich später im Hotel kein Auge zutun.

So war das an jenem Samstag im Oktober 2007, als ich in Alexandria ankam, es war mein erster Tag in Ägypten. Die Stadt faszi-

nierte mich von Anfang an. Ich erinnerte mich an das Lebensmot-
to, das mir eine Freundin einmal nach ein paar Bier auf Englisch
sagte: »*Living wherever life takes me, and trusting that is where I need
to be.*« Warum auch nicht? Sinngemäß übersetzt: »Lebe da, wo das
Leben dich hinführt, und vertraue darauf, dass es der richtige Ort
ist.« Also Alexandria. Zumindest einige Monate lang, dachte ich
anfangs. Am Ende sollten es fünf Jahre werden.

Ich hatte mir vorgenommen, Ägypten zu bereisen. Dörfer und
Städte wollte ich erkunden, über die in den Reiseführern nur wenig steht. Spüren, wie der normale Ägypter lebt und denkt, lacht
und leidet. Von Nord bis Süd, in allen Winkeln des Landes. Und
Arabisch lernen, das auch. »*Inta Iskanderani*«, sagte mir ein Ki-
oskbesitzer neulich, »du bist ein Alexandriner.« Also einer von ihnen, ein bisschen zumindest. In Ägypten ist das ein großes Kom-
pliment.

Selbst nach ein paar Jahren hier in Alexandria gucke ich noch
immer wie ein kleines Kind, sobald ich auf die Straße gehe. So vieles verändert sich, und doch habe ich das Gefühl, dass hier alles
beim Alten bleibt. Wie damals bei meiner Ankunft gackern noch
immer die Hühner auf der Straße. Nach wie vor stürzen jedes Jahr
ein halbes Dutzend Häuser ein, weil die Eigentümer nachträglich
ein paar Etagen aufstocken ließen. Die Leute kippen täglich ihren Müll auf die Straße, sodass die Stadt zum Himmel stinkt, und
beten an einem Tag mehr als ein bayerischer Katholik im ganzen
Jahr. Es gab zwischenzeitlich eine Revolution, die achtzehn Tage
dauerte und das Land von überlebensgroßen Postern des Präsidenten befreit hat. Sonst jedoch ist nicht viel passiert. Außer, dass
die Banken das Land nach und nach übernehmen. Als ich in die
Stadt zog, musste ich noch regelrecht nach einem Geldautomaten
suchen. Heute blinken die Geräte in jeder Gasse.

Sam hatte also recht. Ich bin tatsächlich einer der Gestrandeten geworden. Und so habe ich über die Jahre meine Freunde gefunden: Scott, ein Amerikaner aus den Südstaaten, züchtet hier

Biorinder und träumt von einer großen Farm, denn: »Die Ägypter haben keine Ahnung von saftigem, gutem Fleisch.« Jolanda,
eine Spanierin aus Bilbao, arbeitet im Restaurant Santa Lucia als
Sängerin und erzählt nach zwei, drei Flaschen Bier gerne von ihren Erlebnissen in den entlegensten Gebieten des Iran, wobei sie
nie sagen kann, warum sie eigentlich dort war. Oder Piotr, der
in Warschau als Koch gearbeitet hat und in der Mitte seines Lebens mit Frau und Kind das Land verließ, für umgerechnet vierzigtausend Euro eine Wohnung kaufte, zum Islam konvertierte
und sich nun allen als Ibrahim vorstellt. Josh, ein Englischlehrer
aus Clemson in South Carolina, zog im Auftrag des Herrn mit seinen drei Kindern nach Alexandria, und Melanie, eine verrück-
te Deutschlehrerin, fühlte sich in Berlin von Radio-Energy-Hö-
rern dermaßen verfolgt, dass sie nichts anderes wusste, als nach
Alexandria zu flüchten. Und dann gibt es noch Jordi, einen ge-
bürtigen Spanier, der jahrelang in Russland für die Mafia arbeitete, bis sie ihm plötzlich an den Kragen wollte. Eines Tages tauch-
te er dann in Alexandria auf, mit goldener Rolex und schwerem
Geländewagen, und stellte sich als Unternehmer vor, der mit EU-
Fördergeldern eine Schuhfabrik in der ägyptischen Wüste aufge-
macht hat. Die restlichen Ausländer sind freiwillig oder unfrei-
willig entsandte Arbeiter in der Erdölindustrie und eine Handvoll
Lehrer aus Deutschland, die an der Deutschen Schule der Bor-
romäerinnen (DSB) unterrichten.

Was zieht einen auch in eine Stadt, in der westlichen Touristen
nach einem halben Tag langweilig wird. Die römischen Katakom-
ben sind eine stickige Höhle, zufällig im Jahr 1900 entdeckt, als
ein Esel zwanzig Meter tief in den Boden einbrach und starb. Das
römische Amphitheater ist so beeindruckend wie die Überreste
einer Burg in Rheinland-Pfalz. Das Einzige, was noch an die alten,
glorreichen Zeiten der Stadt erinnert, ist der Name der beliebtes-
ten Zigarettenmarke Ägyptens: Cleopatra. Die wenigen Touristen, die es in die Stadt schaffen, kommen wegen der Bibliothek,

der neuen, denn von der alten ist nichts mehr übrig. Bis heute ist
nicht genau geklärt, was mit dem Gebäude der Antike passierte.

Einer Legende nach wurde die Bibliothek zerstört, nachdem
der arabische Feldherr Amr bin al-As im Jahr 642 in Alexandria
eingefallen war. Der Feldherr ließ seinem Kalifen Omar mitteilen,
er habe eine Stadt mit »viertausend Palästen, viertausend Bädern,
zwölftausend Händlern, die frisches Öl verkaufen, zwölftausend
Gärtnern, vierzigtausend steuerzahlenden Juden und vierhundert Theatern oder Vergnügungsstätten« erobert. Auch fragte
Amr seinen Vorgesetzten, was mit der Bibliothek geschehen solle. Der Kalif riet ihm daraufhin, sämtliche Schriften zu vernichten, die dem Koran widersprechen – und alle anderen gleich mit.
Denn alles, was der Mensch zu wissen brauche, stehe schließlich
im Koran. Mit diesem ›Material‹ konnten die öffentlichen Bäder
der Stadt angeblich ein halbes Jahr lang beheizt werden. Möglich
ist aber auch, so eine andere Überlieferung, dass fanatische Christen den Muslimen zuvorkamen und schon im vierten Jahrhundert
die Tempel und Schriften aus der heidnischen Zeit beseitigten.

Die neue Bibliothek liegt architektonisch da wie ein Ufo, das
aus dem Weltall auf die Erde geprallt ist. Eröffnet im Herbst 2002
und 218 Millionen US-Dollar teuer, sollte sie an den Geist ihrer
berühmten Vorgängerin anknüpfen. Das aber ging ziemlich daneben. Die meisten der über 1200 Mitarbeiter haben keine Ahnung,
warum sie angestellt wurden und stehen planlos herum. Der Bü-
cherbestand ist nicht die Welt, sondern gleicht dem der Uni-Bi-
bliothek im niedersächsischen Vechta. Gelder und Spenden verschwanden auf mysteriöse Bankkonten. Da Besucher aus dem
Westen oft ratlos und enttäuscht aus dem Gebäude kamen, hatten die Verwantwortlichen im Herbst 2009 eine Idee: Sie ließen
einen Foodcourt mit vier Fast-Food-Läden auf den Vorplatz stellen. Schließlich müsse den Gästen etwas geboten werden.

An der zwanzig Kilometer langen Küste wechseln sich Kolonialbauten und Betonhochhäuser ab, die durch die teilweise acht-

spurige Corniche vom Meer getrennt sind. Nachmittags, wenn auf der Straße nichts mehr geht, hupen und fluchen die Taxifahrer in ihren gelb-schwarzen Ladas. Fliegende Händler bieten geröstete Wassermelonenkerne an, Schuhputzer sitzen auf dem Boden und warten auf Kundschaft. Die wenigen Palmen, die es noch gibt, sind verstaubt.

Ferien am Meer sind das nach europäischen Maßstäben nicht, aber die Urlauber, die im Sommer nach Alexandria kommen, wollen auch nicht baden. Sie sind Ägypter und Araber aus den Golfstaaten und wollen dem Smog und der unmenschlichen Hitze entfliehen. Ich konnte mir nie erklären, wie es Alexandria schafft, von Juni bis September zusätzlich drei Millionen Gäste aufzunehmen. Die Stadt platzt schon an normalen Tagen aus allen Nähten. Aber es geht. Die Urlauber mieten sich Plastikstühle, einen Tisch und einen Sonnenschirm an den wenigen, völlig überfüllten Stränden und machen arabische Ferien: möglichst nicht bewegen und möglichst viel essen. Die meisten Frauen sind dicht verschleiert, denn der strenge Glaube an die Religion hat zuerst den Bikini und mittlerweile auch den Badeanzug aus der Stadt verbannt. Abends gehen die Frauen zum Einkaufen nach San Stefano, in die einzige große Shopping Mall in Strandnähe, und die Männer in eines der vielen Kaffeehäuser, um Wasserpfeife zu rauchen.

Alexandria ist eine Stadt, die einfach nur eine Stadt ist, die nicht schreit, die nicht glitzert, die einfach nur daliegt am Meer. Sie wird irgendwann untergehen. Oder ist schon untergegangen, kulturell und intellektuell zumindest, wie manche sagen. In Alexandria riecht es in jeder Gasse nach Nostalgie. Alexandria ist wie eine Blume, die man in ein Zimmer gestellt hat und verwelken ließ. Also stelle ich mir täglich vor, wie wunderbar diese Blume einmal geblüht hat. Das ist gar nicht so einfach. Die Stadt betoniert sich vom Meer ins Landesinnere immer weiter zu. Villen und Kolonialbauten werden abgerissen, um die frei werdenden Grundstücke an Investoren aus Saudi-Arabien zu verkaufen.

Und doch finden sich noch Orte, die einem das Träumen leicht machen. Die Kaffeehäuser von damals, in denen die Klugen der Stadt über die Welt und das Leben nachdachten, gibt es noch, das Trianon und das Delices, wo Petit Fours, Weihnachtskekse und österreichische Sachertorte gebacken werden. Im Greek Club, im äußersten Westen der Stadt, servieren die Kellner auf der Terrasse nach wie vor Moussaka, Wein und gegrillten Fisch. Bei Sonnenuntergang, wenn die Straßenlaternen die Stadt in ein gelbes Licht tauchen und an den Minaretten der Moscheen die grünen Lichter angehen, erinnert Alexandria an die Stimmung auf dem berühmten Bild Vincent van Goghs – »Caféterrasse am Abend« –, das er in Arles malte. Der Dreck, der tagsüber an der Stadt klebt, verschwindet in einem warmen, gedämpften Licht, das im Meer funkelt. Die Stadt liegt da wie eine schlafende Schönheit.

Zu Alexandria gehört aber auch der Geruch nach faulen Eiern, der mich regelmäßig frühmorgens weckt. Ich dachte zuerst an eine große Mülldeponie in der Nähe. Meine Wohnung liegt im Westen der Stadt in der Fuad-Straße, die heute Hureja-Straße heißt, aber von den meisten Alexandrinern noch bei ihrem alten Namen genannt wird. Die Fuad ist eine der ältesten Straßen der Stadt, manche sagen sogar ganz Afrikas. In fünf Minuten erreiche ich die berühmteste Kirche Alexandrias, die Sankt-Markus-Kathedrale, zwei Kinos mit plüschigen, weichen Sesseln und einen Markt für gebrauchte Bücher, wo es alte Burda-Strickhefte ebenso gibt wie »Das Kommunistische Manifest« von Marx und Engels.

Ich frage Ali, der nicht lesen und schreiben kann und trotzdem alles weiß, nach dem Gestank, der mich morgens immer weckt.

»Die Hundesöhne sind dafür verantwortlich«, sagt er, »die mit ihren Fabriken den Boden und die Seele Ägyptens zerstören.«

Er schimpft auf die Korrupten, auf die Juden, die Ungläubigen und vor allem auf die ›Dritte Hand‹. Dieser Begriff taucht in Ägypten immer dann auf, wenn etwas schiefläuft und niemand verantwortlich sein will. Zum Beispiel, wenn das Benzin an den Tankstellen knapp wird, Randale ausbrechen oder die Preise für Rindfleisch explodieren.

Ali hingegen schwört bei Gott: »Das sind Leute aus dem Ausland, die Unruhe ins Land bringen wollen.«

Ali ist mein *bawab*. Das Wort lässt sich nicht präzise übersetzen. Am ehesten vielleicht mit Türsteher, Pförtner, Hausmeister oder Concierge. Der *bawab* ist eine Institution in Ägypten. Er bringt einem die Wasserflaschen hoch, holt Zigaretten und Fladenbrot und wäscht das Auto, was er in Alexandria morgens und abends machen muss, weil so viel Staub in der Luft liegt. Vor allem aber lässt er niemanden ins Haus rein, der nicht reingehört. Jeder im Haus zahlt ihm für diesen Service zwischen zwanzig und vierzig ägyptische Pfund im Monat und ein Trinkgeld für die Extras. Ali sagte mir mal, dass er am liebsten in einem Haus mit Japanern und Koreanern arbeiten würde, denn die, so habe er gehört, würden am meisten Geld bezahlen.

Eine Eigenschaft jedenfalls hat jeder ägyptische *bawab:* Er ist furchtbar neugierig. »Wie heißt du?«, fragte mich Ali, als ich in meine Wohnung zog. Diese Frage ist in Ägypten von großer Bedeutung. Jeder Inländer wie Ausländer bekommt sie täglich mehrere Male gestellt. Denn in Ägypten kann man am Namen ablesen, ob jemand Muslim oder Christ ist. Der Name besteht aus drei Teilen: Vorname, Name des Vaters und Name des Großvaters. Als Anrede benutzt man nur den Vornamen und setzt ein Wort der Höflichkeit dazu, wovon es in Ägypten zwei Dutzend gibt, zum Beispiel: Ingenieur, Oberingenieur, Onkel, Professor, Doktor, Pascha, Prinz oder Präsident. Kommt in einem der drei Namen *abd* vor, das Wort für Knecht, dann liegt man ziemlich richtig mit der Vermutung, dass die Person ein Muslim ist. Abdallah ist also der Knecht Gottes. Christen wiederum heißen George, Ramis oder Kyrillos.

»*Jaaaa Salaaam,* du heißt Gehad, du bist ein Muslim!«, rief Ali damals erfreut aus. Ich war irritiert. Arabisch ist eine tücki-

sche Sprache. Die Ägypter hören beim Namen Paul das arabische
Wort für Urin. Eine Bekannte heißt mit Nachnamen Bader, was
sich für einen Ägypter arabisch anhört, denn *badr* ist das Wort
für Vollmond. Also wird sie am Flughafen immer gefragt, wo ihr
arabischer Mann sei und überhaupt, warum sie allein reise. Regelrecht bemitleidenswert ist jemand, der den deutschen Namen
Käfer hat, denn das heißt auf Arabisch: Ungläubiger. Sagt also jemand auf Englisch den Satz »*I am Käfer*«, so könnte das ein Ägypter verstehen als: »Ich bin ein Ungläubiger«. Für diese Aussage
sind in Ägypten schon Menschen getötet worden.

Nenne ich hingegen meinen Vornamen, Gerald, dann kommt
bei den Ägyptern akustisch Gehad an. Das wäre nicht weiter
schlimm, wäre dieses Wort nicht die ägyptische Aussprache für:
Dschihad. Solange mich niemand an einem deutschen Flughafen so ruft, stört es mich aber nicht. Ich sagte Ali, ich sei Christ,
und Ali war enttäuscht. In Ägypten wird man ständig gezwun-
gen zu lügen. Atheisten und Agnostiker hassen sie nämlich wie
die Pest, und Unverheiratete und Kinderlose sind minderwer-
tige Menschen. Ich lüge ständig in diesem Land, weil ich jedem
Ägypter zum Beispiel sage, wie *gamil* sein Land ist, wie wunderschön und wunderbar. *Gamil* ist hier alles: die Natur, das Essen,
die Frauen und, ganz allgemein, das Leben. Das Schönreden geht
sogar so weit, dass selbst in Beipackzetteln von starken Durch-
fallmitteln steht: keinerlei Nebenwirkungen, keine Gewöhnungs-
effekte, und dem Ungeborenen tut es natürlich gar nichts. »Das
Leben ist einfacher, wenn du manche Dinge nicht hinterfragst«,
sagt mein *bawab* gern. Das habe auch der Prophet seinen Anhängern sinngemäß so gesagt. »Oder kennst du einen Philosophen,
der glücklich ist?«

Ali stammt aus Oberägypten und trägt die traditionelle Tracht
der Fellachen: Turban, ein langes, graues Gewand, einen Holz-
stock, dazu Sandalen. Er wohnt mit seiner Frau und seinen Kindern im Erdgeschoss in zwei engen, dunklen Zimmern. Alle hel-

fen mit bei der Arbeit. *Bawab* sein, das ist ein Familienbetrieb. Ein *bawab* hat einen guten Hausverstand und eine noch bessere Menschenkenntnis. Ali registriert sofort, wenn einer mit Tüten der Supermarktkette Carrefour nach Hause kommt, denn dann hat jemand Geld. Er nennt mich Pascha, was in Ägypten die gefällige Anrede für wichtige Leute ist, und da ich Ausländer bin, bin ich wichtig.

Nicht jeder *bawab* ist so nett wie Ali. Ein befreundeter Student aus München fand plötzlich heraus, dass sein *bawab* das Gerücht streute, er sei ein Jude. Freunde, die ihn besuchten, wurden von dem *bawab* gewarnt, der Mann da oben sei gefährlich. Der Münchner begann daraufhin, die gesamte Nachbarschaft zu schmieren, um nicht aus der Wohnung zu fliegen. Dem *bawab* gab er nicht mehr fünfzig ägyptische Pfund, sondern fünfzig Euro, fast das Achtfache. »Sogar die Zahnbürste und Zahnpasta habe ich nicht mehr im Supermarkt, sondern vorsichtshalber in der Apotheke gegenüber gekauft«, sagt er, »das war geradezu mafiös«.

Ägyptens einziger Nobelpreisträger für Literatur, Nagib Machfus, sagte einmal in einem Interview, Ägypten sei für ihn »nicht nur ein Fleckchen Erde«, sondern »die Wiege der Zivilisation«. Es sei das Mutterland in der Geschichte der Menschheit, die *Umm el-Dunja,* und dafür verdiene es, was auch immer aus ihm werde, »die Anerkennung und Achtung aller Nationen«. Alexander der Große sei dermaßen geprägt worden von diesem Land, dass er sich als Sohn des ägyptischen Gottes Amun gesehen habe. »Die Eroberer kamen mit ihren Armeen und dem ganzen Arsenal ihrer Waffen«, sagte Machfus, »doch letztlich sind sie selbst erobert worden, weil die ägyptische Kultur älter und tiefer war.« Die Fremden, die es regiert hätten, seien am Ende alle zu Ägyptern geworden.

Nun würde ich alles tun, um nicht Ägypter zu werden. Ägypter können zum Beispiel in vierundzwanzig Länder ohne Visum einreisen, immerhin in sechs mehr als Nordkoreaner, jedoch in einhundertfünf Staaten weniger als Deutsche. Ägypten ist ein armes Land, in dem fast jeder zweite der über achtzig Millionen Menschen von weniger als zwei Dollar pro Tag lebt. Und auch das Wetter ist alles andere als himmlisch: Ich habe noch nie so oft gefroren wie in Alexandria. Die Winter sind nasskalt und windig, und außer in McDonald's-Filialen gibt es nirgendwo eine vernünftige Heizung. Im Frühjahr hingegen kann es plötzlich sehr heiß werden, bis zu vierzig Grad, wenn der heiße Wind aus der Wüste weht, der *chamsin*. Und im Sommer drückt die feuchte, schwüle Luft in die Wohnung und macht die Moskitos verrückt.

Trotzdem fühle ich mich wohl in Alexandria. Ich teile meine Wohnung mit Omar, einem ägyptischen Studenten, zeitweise auch mit einem Briten, der zum Geheimdienst MI6 möchte, einem Übersetzer aus Tschechien, der eine Ägypterin heiraten wird, und einem Klangkünstler aus Beirut, zu dessen Performance es gehört, sich seinen nass geschwitzten Oberkörper freizumachen. Omar ist einundzwanzig Jahre alt und hat noch nie in seinem Leben Geschirr gespült. Als Kind musste er auf eine Koranschule gehen: »Dort hat man mir meinen Verstand ruiniert.« Seine reichen Eltern, sie sind Ärzte, folgen dem strengen Islam.

Omar ist vor einem halben Jahr von zu Hause ausgezogen. Seine Eltern schämen sich für ihren Sohn und erzählen den Nachbarn, er habe einen Job in den Golfstaaten. Damit diese Legende nicht auffliegt und Omar nicht in die Nähe ihrer Wohnung kommt, zahlen sie ihm umgerechnet sechshundert Euro im Monat. Omar ist damit in Ägypten ein reicher Mann. Er kifft, hört westliche Popmusik und besorgt importierten Whisky. Die leeren Flaschen stapelt er in seinem Zimmer wie Trophäen. Unser Wohnzimmer ist zum Treffpunkt der jungen, hippen Alexandriner geworden.

In Hamburg oder Berlin würde mich meine Wohnung ein Vermögen kosten. Hier sind es umgerechnet dreihundert Euro für 120 Quadratmeter. Von meinem Fenster aus blicke ich direkt auf den Innenhof der Alexandriner Oper, ein Gebäude, das auch gut ins kaiserliche Wien gepasst hätte. Der Aufzug in unserem Haus stammt aus dem frühen vorigen Jahrhundert und besteht mehr aus Rost als aus Eisen. Die Wände sind drei Mann hoch und die Türen schwer wie im Mittelalter. Das Wohnzimmer ist eine orientalische Pracht. Darin stehen sechs vergoldete, unbequeme Sessel und ein riesiger Glastisch. Zum ersten Mal in meinem Leben habe ich eine Putzfrau, das gehört sich so für Leute in Ägypten, die Geld haben. Omar hat darauf bestanden. Ich konnte ihn nicht überzeugen, selbst zu putzen.

Omar erzählt mir von früheren Plänen, in Alexandria eine U-Bahn zu bauen, für eine Milliarde US-Dollar. »Die machten Probebohrungen und mussten nach jedem Meter die Baustelle absperren«, sagt er. Die Arbeiter stießen ständig auf alte Relikte, die Archäologen griffen ein und sicherten die Funde, was viel Zeit und Geld kostete. Für die Einheimischen war das keine Überraschung. Alexandria war mehrere Male vernichtet worden: von Erdbeben und von griechischen, römischen, arabischen und türkischen Invasoren.

Einige Meter unter dem heutigen Alexandria soll noch fast die komplette antike Stadt begraben liegen. Ein gewaltiges Erdbeben mit anschließendem Tsunami hatte sie im Jahr 365 nach Christus zerstört. Der römische Historiker Ammianus Marcellinus schrieb damals, die Grundfestigkeit der gesamten Erde sei erschüttert worden. Seine historischen Berichte lesen sich wie das Drehbuch eines Weltuntergangsfilms: Das Wasser wurde zurückgedrängt, seine Wellen rollten zurück und verschwanden, sodass die unendlichen Tiefen des Meeres aufgedeckt wurden. Riesige Schiffe strandeten aufgrund der ungestümen Kraft auf den Dächern von Häusern, und andere wurden von der Küste fast zwei Meilen weitergespült.

Diese Stadt, so scheint es, ist nicht kaputt zu kriegen. Sie funktioniert nach ihren eigenen Regeln und Gesetzen. Es gibt deshalb Dinge, die einem Ausländer in Alexandria schnell auffallen. Öffentliche Mülleimer sucht man vergebens, die Leute benutzen dafür die Straße. Die Menschen auf dem Motorrad fahren ohne Helm, und Kinder sitzen mit ihren Eltern um Mitternacht im Kino und schauen sich Horrorfilme an, die in der ungekürzten Fassung laufen. Am meisten erstaunt mich aber, dass ich in Alexandria noch nie ein Feuerwehrauto gesehen habe. In deutschen Städten brennt es ständig. Ich frage Omar, und er antwortet:

»Es ist sinnlos, die Feuerwehr zu rufen. Die braucht zwei Tage. Das gilt übrigens auch für Krankenwagen.«

Das klingt glaubwürdig, denn der Verkehr staut sich in jeder Straße. Die Ägypter wissen nicht, wohin mit ihrem Auto. Es gibt im gesamten Land keine Kurzparkzonen, keine Anwohnerparkplätze und so gut wie keine Tiefgaragen. Denn als die meisten Häuser der Stadt gebaut wurden, fuhren die meisten Ägypter noch mit Eselskarren durch die Stadt.

»Und was ist mit der Straßenbahn?«, frage ich Omar. Ich hatte gelesen, sie sei 1860 eröffnet worden und damit die älteste in Afrika.

»Ich glaube, dass sie auch die langsamste Bahn der Welt ist«, entgegnet Omar.

An jeder Kreuzung muss der Zugführer mindestens fünf Minuten stehen bleiben, bis sich der Stau aufgelöst hat und die Gleise frei werden. Sitzt man in den blau-weißen Waggons, wird man deshalb gelegentlich sogar von Fußgängern überholt. Die Sitze sind unbequem, der Fahrstil ist ruckartig. Man braucht also viel Zeit und Geduld, und das haben in Ägypten viele. Dafür ist das Ticket selbst für Ägypter äußerst preiswert: umgerechnet drei Eurocent. Doch nicht nur deshalb bevorzugen viele die Straßenbahn. Frauen können sich in einen eigenen Waggon setzen, zu dem Männer keinen Zutritt haben.

»Das hat aber nichts mit dem Islam zu tun«, erklärt Omar, »sondern damit, dass die Männer hier ständig Frauen belästigen.«

Busse gibt es in Alexandria auch, nur sucht man die dazugehörigen Fahrpläne und Bushaltestellen vergebens. Wer einsteigen will, winkt dem Fahrer, wer aussteigen will, brüllt nach vorne und springt aus dem fahrenden Bus. Am schnellsten kommt man mit den Hunderten von Minibussen voran, die Tag wie Nacht die zwanzig Kilometer lange Corniche am Meer entlangfahren. Die Ägypter haben mich vor diesem Straßenmonster immer gewarnt: Pro Tag sterben auf dieser Küstenstraße im Schnitt zwei Menschen. Die meisten Opfer sind Fußgänger, denn in Ägypten laufen ständig Menschen quer über die Straße, weil es nur wenige Unterführungen gibt und Zebrastreifen ignoriert werden. Der ägyptische Privatsender On-TV vermeldete früher täglich die Zahl der Verkehrstoten einiger Dörfer und Städte, so, als ginge es um die aktuellen Fußballergebnisse.

Ein arabisches Sprichwort besagt: »Der Wind weht nicht so, wie es das Schiff gern hätte.« Also lasse auch ich mich in dieser Stadt einfach treiben. Mein Alltag in Alexandria sieht meistens so aus: Nichtstun, Vokabeln lernen, gelegentlich etwas arbeiten und täglich mit einem meiner ägyptischen oder nicht-ägyptischen Bekannten in ein Kaffeehaus gehen. Mittwochs ruft zum Beispiel immer Sam an. Das macht er auch heute. Er fragt, ob ich Zeit für einen Kaffee habe. Er schlägt das City Café vor, eine Institution in Alexandria. Der Cappuccino wird in österreichischen Meinl-Kaffeetassen serviert, es gibt sogar frischen Apfelstrudel mit gehackten Nüssen. Die Tische und Stühle würden auch gut in ein verrauchtes, deutsches Bahnhofsrestaurant der Siebzigerjahre passen. Früher traf sich hier die Oberschicht, die nun zu Starbucks geht. Die Stammgäste aber sind geblieben: ältere Ägypter, die hier Zeitung lesen und diskutieren.

Sam erzählt mir, wie Alexandria früher war. Bis Ende der Neunzigerjahre erstickte die Stadt fast im Müll und rostete vor sich hin. In den Schulen kauerten bis zu sechzig Schüler in den engen Klassenzimmern. Es gab viel zu wenige Krankenhäuser.

Die Stadt stand kurz vor dem Kollaps. Errettet hat sie ein neuer Bürgermeister: Mohammed Abd el-Salam el-Mahgub. Der wurde zwar wie alle wichtigen Männer von Mubarak ins Amt beordert, denn Wahlen gab es ja nicht. Und doch war er anders: Er betonierte nicht einfach los. Er hörte zu und hatte tatsächlich eigene Ideen. Mahgub ließ den Müll wegräumen und die Straßen verbreitern. Die Häuserfassaden streichen und Fußgängertunnel errichten. Die beleuchtete Stanley-Brücke an der Corniche mit ihren Türmchen, die in fast jedem ägyptischen Liebesfilm zu sehen ist, war sein Projekt.

»Der hat die Stadt wachgerüttelt«, sagt Sam. »Die Menschen spürten, dass es auch anders gehen kann.«

Von den Leuten wurde el-Mahgub nun liebevoll el-Mahbub genannt. *El-Mahbub* heißt so viel wie: der, den man mag.

Ein Kellner hört unser Gespräch und steigt ein. »Der war für die armen Menschen da«, sagt er, »der hat ein gutes Herz.« Als das Mubarak-Regime beabsichtigte, das staatliche Kinderkrankenhaus im Stadtteil Schatbi abzureißen, stellte sich Mahgub quer. »Das Krankenhaus sollte verschwinden, die Fläche sollte begrünt und mit Bäumchen bepflanzt werden, damit die Besucher der neuen Bibliothek etwas Schönes zu sehen hätten«, erzählt der Kellner.

»Und was passierte mit Mahgub?«, frage ich ihn.

»Es hieß plötzlich, der könne Mubarak als Präsident ablösen, weil er bei den Leuten so beliebt sei. Dann hat das Regime das gemacht, was es in solchen Fällen immer machte: ihn entsorgt, indem sie ihn beförderten, zum Minister für regionale Entwicklung.«

Das Krankenhaus aber, das blieb stehen.

Ich werde oft gefragt, wie ich es in Ägypten überhaupt aushalten kann, das schlechte Essen, den Lärm, den mangelnden Komfort. Dabei ist das Leben hier gar nicht so schlimm. Importierten Käse gibt es notfalls bei Carrefour, und auf Schweinefleisch kann ich verzichten, schließlich gibt es in Alexandria ja Fisch aus dem Meer. Nur etwas fehlt mir und den meisten Ausländern, de-

nen das Kreuz näher ist als der Halbmond: das kühle Bier in einem schattigen Garten. Beides passt nicht so recht in dieses Land.
Ägypter haben keine Gärten. Sie haben nicht einmal frische Blumen in ihren Wohnungen, »weil dann die Insekten kommen«, erklärte mir Ali einmal, mein *bawab*. Deshalb gibt es hier Blumen
meistens nur aus Plastik.

Bier hingegen ist legal zu erwerben, wenn auch unter er-
schwerten Bedingungen. Es gibt eine Handvoll Christen, die in
ihren Kiosken Bier und Wein verkaufen, und eine professionel-
le Ladenkette, die Drinkies heißt. Drinkies betreibt landesweit
dreißig Filialen. Die meisten Kunden aber rufen im Callcenter an
und lassen sich die Ware liefern. Das ist in Ägypten, wo der Liter
Benzin weniger als dreißig Eurocent kostet, nichts Ungewöhnli-
ches. In Alexandria kann man sich rund um die Uhr Aspirin-Ta-
bletten bringen lassen, einen Burger von McDonald's oder einen
Cappuccino von Costa's. Drinkies arbeitet sehr diskret. Das Bier
wird in einer blickdichten, schwarzen Plastiktüte verpackt. Für
einen Ausländer ist es nicht teuer. Eine Flasche ägyptisches Stella kostet umgerechnet nicht einmal zwei Euro. Das Gebräu, nicht
zu verwechseln mit dem belgischen Stella Artois, ist in den vergangenen Jahren besser geworden, sodass man den Morgen danach nun mit einer Aspirin gut überstehen kann.

Ansonsten habe ich hier kaum Alternativen, möchte ich ein
Bier trinken. In den teuersten Hotels wird importierter Alkohol
ausgeschenkt, der ein Vermögen kostet. Bleiben noch die weniger als zehn Bars und Restaurants dieser Stadt mit ihren fünf Millionen Einwohnern, in denen ich meinen Durst standesgemäß
stillen kann. In Manscheja, in einer Seitengasse der Einkaufsstra-
ße Saad Saghlul, liegt die einzige wahre Bar Alexandrias: das Spitfire. Ein Grieche eröffnete 1883 den Laden, in dem sich seitdem
die verlorenen Seelen der Stadt sammeln. Während des Zweiten
Weltkriegs hielt es der damalige Besitzer für eine gute Idee, die
Bar nach einem britischen Kampfflugzeug zu benennen. Nur mit

ägyptischer Logik ist zu erklären, dass ausgerechnet zwei Muslime die Bar betreiben. »Ich trinke kein Bier, also bin ich mit Gott im Reinen«, sagt Hassan Fuad Osman. Er führt mit seinem Bruder den Laden. Im Spitfire gibt es keine Fenster, aber ein großes, beleuchtetes Aquarium. An den Wänden hängen das Bild einer halbnackten Frau, die britische Flagge und Hunderte Fotos und Schilder. Sie stammen von Seeleuten, die in den Sechziger- und Siebzigerjahren des 20. Jahrhunderts im Hafen Halt machten.

Hier treffen sich am Wochenende die Ausländer und die betagten Ägypter, denen das Bier näher ist als das Gebet. Ich bin Stammkunde. Jolanda auch. Die Spanierin zählt mittlerweile zu meinen guten Freunden, ist Mitte vierzig und sieht den Sinn des Lebens mehr im Abenteuer als in der Arbeit. Ich habe sie in einem Kaffeehaus für Männer kennengelernt. Sie rauchte eine Wasserpfeife. Wie jedes Wochenende ist Jolanda auch heute wieder da.

»Das hier ist so langsam der letzte Ort westlicher Freiheit«, sagt sie. Sie ist gespannt, wie lange es noch Bier in Alexandria geben wird. »Alles ist in Ägypten plötzlich *haram*.«

Haram ist jenes Wort, das die Muslime benutzen, wenn sie der Meinung sind, etwas widerspreche ihrer Religion. Als *haram* gelten zum Beispiel: Miniröcke, uneheliche Kinder, mit Geld zu protzen, als Unverheiratete mit einem fremden Mann einen Tee zu trinken und Sex im Fastenmonat Ramadan. Es gibt nur ein Wort, das noch inflationärer verwendet wird: Allah.

Jolanda warnte mich von Anfang an, ich sei in der vermutlich frommsten und gottesfürchtigsten Stadt der Welt. Ich entgegnete ihr immer wieder: »Alexandria war doch früher mal eine kosmopolitische Stadt, mit französischen Croissants, griechischem Ouzo und einer mehrsprachigen Intellektuellenszene.« »Tsts, so ein Quatsch!«, meint Jolanda auch heute wieder, als wir über das Thema reden. »Das waren ein paar Griechen, Armenier und Italiener, die in den Fünfzigerjahren vom damaligen Präsidenten Gamal Abd el-Nasser zunächst enteignet und dann vertrieben wurden. Viele haben fluchtartig das Land verlassen. Geh in den Stadtteil Attarin mit seinen Antiquitätenläden, und du findest heute noch alte Möbelstücke, die von den Ausländern zurückgelassen wurden«, sagt Jolanda. Natürlich habe dieser Exodus der Stadt wehgetan. »Doch die überwiegende Mehrheit Alexandrias bestand ja nicht aus Ausländern, sondern aus Ägyptern. Und die waren und sind bis heute ein ziemlich konservativer Haufen.«

Jolanda macht mir jedenfalls nicht viel Hoffnung. »Es gibt einen Unterschied zwischen konservativ, religiös und fanatisch. Und genau in dieser Reihenfolge hat sich Alexandria in den vergangenen fünfzig Jahren entwickelt. Schau dich um«, sagt sie, »wer kein Kopftuch trägt, ist Christin oder gehört zu den ganz wenigen Frauen, die reich sind.« Wir trinken darauf noch ein Bier und gehen anschließend nach Hause.

Es stimmt schon: In Alexandria hat fast jeder Mann, der die Pubertät hinter sich hat, einen braunen Flecken Hornhaut auf der Stirn, der aussieht wie eine ansteckende Hautkrankheit. Das Horn soll jedoch vom Beten kommen und heißt *sabiba,* das arabische Wort für Rosine. Im Koran steht, dass Allah die Gottesfürchtigen an einem Zeichen an der Stirn erkennen wird. Diejenigen aber, die es nicht haben, behaupten wiederum, die Wunde sei absichtlich entzündet und verätzt worden, mit Knoblauch oder Chlorreiniger. Erstaunlicherweise haben nur Männer eine *sabiba,* Frauen nicht. Noch präziser: Nur ägyptische Männer haben eine *sabiba,* denn in den anderen arabischen Ländern sieht man den Hautfleck auf der Stirn nur selten.

Die Corniche in Alexandria, wo abends Pärchen verstohlen Händchen halten, ist voll mit Graffitis, die gemahnen: »Würdest du das bei deiner Tochter akzeptieren? Allah sieht alles!« In meiner Nachbarschaft haben religiöse Fanatiker vor Kurzem einen Alkoholladen klein gehauen und auf den Eingang eine Botschaft geschmiert: »Geschlossen, von Allah!«. In den ägyptischen Talkshows wird die Stadt mittlerweile als *»Asimet el-Salafija«* bezeichnet, als »Hauptstadt der Salafisten«. Das sind jene Männer, die Bärte tragen und Hochwasserhosen, weil der Prophet das so vorgemacht haben soll. Eintausend der mehr als viertausend Gebetshäuser in Alexandria sollen mittlerweile von Salafisten kontrolliert sein. Zu erkennen ist das eigentlich nur an den Predigten. Denn Muslimbrüder reden mehr über das Diesseits, Salafisten hingegen über das Jenseits, das Höllenfeuer und das Paradies.

Es gibt aber auch Menschen wie Dr. Aladin Abd el-Baset, der auch viel betet, aber kein Gebetsmal auf der Stirn hat. Er hat mehrere Jahre in Saudi-Arabien gearbeitet, doch mit der menschenverachtenden Interpretation des Islam dort konnte er nicht viel anfangen. Dr. Aladin ist ein groß gewachsener Mann, der über fünfzig ist und mit seiner Glatze aussieht wie Telly Savalas in der Krimiserie »Kojak«. Er wurde im britischen Exeter zum Doktor der Linguistik promoviert und unterrichtet an der Universität in Alexandria. Meistens trägt Dr. Aladin ein weißes Hemd und eine Baumwollhose. Englisch begann er als Kind zu lernen, nachdem er auf dem Markt eine Kassette der Beatles gefunden hatte. »Dann habe ich mir so lange jedes Lied angehört, bis ich alle Liedtexte niederschreiben konnte«, sagt Dr. Aladin.

Der Professor lädt mich oft zum Tee ein, weil er sich gern mit Ausländern unterhält und wissen möchte, wie diese über Ägypten denken. Er wiederum erklärt mir, wie ein Ägypter die Welt sieht. Er ist auch mein Arabischlehrer. Wir trinken zusammen Tee in einem Straßencafé im Stadtteil Glim, wo die Gutbürgerlichen der Stadt wohnen. Ich frage, wie es denn sein könne, dass aus Alexandria ein Nest für Fanatiker und Extremisten geworden ist. Er fällt mir ins Wort: »Die sind noch immer die Minderheit! Ihr im Westen versteht nicht mehr, was Religiosität ist. Im Alltag seid ihr im Westen überzeugt, ohne Gott auszukommen. Sobald ein Flugzeug abstürzt oder jemand an Krebs erkrankt, fragt ihr plötzlich nach Gott.« Dr. Aladin zitiert eine Geschichte aus dem Koran. Der Mensch sei im Schlaf halbtot, stehe in einer Sure, und sei deshalb in Gottes Hand. »Du kannst nicht kontrollieren, wann du aufwachen wirst, es passiert einfach.« Wir Menschen würden also nicht einmal so etwas Banales wie den Schlaf beherrschen. »Dass wir daran scheitern, ist für mich ein Beweis für die Allmacht und Genialität Gottes. Religion ist schließlich kein Lifestyle, wo man je nach Gusto mal Birne oder Apfel isst. Religion, das ist eine bedingungslose Hingabe. Religion gibt es nur im Komplettpaket.«

In Alexandria denken viele so wie Dr. Aladin. Der Platz in den Moscheen reicht längst nicht mehr aus, sodass die Gläubigen an Freitagen ihre Teppiche auf den Straßen ausbreiten müssen. Wer ein Taxi in Ägypten nimmt und den Fahrer fragt, ob er das Ziel kenne, hört nicht ja oder nein, sondern *»Inschallah«:* »So Gott will.« Ägypter können nicht verstehen, dass man gottlos ist und haben deshalb eine panische Angst, einem Atheisten, Agnostiker oder Buddhisten die Hand zu schütteln. »Es gibt einen Unterschied zwischen Glauben und Religion«, meint Dr. Aladin. »Nicht jeder Mensch ist religiös, aber glauben tun alle.«

Der Professor ärgert sich darüber, dass viele Leute im Westen den Islam als Gefahr sehen, als rückständig und starr. »Ägypten ist doch das beste Beispiel dafür, dass sich eine islamische Gesellschaft verändern kann«, sagt er. Vor mehr als hundert Jahren lebten die Ägypter nach den osmanischen Traditionen. Die Frauen verließen nur selten das Haus, und wenn sie das taten, dann verhüllten sie sich blickdicht. Dr. Aladin erzählt mir die Geschichte von Huda Scharawi, einer Frau aus der Stadt Minja in Oberägypten. Huda hatte in einem Zug von Kairo nach Alexandria vor allen Passagieren ihren Schleier vom Gesicht gezogen und damit 1923 eine Bewegung ausgelöst, die den Frauen ihre Freiheit zurückgab. Ein längerfristiger Erfolg, denn bis in die Siebzigerjahre konnten die Frauen in Ägypten sogar Röcke und enge Blusen tragen. »In zwanzig Jahren ist das vielleicht wieder möglich, wenn die Gesellschaft erkannt hat, dass uns die Lehre der Islamisten und Salafisten nicht weiterbringt«, hofft Dr. Aladin.

Derzeit jedenfalls folgen immer mehr Ägypter den Sprüchen der Fundamentalisten. Der Professor sieht die Ursache in der Politik der Siebzigerjahre. Anwar el-Sadat, der damalige Präsident, wollte sich von der engen Bindung an die Sowjetunion lösen, die sein Vorgänger Gamal Abd el-Nasser eingefädelt hatte. Sadat suchte zwar die Nähe zum Westen, war aber auch sehr religiös. Er gehörte zu den ersten wichtigen Männern Ägyptens, die ein Gebetsmal auf der Stirn trugen.

»Vor vierzig Jahren waren die Kommunisten und Sozialisten eine Macht in Ägypten«, erklärt Dr. Aladin. »In den Augen der Ägypter waren diese Menschen aber auch Ungläubige, da die Russen nichts von Religion hielten.«

Solange niemand darüber redete, war dies aber nebensächlich. Das brachte Sadat auf eine Idee: Er ließ die Fundamentalisten das tun, was sie gern tun: gegen Ungläubige wettern. Die Kommunisten konnten ihm somit nicht mehr gefährlich werden. Bis heute gelten Linke deshalb als Feinde und als Gefahr für den Islam. Der Plan Sadats ging auf, bis der Präsident mit Israel Frieden schloss, was ihm die meisten Ägypter bis heute übel nehmen. Im Oktober 1981 wurde er auf einer Militärparade erschossen: von islamischen Fundamentalisten.

»Und was war mit Mubarak, seinem Nachfolger?«, frage ich.

»Der hat alles falsch gemacht«, lacht der Professor.

Zunächst ließ Mubarak die radikalen Islamisten, die Sadat ermordeten, verbieten. Seine Politik führte das Land immer näher an den wirtschaftlichen Abgrund, und je ärmer die Menschen wurden, desto mehr setzten sie auf das Leben danach. Das machte eine Organisation stark, die 1928 in Ägypten gegründet wurde: die Muslimbruderschaft. Ihre Mitglieder agierten im Untergrund und wollten Politik machen. Gerüchten zufolge stieg die Zahl der Getreuen in den Neunzigerjahren auf über eine Million. Sie hätten den Präsidenten stürzen können. Als letzten Ausweg setzte Mubarak deshalb auf die Salafisten und erteilte ihnen vor ein paar

Jahren Lizenzen für Satellitenkanäle. Anders als Muslimbrüder lehnen Salafisten nämlich jede Form von Politik ab. Sie folgen nur dem Koran.

»Auf den TV-Kanälen wurde deshalb über Belangloses wie die richtige Bartlänge diskutiert«, sagt der Professor. »Das sollte die Menschen ablenken, und tat es auch. Leider führte das aber auch dazu, dass die Salafisten beliebter wurden und neue Anhänger fanden. Heute kriegen wir die nicht mehr aus der Stadt«, sagt Dr. Aladin.

Doch auch die koptischen Christen in Alexandria sind so fromm, dass es uns fremd ist. Das zieht wiederum ausländische Christen an, die sich unter den Gläubigen wohlfühlen. Zum Beispiel Josh, den ich schon vor langer Zeit zufällig in einem Minibus kennenlernte. Auch er ist einer der Gestrandeten. Der Amerikaner lädt mich an Weihnachten immer zu einem Truthahn-Essen zu sich nach Hause ein. Josh ist verheiratet und erzieht seine drei Kinder nach der Lehre und Moral des Alten und Neuen Testaments. Er folgt einzig und allein dem *Lord*.

Josh lebt schon seit sechs Jahren in der Stadt und war daher schon häufiger mit den Problemen eines normalen Ägypters konfrontiert. Er plant, eine Sprachschule in Alexandria zu eröffnen, für Englisch, und deren Gründung führt ihn tief in die ägyptische Bürokratie und Korruption.

»Für jeden Ausländer, der bei mir arbeitet, müsste ich ungefähr ein Dutzend Ägypter einstellen«, sagt Josh. Ein Anwalt, der ihm bei seinem Unterfangen beisteht, hat ihn beruhigt. Man braucht schließlich jemanden, der Tee kocht, der die Gläser serviert, der sie wieder abräumt, der die Tür aufhält und einen, der Papier reicht, wenn jemand von der Toilette kommt. »Mir ist deshalb erst klar geworden, warum dir in diesem Land überall Menschen etwas anbieten, das du nicht brauchst.«

Ab und an erlebt er aber auch eine positive Überraschung: So musste er vor Kurzem die Zulassung für seinen Wagen verlängern lassen. »Ich ging zur Behörde, überall standen Männer mit Lederjacken herum, die Akten stapelten sich bis zur Decke«, erzählt er. »Ich konnte es kaum glauben, doch nach fünf Minuten war meine Akte da.«

Josh und ich haben ein gemeinsames Ritual. Wir fahren einmal in der Woche nach Manscheja, um gemeinsam neue arabische Vokabeln zu lernen. Manscheja ist ein alter, ursprünglicher Stadtteil, der genau genommen ein einziger, riesengroßer Markt im Freien ist. Heute wollen wir unseren Wortschatz zum Thema Küchenutensilien auffrischen. In Manscheja lernen wir die neuen Wörter spielerisch wie Kinder. Es gibt dort eine Straße, in der sich zehn Läden nebeneinander reihen, die ausschließlich Gabeln, Messer und Töpfe verkaufen. Solche Straßen existieren auch für Autoersatzteile, Kohle und Baumwolle. Josh fragt jeden Verkäufer, was zum Beispiel Dosenöffner auf Arabisch heißt. Er geht dann zum nächsten Laden und fragt gezielt wieder danach, um das Wort einzuüben. Josh hat so mehr als achttausend Wörter gesammelt, er spricht fast fließend Ägyptisch-Arabisch.

Seine Methode hat mich überzeugt. In Deutschland würde sie aber nicht funktionieren. Ägypter reden schließlich den ganzen Tag ohne Unterbrechung, sie lieben es zu diskutieren, zu debattieren. Es fällt ihnen schwer, still zu sein, ruhig zu bleiben. Bittet man einen Ägypter auf der Straße um Hilfe, trommelt er meistens gleich die halbe Nachbarschaft zusammen, die dann prompt gemeinsam mindestens eine halbe Stunde lang eine Lösung sucht. Deshalb ist auch niemand sauer, dass wir am Ende nichts kaufen.

»Bitteschön, setzt euch hin!«, sagt ein Ladenbesitzer.

Er holt zwei weiße Plastikstühle, einen kleinen Tisch und schickt seinen kleinen Sohn los, um zwei Gläser Tee zu holen. Er will uns von den dunklen Zeiten der Stadt erzählen.

»Kennt ihr die Geschichte von Raja und Sakina?«, fragt er.

Josh und ich hatten diese Namen schon häufiger gehört. Wir wussten jedoch nicht, dass die beiden Frauen die berühmtesten Serienmörderinnen Ägyptens sind. Sie lebten in el-Labban, keine

fünf Minuten von hier, wo im Jahr 1919 nach und nach auf mysteriöse Weise Frauen verschwanden.

»Siebzehn waren es, ungefähr«, sagt uns der Händler.

Die Fälle hatten einige Gemeinsamkeiten: Die vermissten
Frauen trugen allesamt Goldschmuck und hatten recht viel Bargeld bei sich. Und fast alle Opfer waren zuletzt mit einer Frau
gesehen worden, die Sakina hieß. Sakina stammte wie Raja aus
Oberägypten. In Alexandria eröffneten die beiden Frauen mehrere Bordelle.

»Das war möglich, denn Prostitution war unter der britischen
Herrschaft legal«, erklärt uns der Mann.

Wir wollen wissen, wie die Geschichte weitergeht.

»Die beiden Mörderinnen sind immer gleich vorgegangen«,
sagt er. Raja und Sakina gingen auf den Markt und luden Frau-
en, die auffallenden Schmuck trugen, zu sich nach Hause ein; sie
hätten günstige Ware im Angebot. In der Wohnung angekommen, gaben sie ihren Opfern dann ein Getränk, das diese schläf-
rig machte. »Drei Jahre lang war die Polizei völlig ahnungslos«,
erzählt der Händler. Im Winter des Jahres 1920 stieß dann der
Hauseigentümer, auf menschliche Überreste. Er wollte eine Was-
serleitung reparieren und hatte deshalb den Fußboden im Keller
angehoben. »Raja hatte das Haus immer mit Weihrauch verne-
belt, damit niemand die verwesten Leichen roch«, sagt uns der
Mann. Die meisten Opfer konnten nie identifiziert werden. »Die
waren wohl Huren oder Ausreißerinnen.«

Raja und Sakina gestanden die Morde. Sie waren die ersten
Frauen in Ägypten, die zum Tode verurteilt wurden.

Der Händler lässt noch einmal zwei Gläser Tee holen. Er deutet mit seinem Finger zum Himmel. »Gott sei Dank ist Alexandria heute frei von diesen Sünden«, sagt er.

Kapitel

2

*Gardenia Park –
die Revolution*

جاردينيا بارك, الثورة

Vor dem Eingang meines Hauses sitzt mein *bawab* und hält ein riesiges Fleischermesser in der Hand, mit dem er jedes Jahr am islamischen Opferfest eine Kuh schlachtet. Das Feuer in einem alten Ölfass, in dem trockenes, zähes Aprikosenholz glimmt, hat ihn in der Nacht gewärmt. Es ist noch sehr früh, die ersten Sonnenstrahlen haben gerade das Schwarz der Nacht verdrängt. Auf der Straßenseite gegenüber steht ein Panzer mit einem riesigen Kanonenrohr. Der junge Soldat ist kurz vor dem Einschlafen, er sitzt seit sechs Stunden im engen, drehbaren Geschützturm. Würde das Ding jetzt losgehen, dann würde das Geschoss vermutlich haargenau in meine Wohnzimmerwand einschlagen. Bis auf einen Zigarettenladen haben sämtliche Ladenbesitzer in meiner Straße die Rollläden zugezogen. In den Straßen sind keine Menschen und keine Autos zu sehen.

»*El-Balad atlana*«, sagt mein *bawab*: »Das Land ist außer Betrieb.« Die Menschen sind zornig und zu allem bereit. Zu lange haben sie sich als die Stiefkinder des Glücks gefühlt. Sie wollen ihre Würde zurück. Sie wollen den Sturz des Systems von Hosni Mubarak. Eine Revolution.

Es ist der 29. Januar 2011, der erste Tag einer ungewissen Zukunft, denn gestern ist einer der mächtigsten Polizeistaaten der Welt zusammengebrochen. Mehr als eine Million Polizisten wurden vertrieben wie weinerliche Hunde. Sie waren chancenlos gegen die Menschen auf der Straße, die zeitgleich aus den neunzigtausend Moscheen des Landes strömten und seitdem unermüdlich laufen wie die Hasen aus der Werbung, in denen dicke Duracell-Batterien stecken. Ein kollektiver Rausch hat das Land erfasst, die Macht des Schwarms: Wenn du gehst, dann geh' ich auch, und dann sind wir das Volk. Die Menschen wissen, dass dieses Fenster zur Freiheit nur wenige Stunden offen sein wird. Sie wollen es deshalb zu Ende bringen. In ihren Augen sehe ich eine Entschlossenheit, die ich nicht kenne und die mir Angst macht. Sieger oder Märtyrer, lebendig oder tot, so steht es im Koran, und der Einzige, auf den die Menschen hier hören, ist Gott. Das Militär lässt seine Soldaten wie Bienen ausschwärmen. Sie sollen die Menschen in ihre Häuser treiben und das Land beruhigen.

Ich fühle mich nicht mehr wohl in meiner Wohnung. In meinem Schlafzimmer riecht es wie in einer Räucherkammer. Nebenan brennt eine Polizeistation, die erst vor Kurzem mit großem Aufwand renoviert wurde. Mit großen Schwertern und Stromstößen an den Genitalien hatte man dort die Verdächtigen zum Reden oder Schweigen gebracht. Auch von der Dienststelle Sidi Gaber, die beim größten Sportklub der Stadt liegt, ist nichts mehr übrig. Sie hatte den Ruf, Ägyptens brutalste Polizeiwache zu sein. Im Juni 2010 prügelten zwei geheime Informanten dieses Reviers einen achtundzwanzigjährigen Mann aus Alexandria im Blutrausch zu Tode. Journalisten, die über das Verbrechen an Chaled

Said schrieben, verwendeten Verben, die es im Deutschen nicht gibt. *Sahal* zum Beispiel, das man früher notdürftig mit »abschälen «oder »entrinden« übersetzte und das heute ausdrückt, wie ein Körper auf dem Boden entlang geschleift wird, um ihn zu foltern. Das Foto, das Chaleds schwer misshandeltes Gesicht zeigt, pumpte Adrenalin in die Venen der Ägypter. Die Menschen, die nun den Sturz des Regimes fordern, ließen das Bild auf Transparente drucken, auf denen steht: »Dein Blut war nicht umsonst!«

Gestern Nachmittag, als die Proteste so richtig losgingen, stand ich in der Nähe dieser Polizeiwache. Ich beobachtete, wie eine Horde Männer das Gebäude plünderte und mit Kühlschränken und Klimaanlagen auf dem Rücken herauskam. Dann rannten plötzlich ein paar Jugendliche herbei, die Molotow-Cocktails in der Hand hielten und hier wohl etwas zu Ende bringen wollten.

»Macht das nicht! Wir sind besser als die!«, riefen Leute aus der Menge.

»Nein!«, brüllte ein kräftiger Mann von hinten, »ihr wisst nicht, was die Menschen hier getan haben!« Er zog seine Hose nach unten und zeigte seine Oberschenkel: Als wäre ihm die Haut abgezogen worden, hatten sich Brandnarben tief ins Fleisch gefressen. Die Polizisten hatten ihn mit glühenden Kohlen gequält und anschließend wie einen Sack Müll an der Autobahn aus einem Wagen geworfen. »Drei Tage war ich hier, weil ich angeblich ein Terrorist sei«, rief er. »Diese Polizisten sind keine Menschen. Das sind Tiere!«

Wenn Anarchie so definiert ist, dass sich der Einzelne so sicher fühlt wie eine streunende Katze, dann sind wir jetzt knapp davor. Die Ausländer, vor allem die mehr als dreißigtausend Amerikaner in Ägypten, packen zusammen, was in einen Koffer passt, und eilen zum Flughafen, in der Hoffnung, irgendein Ticket in irgendein Land zu bekommen. Es geht das Gerücht um, dass die irakische Regierung ein Flugzeug nach Kairo geschickt hat, um ihre Bürger zu evakuieren. Bagdad ist jetzt also sicherer als Kairo. Es gibt in diesem nordafrikanischen Land viel zu viele Touristen und Ausländer, die in die viel zu wenigen Flugzeuge wollen. Es gibt also keinen Weg nach draußen.

Wenn das Land schon untergeht, dann will ich es machen wie die Reichen auf der Titanic: Es mir gut gehen lassen, mit Wein und Wodka feiern, bis jemand das Licht ausknipst. Ich möchte in Gardenia Park Zuflucht finden, in der Satellitenstadt 6th of October am Rand von Kairo, einer Gegend, in der man vor zehn Jahren noch Windhosen beim Tanzen zusehen konnte, weil es nichts gab außer Wüste. Hier wohnen die Reichen und Schönen Ägyptens. Gardenia Park ist ein Viertel, genau genommen eine luxuriöse Wohnanlage mit zweihundertfünfzig Villen, die an eine amerikanische Vorstadtsiedlung erinnert, in der die Menschen nett, zuvorkommend und glücklich sind – so hört man in der Werbung. Mit einem Fitnessstudio, Tennisplatz und einem schicken Klubhaus. Hier kommt niemand rein, der nicht reingehört. Es ist eine bewachte Festung, eine *gated community,* die schwer einzunehmen ist.

Anouk, eine gute Freundin aus Rotterdam, ist vor drei Jahren mit ihren zwei Kindern hier in eine Villa gezogen. Ich kann Anouk derzeit nicht erreichen. Mubaraks Leute haben aus lauter Verzweiflung Internet und Telefon den Saft abgedreht. Ich erinnere mich aber daran, was Anouk mir nach ein paar Gläsern mit russischem Wodka gesagt hatte: »Wenn die Welt untergeht, komm' nach Gardenia Park!«

Das ist in Anbetracht der Umstände eines gefühlten Weltuntergangs gar nicht so einfach. Züge fahren schon seit gestern Nachmittag nicht mehr, Busse auch nicht, und einer der wenigen, waghalsigen Taxifahrer, die durch die Straßen rasen, hat sogar zweihundert Euro in bar abgelehnt, die ich ihm für die Fahrt von Alexandria nach Kairo gezahlt hätte. Das Einzige, was noch funktioniert, sind die Minibusse. Aber auch die muss man regelrecht suchen.

Es ist noch sehr früh am Morgen, halb sieben, und die Stadt sieht aus, als hätten sich die Menschen gerade eben erst schlafen gelegt. Der Winter ist in diesem Jahr auffallend mild in Ägypten, am Nachmittag sollen es zwanzig Grad werden. Ich laufe zum Hauptbahnhof, denn dort, so habe ich gehört, sollen ein paar Minibusse auf Desperados warten. Wer riskiert, macht Geld, das haben die Fahrer, die hier auf dem Parkplatz stehen, verstanden. Ich zahle den dreifachen Preis, was mich als Ausländer aber nicht in existenzielle Nöte bringt; dafür würde ich in Berlin gerade mal eine Pizza mit einem Glas Wein bekommen.

Im Bus sitzen verzweifelte Leute. Ein Mann muss ins Krankenhaus, weil ihn die Niere schmerzt. Die Ärzte in Alexandria sind mit den Hunderten Verletzten von gestern noch völlig überfordert und haben zu Blutspenden aufgerufen. Zwei Studenten wollen zum Midan el-Tahrir in Kairo, dem Platz der Befreiung, der von jungen Menschen annektiert wurde und zum Symbol dieser Revolution wird. Ein alter Mann will zu einer Bank, in der Hoffnung, dass er in Kairo mehr Glück hat und eine offene Filiale findet. Er hat Angst, dass die Banken ausgeraubt werden und er sein Erspartes verliert.

Die Stimmung im Minibus ist gespenstisch. Ich fühle mich wie in einem Lift, der vollgestopft ist mit fremden Leuten, die alle auf den Boden schauen. Gestern brüllten die Menschen in die Welt, Mubarak sei ein verfluchter Hundesohn. Die Macht der Masse schützte sie. Im Kleinen aber haben die Menschen noch immer Angst. Niemand zeigt seine Emotionen. Niemand redet über das, was gerade passiert. Eine beklemmende Ruhe herrscht in diesem Minibus, kein Handy klingelt, kein Mensch sagt irgendetwas. Würde der Fahrer doch wenigstens im Radio den Koran anschalten, um die Stille zu durchbrechen. Mir wird klar, dass das System angezählt, aber noch nicht tot ist. Im Film »Terminator« stand die zerbeulte Tötungsmaschine schließlich auch immer wieder auf. Und das System ist mächtig: Jeder zweite Ägypter ist Teil der Mubarak-Welt, als Bürokrat, Lehrer, Arzt, Polizist, Soldat, Lokführer, Briefträger oder Mitarbeiter der ägyptischen Staatssicherheit. Überlebt das System, wird es brutal zurückschlagen.

Der Fahrer rast, als hätte er gerade eine große Bank überfallen. Er fährt in der Mitte der Straße. Er tut alles, damit er nicht anhalten muss. Die Lakaien des Regimes haben gestern Nacht die Gefängnisse geöffnet und den Häftlingen Waffen gegeben: »Kämpft mit uns!«, sollen die Wärter gerufen haben. Zwischen Kairo und Alexandria, in Wadi el-Natrun, steht ein riesiger Knast, weiträumig mit Stacheldraht und Wachtürmen gesichert, in dem jene Verbrecher einsitzen, um die sich nach islamischem Glauben der Satan höchstpersönlich kümmern wird: Vergewaltiger, Räuber und Mörder. Dieser Mob soll auf dem Weg nach Kairo oder Alexandria sein. Deshalb bewaffnen sich die Menschen in diesen Städten mit allem, was als Waffe durchgeht.

Zu meinem Pech liegt Gardenia Park mitten in der Gefahrenzone. Ich versuche den Fahrer zu überreden, einen Umweg zu fahren und mich dennoch hinzubringen.

»Für kein Geld der Welt«, sagt er, »viel zu gefährlich.«

Während ich mir den Kopf zerbreche, wie ich zur abgesperrten Siedlung meiner Freundin komme, sehe ich neben uns ein Taxi.

Ich rufe dem Fahrer des Minibusses zu: »Ich will aussteigen! Stopp! Stopp!«

Der Taxifahrer freut sich. Er ist einer der Verwegenen, die sich auf die Straße trauen, weil sie das Geld lockt. Im Taxi fahre ich nach 6th of October. Die Satellitenstadt beginnt da, wo Kairo ausufert. Die ägyptische Regierung hatte eine Vision für dieses Ödland: das Indien des Nahen Ostens. Hightech-Firmen haben sich in brandneue Büros eingemietet, Filmproduzenten und mehrstöckige Callcenter, die im Auftrag von Microsoft, Vodafone oder Expedia die kleinen Probleme der Menschen lösen sollen, mit Headset und Tastatur, auf Englisch, Deutsch, Spanisch oder Französisch. Im Arabischen gibt es ein Verb, das »Jemand

leckt sich die Lippen mit der Zunge ab« bedeutet. Das Konzept
eines Callcenters aber ist dieser alten Sprache fremd. Die meisten Ägypter verstehen nicht, warum ein Mensch in Europa einen
Menschen in Nordafrika anrufen soll, weil es ein Problem mit seiner europäischen Kreditkarte oder der Handyrechnung gibt. In
Ägypten löst man Probleme noch wie früher.

Heute jedoch sieht die Gegend aus, als hätte ein mächtiger
Wüstenwind alles weggeblasen, was nicht einbetoniert ist. Die
Straßen sind leergefegt, es gibt keine Hinweise auf Leben. Der
Fahrer rast. Wir sind da. Gardenia Park ist von einer drei Mann
hohen, braunen Mauer gesichert. Das Eingangstor wurde mit einer massiven Metalltür verbarrikadiert. Das Wachpersonal trägt
große Pistolen. In Gardenia Park wohnen viele hochrangige
Funktionäre von Mubaraks Regime. Wenn Gardenia Park fällt,
dann fällt Ägypten.

Die Wachleute am Empfang lassen niemanden rein, den sie
nicht kennen. Über die interne Sprechanlage erreiche ich Anouk,
und sie holt mich ab. Kaum habe ich sie zur Begrüßung umarmt,
erzählt sie mir aufgeregt, dass die Anlage bedroht sei.

»Die Gefängnisse sind offen, die Häftlinge irren durch die
Wüste und sind bereits in andere Luxussiedlungen eingebrochen,
völlig ausgehungert, in der Hoffnung, dort Essen zu bekommen.
Und die Schwerverbrecher wissen, dass es hier viel zu holen gibt.«

Ich hatte ganz vergessen, dass Mubarak jeden wegschließen
ließ, der ihm unlieb war. Über die Jahre kam so ganz sicher eine
ordentliche Menge an Häftlingen zusammen. So einfach kommt
hier aber niemand rein. Man bräuchte schon eine Panzerfaust, um
ein Loch in die Mauer zu sprengen.

In Gardenia Park steht den Bewohnern ein beheizter und ein
gekühlter Pool zur Verfügung. Die Straßen sind nach Blumen benannt, auf Englisch, und heißen deshalb Rose, Tulip und Iris. Ein
Mann mit weißen Kopfhörern joggt an mir vorbei, er fühlt sich
hinter diesen Mauern wohl sicher. Ich habe das Gefühl, in einer

Parallelwelt zu sein, während draußen ein Krieg tobt. Anouks Haus ist von einer Hecke geschützt. Eine Palme wächst im Garten und Gras, das ein Gärtner täglich regelrecht ertränken muss, damit es nicht verdorrt. Die Klimaanlagen könnten aus Anouks Wohnung ein Kühlhaus machen oder wahlweise auch eine Sauna. Jeden Monat gibt sie für Strom umgerechnet einhundert Euro aus. So viel, wie ein durchschnittlicher, ägyptischer Haushalt monatlich zur Verfügung hat.

Anouk erzählt, dass sie in der Nacht fürchterliche Angst hatte und nicht einschlafen konnte. In der Ferne hatte sie Schüsse gehört. Heute Morgen erfuhr sie dann von den Nachbarn, was geschehen war: Hyper One und Dandy Mega Mall, zwei übergroße Einkaufszentren, waren geplündert worden. Beide sind nur wenige Kilometer von hier entfernt.

»Die Räuber haben iPads mitgenommen und für umgerechnet zwanzig Euro am Straßenrand verkauft, ohne irgendeine Ahnung davon zu haben, was man damit machen kann. Die haben einfach zu lange im Gefängnis gesessen«, sagt Anouk.

Der einzige sichere Ort in Ägypten ist der Flughafen in Kairo, denn der wird vom Militär beschützt. Der Nachrichtensender Al-Dschasira zeigt Bilder, auf denen Tausende Ausländer zu sehen sind, die in den Terminals ausharren und sich nichts sehnlicher als ein Flugticket wünschen. Anouk klärt mich über den Notfallplan für Gardenia Park auf: Wenn der Alarm aufheult, gehen die Frauen und die Kinder sofort zur Moschee, die neben dem Pool liegt. Die Männer greifen sich eine Waffe und positionieren sich außen herum.

Normalerweise würde sich mein Handy kaputt klingeln, weil sich Familie und Freunde zu Hause große Sorgen machen, doch die Leitung ist noch immer tot. Meine Facebook-Seite quillt vermutlich über mit Postings zu meinem Befinden. Die ägyptischen Zeitungen wissen nicht, was sie schreiben sollen. Niemand weiß, was das jetzt ist: ein lautes Aufmucken, Chaos oder doch eine beginnende Revolution?

Die Menschen in Ägypten weichen nicht mehr von den Fernsehgeräten. Sie dürsten nach Nachrichten. Das Regime hat deshalb mehrere Journalistenbüros stürmen lassen, um die Reporter mundtot zu machen, und versucht nun, jene Sender zu stören, die lästig sind. Vor allem die mächtige Al-Dschasira-Gruppe aus Katar, die einen eigenen Livekanal für Ägypten hat, ärgert das Regime, weil sie unzensiert darüber berichtet, wie sehr es in diesem Land brodelt. Das Staatsfernsehen hingegen zeigt ununterbrochen ein Livebild, das eine leere Brücke in Kairo zeigt. Es hat tatsächlich etwas Beruhigendes.

Fast könnte man für einen Moment vergessen, dass auf dem Tahrir-Platz, nur wenige Hundert Meter von dieser Nilbrücke entfernt, Menschen erschossen werden. Die Demonstranten wollen das nahe gelegene Innenministerium stürmen. Die Toten werden wie Helden über den Platz getragen, die Menschen rufen euphorisch: »El-Schuhada! El-Schuhada!«, das arabische Wort für Märtyrer. Al-Dschasira zeigt die Bilder unzensiert. Es ist die weltweit erste Revolution, die von Anfang bis zum Ende live in die geheizten Wohnzimmer übertragen wird. Ohne diese Bilder würde diese Revolution nicht funktionieren. Diese Bilder erschüttern die Welt.

Ich spreche mit Anouk über die Rede, die Mubarak vor ein paar Stunden am frühen Samstagmorgen um 0.15 Uhr im Staatsfernsehen gehalten hat. Der Präsident sah aus, als hätte er vor dem Auftritt ziemlich viel Botox und Morphium bekommen, der Mann ist zweiundachtzig Jahre alt und schwer krank. Seine Haare waren wie immer frisch gefärbt und glänzten schwarz. Er trug einen dunkelgrauen Anzug mit einer dunkelgrauen Krawatte in einem dunkelblauen Studio und las von einem dunkelgrauen Podium. Fast wäre der Präsident unsichtbar gewesen. »Ich spreche zu euch in kritischen Zeiten, die Ägypten auf die Probe stellen und die uns in das Ungewisse fegen könnten«, sagte er in reinstem, kehligem Hocharabisch. Er versprach seinem Volk, dass er bei den nächsten Wahlen nicht mehr antreten werde, die, wie jeder Ägypter weiß, sowieso gefälscht sind. Er werde seine Macht geordnet übergeben, was in seiner Logik bedeutet: Sein Sohn Gamal wird der nächste Präsident. Dann lobte er sich noch ein paar Mal selbst und erinnerte seine Landsleute daran, welch hochverdienter Pilot der Luftwaffe er in den Kriegen mit Israel doch einmal gewesen sei. Am Ende holte er zu einer kollektiven Fürbitte aus: »Ich bitte Gott, mir dabei zu helfen, meine Berufung vollenden zu können, in der Form, dass Gott, die Nation und das Volk zufrieden sind.« Der Mann will also ums Verrecken nicht gehen. Die Menschen auf dem Tahrir-Platz sind entsetzt und fragen sich, wie stur ein Mensch denn sein kann.

Im Anschluss an seine Fernsehansprache wurde Mubarak mit einem Hubschrauber nach Scharm el-Scheich in Sicherheit gebracht. Dort, an der Südspitze des Sinai, hat der Präsident sein mondänes Schlupfloch. Dort sieht man vom Fenster aus auf die Tiran-Inseln im glitzernden Roten Meer, einem Paradies für Taucher. Das weiträumig abgeriegelte Anwesen ist von Männern der sechzigtausend Mann starken Präsidentengarde geschützt, die jederzeit bereit sind, für den Despoten zu sterben. In Scharm el-Scheich, dem Vorzeigeort des Landes, präsentierte Hosni Mubarak den Staatsgästen und Präsidenten dieser Welt jahrelang ein sorgenfreies Ägypten, ein orientalisches Märchen, das nichts mit seinem Land zu tun hatte. Seine Vorgänger hatten am Ende wenigstens etwas in der Haben-Bilanz stehen. Gamal Abd el-Nasser hinterließ den Panarabismus und Sozialismus. Sein Nachfolger, Anwar el-Sadat, einen Vertrag, der seinem Volk den Frieden brachte und ihm den Friedensnobelpreis. Es muss bitter sein für Hosni Mubarak, dass er abtreten wird und es auf die Frage, was von ihm bleibt, keine Antwort geben wird.

Für Revolutionen existieren keine Gebrauchsanweisungen, in denen steht, wie man sich verhalten soll. Der Koran hilft wohl auch nur bedingt weiter.

Ein Sicherheitsmann fährt mit einem gelben Mountainbike durch Gardenia Park, um zu überprüfen, ob alles in Ordnung ist. Er bleibt stehen und sagt, er habe mich hier noch nie gesehen. Er will wissen, was ich hier möchte. Ich erzähle ihm, dass ich ein Freund von Anouk bin. Wir unterhalten uns kurz.

»Weißt du«, fragt er mich, »wie die Iraker 1958 die Monarchie stürzten?«, und gibt sogleich selbst die Antwort: »Sie ermordeten ihren jungen König und schleiften seinen nackten Leichnam wie ein totes Tier durch die Gassen und Straßen Bagdads.« Die Ägypter aber seien von einem anderen Schlag. »Wir haben unseren letzten König mit Schüssen und militärischen Fanfaren höflich aus dem Land geworfen«, sagt der Sicherheitsmann. Das war 1952. Als König Faruk Jahre später in Italien starb, trauerten Land und Leute. Die größte staatliche Zeitung Al-Ahram erschien mit einem Trauerflor. Ob das nach Mubaraks Tod auch passieren wird?

Das Leben der Ägypter unter Mubarak war eine tägliche Prüfung Gottes. Oder, wie Anouks Sicherheitsmann es ausdrückt, »ein Kieselstein in einem Schuh«. Der Fuß schmerzt bei jedem Schritt, das Leiden zieht weiter hoch in Muskeln und Knochen, irgendwann schmerzt der gesamte Körper. Die Ägypter hatten zu wenig zum Leben, doch zu viel zum Sterben. Mubarak war sich sicher, dass die Ägypter erst dann auf die Straße gehen würden, wenn gar nichts mehr geht: wenn sie verhungern.

Deshalb versorgte er sie mit billigem Brot. Mubarak hatte von seinem Vorgänger Sadat gelernt. Im Januar 1977 forderten die Weltbank und der Internationale Währungsfonds von der ägyptischen Regierung, die Subventionen für Brot zu streichen, für Öl, Reis, Zucker, Erdgas und Zugtickets. Das alles zusammen verschlang damals ein Drittel der ägyptischen Staatsausgaben und machte den Staat träge. Schon damals war Ägypten ein sehr armes Land, das die Hälfte aller Lebensmittel importieren musste. Die damals sechsunddreißig Millionen Landsleute bekamen zu viele

Kinder, alle acht Monate gab es eine Million Menschen mehr. Sadat wollte es dem Westen gern recht machen und versprach, die Subventionen zu kürzen. Das hätte bedeutet, dass sich der Preis für Brot mehr als verdoppelt hätte. Brot heißt in Ägypten *aisch,* das arabische Wort für Leben. Die Ägypter wollten sich das nicht gefallen lassen, zogen aufgebracht durch die Straßen, randalierten und zündeten mehrere Gebäude an. Mehr als siebzig Menschen starben. Der Präsident nahm seine Entscheidung daraufhin zurück. Die Zeitungen schrieben von einem Brotkrieg.

Man kann das tägliche Leben eines Ägypters, eine Mischung aus Lügen, Last und Leid, auch nur verstehen, wenn man weiß, dass die meisten Ägypter in ihrem Leben nie einen anderen Präsidenten gesehen haben als Hosni Mubarak, Sternzeichen Stier, verheiratet mit der Tochter eines ägyptischen Arztes und einer britischen Krankenschwester, mit Susan. Die Universität Stuttgart verlieh Frau Mubarak 2004 die Ehrenbürgerwürde. In der Laudatio wurde sinngemäß Susan Mubaraks ›Kampf für Chancengleichheit und Toleranz‹ gelobt.

Mubaraks Name bedeutet auf Arabisch »gesegnet«. Während des Fastenmonats wünschen sich die Muslime in aller Welt *»Ramadan mubarak«.* Außer in Ägypten, wo sich die Menschen aus lauter Hass auf ihren Präsidenten einen *»Ramadan karim«* wünschen, einen großzügigen Ramadan. Die Ägypter fanden intelligente Wege, mit der Diktatur umzugehen. Wer seiner Liebsten etwas Nettes sagen wollte, sagte: »Ich liebe dich mehr als die Ägypter Mubarak hassen.« Und die Leute erzählten sich Witze. Einer geht so: »Der Herrscher über den Tod schickt einen Boten zu Mubarak und sagt ihm, dass es nun Zeit sei, sich von seinem Volk zu verabschieden. Darauf fragt Mubarak überrascht: ›Wieso, wo geht mein Volk denn hin?‹«

Was am 25. Januar 2011 mit friedlichen Demonstrationen begann, ist zu einer Konfrontation ausgeartet, in der nur einer der beiden Widersacher gewinnen kann: das Regime oder das Volk.

Die Demonstranten nannten den Tag gestern Freitag des Zorns. In der Hafenstadt Sues, da, wo die Proteste ihren Anfang nahmen, wurden drei junge Männer kaltblütig erschossen. Eine Legende besagt, dass in Sues das Blut eines Toten nicht in den Boden sickert, sondern für immer da liegen bleibt, wo der Märtyrer zu Tode gekommen ist.

Es sind Tage, die ich mit den herkömmlichen Handlungsmustern nicht erklären kann. Ich kenne die Sprache der Ägypter, ich kenne ihre Witze. Und doch verstehe ich die Menschen hier nicht mehr. Sie haben plötzlich ein dermaßen ausgeprägtes Selbstbewusstsein, dass sie es mit der ganzen Welt aufnehmen würden. Sie sind berauscht. Plötzlich gehen sie zu Fuß, laufen und rennen. Dazu muss man wissen, dass die Menschen hier mit dem Taxi sozialisiert werden und nur in Notfällen in ein Haus ohne Lift einziehen würden. Die Menschen halten zusammen, als sei das gesamte Land Teil ihrer Familie. Sie schenken sich gegenseitig Essen und verteidigen ihre Nachbarschaft. Sie ziehen selbst gebastelte Nagelbretter über die Straßen, um ihre Nachbarschaft zu schützen. Sie halten zusammen wie im Krieg.

Manche Revolutionen werden nach Blumen benannt, die georgische Rosenrevolution von 2003, die kirgisische Tulpenrevolution von 2005 oder die Jasminrevolution in Tunesien vom Januar 2011. Der ägyptische Aufstand wird nach einem Datum benannt: 25. Januar. Dem Tag, an dem die Proteste losgingen.

Die Luft in diesen Tagen ist frischer als sonst. Ich muss nicht mehr ständig niesen, denn das Land steht still, und damit reduziert sich auch der Smog. Ich habe abends kein Kopfweh, und über Nacht bekomme ich keine Pickel. Über den Tahrir-Platz rollen sonst täglich mehrere Zehntausend Wagen. Nun stehen dort Hunderttausende Menschen, die nicht weichen werden, bis der alte, kranke Mann endlich geht.

Aus einer mehrspurigen, pulsierenden Verkehrsader haben sie eine Fußgängerzone gemacht, ein orientalisches Straßenfest

mit afrikanischen Trommeln. Junge Leute sammeln leere Wasserflaschen vom Boden auf und picken sogar Zigarettenstummel
von der Straße. Die Männer machen keine Frauen an und stören
sich auch nicht daran, dass junge Mädchen tanzen. Es findet sogar eine Hochzeit statt. Das Brautpaar posiert vor einem Panzer.
Ist das also das neue Ägypten? Es wäre ein schönes Ägypten. Die
Menschen zeigen jedenfalls, wie es gehen könnte, dass sie ein gutes Land verdient hätten. »Ich habe das Gefühl, als wäscht gerade
ein kurzes, heftiges Regengewitter den Staub der letzten dreißig
Jahre weg«, sagt eine junge Frau in die Kameras.

Einen Tag später bekomme ich in Gardenia Park noch immer
meinen Cappuccino am Morgen und meinen Wodka am Abend.
Die Menschen, die draußen spazieren gehen, telefonieren aufgeregt; das Handynetz funktioniert wieder. In einem Land, in dem
Eltern ihre Kinder unzählige Male am Tag anrufen, um sie zu fragen, was sie denn gerade tun, ist ein Abschalten des Handynetzes schlimmer als ein tagelanger Stromausfall. In den Dörfern soll
es bereits einen Schwarzmarkt für Reis, Öl und Nudeln geben.
Die Geldautomaten in Gardenia Park spucken keine Banknoten
mehr aus, jene auf dem Weg in die Stadt wurden von Dieben zerlegt. Das Geld wird knapp. Kreditkarten sind in solchen Zeiten
wertlos. Ich überlege mir, wie viel ich für mein Nokia-Handy und
meine Armbanduhr bekommen könnte. Eine unabhängige Zeitung druckt erste Fotos von toten Demonstranten und schreibt
dazu die Zeilen eines bekannten, ägyptischen Gedichts: »Mama,
bitte weine nicht! Ich bin gestorben, damit ihr lebt.« Die Lage ist
also sehr ernst.

Vom Tahrir-Platz nach Gardenia Park sind es zwanzig Kilometer, doch vom Gefühl her trennen die beiden Orte eine ganze
Welt. Anouk fühlt sich wohl hier. »In Kairo gibt es kein Gras, keinen Spielplatz und keinen Platz für einen Kinderwagen«, sagt sie.

Anouk hat die Energie von zwei Personen. Sie ist Mitte vierzig, hat englische Literatur studiert und bekam im immergrauen

Rotterdam Sehnsucht nach der Welt. Sie reiste nach Ägypten, wo sie ihren Mann kennenlernte, einen Architekten, und zog mit ihm in ein Hausboot auf dem Nil.

»Das war ein verrücktes Land mit verrückten, sympathischen Menschen, in dem nichts funktionierte«, erinnert sich Anouk.

Eines Tages fragte eine internationale Schule bei ihr an, ob sie nicht als Englischlehrerin arbeiten wolle. Sie nahm an. Der Direktor bot ihr ein Haus nahe der Schule an, in Gardenia Park. Um die Miete für die zweihundertfünfzig Quadratmeter große Villa muss sie sich nicht kümmern, gesalzene zweitausend US-Dollar im Monat, die bezahlt die Schule. Leon, ihr achtjähriger Sohn, konnte nun mit seiner kleinen Schwester Nancy endlich im Gras spielen. Sein nächtliches Asthma war schon nach wenigen Tagen weg. Ägyptische Kinder haben meist keinen Platz zum Spielen, auch nicht die aus wohlhabenderen Familien, trotz deren übergroßen Wohnungen. Denn drinnen wohnen vom Säugling bis zum Opa alle in einer Art Mehr-Generationen-WG zusammen. Und draußen würden die Kinder spätestens nach fünf Minuten von einem Auto überrollt.

»Meine Kinder haben hier das, was wir im Westen eine glückliche Kindheit nennen«, sagt Anouk.

Die Ägypter, die zu Mubaraks engem Flechtwerk gehören, haben gute Umgangsformen und sind zu Ausländern nett und zuvorkommend. Sie sprechen brauchbares Englisch und sind eigentlich nur dann religiös, wenn es die Situation erfordert. Der Sohn eines Ministers geht auf Anouks Schule. Als dieser seinen Geburtstag feierte, spendierte der Vater jedem Mitschüler einen iPod und ließ den Sohn mit einem Ferrari abholen.

Da es doch recht viele von diesen Leuten gibt, die allesamt keine Lust haben, in einem Land voller Pestizide, Smog, verfaulter Tomaten und zugemüllter Gassen zu leben, schufen sie sich ihre eigene Parallelwelt. Die bewachten Wohnanlagen haben kuriose Namen. Sie heißen Hyde Park, Palm Hills, Utopia oder Beverly Hills. Refugien mit liebevoll verschnörkelten Villen, die für 4,5 Millionen ägyptische Pfund zu haben sind, eine Summe, für die mein *bawab* tausend Jahre arbeiten müsste. Die mit Absicht gewählten englischen Namen sind ein Gradmesser dafür, wie sehr die Mächtigen ihrem Volk den Rücken gekehrt haben. Die meisten Ägypter können die englischen Namen schließlich nicht einmal lesen. Der Bau dieser künstlichen Städte, von denen es mittlerweile Dutzende allein rund um Kairo gibt, lief unter Mubaraks Regentschaft wie geschmiert: Zuerst suchte man einen ägyptischen Bauern. Der war jedoch meistens ein Sturkopf und wollte nicht verkaufen. Der Investor bestach daraufhin einen wohlwollenden Beamten, damit dieser den Grundeigentümer möglichst schnell per Dekret des Präsidenten enteignen ließ. Als Dankeschön bekam der Beamte eine Villa in der neuen Anlage.

Auch ich hänge vierundzwanzig Stunden lang vor dem Fernseher. In westlichen Sendern sehe ich junge, smarte Ägypter auf dem Tahrir-Platz stehen, die von Freiheit und Demokratie in feinstem amerikanischem Englisch sprechen. Ihre Eltern wären sogar in Deutschland reich. Sie sind auf private Schulen gegangen und haben so viel mit dem Ägypten der Bauern, Kellner und Taxifahrer gemein wie ich. Die Kommentatoren sprechen von einer Facebook-Revolution, das passt gut in die Zeit. Die Revolution, die das Land schließlich umkrempeln wird, findet jedoch nicht auf dem Tahrir-Platz statt, sondern in den armen Dörfern und Kleinstädten. Die Aufstände in Alexandria koordinieren die Muslimbrüder, ebenso in Damanhur, Mansura und Kafr el-Scheich, den Städten des Nildeltas. Die Muslimbrüder aber wissen, dass die Revolution nur dann gelingen kann, wenn sie sich mit den Christen und den Sozialisten zusammentun und notfalls auch mit den Ungläubigen. Es ist noch zu früh für Politik.

Ein Professor aus Alexandria und glühender Anhänger der Muslimbruderschaft wird mir später erzählen, wie er zum Handy griff, seine Frau anrief und ihr Lebewohl sagte. Er hatte mit einem

Megafon den Sturz des Systems ausgerufen. Für ihn gab es kein
Zurück: »Deshalb ist das mein letzter Anruf, meine SIM-Karte
wird überwacht«, erklärte er ihr. Danach zerstörte er sein Handy und übernachtete in einer Tiefgarage. »Ich war bereit, alles zu
opfern«, sagte mir Hassan el-Prince, »meinen Beruf, meine Familie, mein Leben.«

Jedes kleine Rädchen des Regimes arbeitet unterdessen ununt-
terbrochen daran, die Menschen wieder in die Häuser zu bekommen. Mubaraks Planer wissen sehr gut, wie der einfache, regie-
rungstreue Ägypter denkt. Schnell sprechen die Moderatoren im
staatlichen Fernsehen nicht mehr von Präsident Mubarak, sondern von »*baba Mubarak*«. *Baba,* das arabische Wort für Vater.
Denn in Ägypten gilt das heilige Gesetz: Was auch immer ein Vater macht, man darf ihn niemals missachten und ihm schon gar
nicht den Gehorsam verweigern. Das steht so im Koran und in
der Bibel, und das sitzt tief in den Ägyptern drin. Deshalb finden
es viele nicht akzeptabel, dass Jugendliche einem zweiundachtzig-
jährigen Mann sagen, er solle möglichst schnell verschwinden. Es
gibt nicht wenige, die in den Tagen der Revolution sogar Mitleid
mit Mubarak empfinden.

Drei Jahrzehnte lang lief Ägypten mit Mubaraks Betriebssys-
tem. Geflickt wurde diese kaputte Maschinerie mit vielen Milliarden Dollar aus Amerika, die direkt in die Polizei, ins Militär und
in die Taschen der Mächtigen flossen. Das ist auch der Grund,
warum die meisten Ägypter Amerika geradezu hassen. Sie mussten jahrelang mit ansehen, wie Polizeistationen renoviert wurden
und Krankenhäuser verwahrlosten. Amerika wollte, dass Mubarak sein Volk ruhigstellt. Israel sollte sich nicht über seinen Nachbarn ärgern müssen. Damit die brutale Unterdrückung nicht in
komplizierten Gerichtsverfahren mündete, setzte Mubarak die
Notstandsgesetze in Kraft und regierte fortan ein Land im Aus-
nahmezustand. Offiziell sollten die Gesetze die Jagd auf Terroristen erleichtern. Die Polizei hatte von nun an Narrenfreiheit.

Die Ägypter wissen, dass ein Polizist über die Allmacht ver-
fügt, ein Leben für immer zu zerstören. Die Furcht vor der Staatssicherheit ging so weit, dass findige Ägypter sie ausnutzten und
eine alte Polizeiuniform in ihren Wagen legten, um an der Tank-
stelle das Benzin umsonst zu bekommen. Touristen ist das alles
nur selten aufgefallen. Die Männer in der schwarzen Uniform waren meistens nett zu Ausländern, hoben ihre Baskenmütze und
begrüßten sie mit einem freundlichen »*Welcome to Egypt*«. Falls es
mal Ärger mit einem Ägypter gab, hielt der Polizist immer zum
Ausländer, das war ein ungeschriebenes Gesetz, und das war bequem für alle Menschen mit einem westlichen Reisepass. Deren
Regierungen gaben schließlich diesem System ihren offiziellen
Segen. Die US-Außenministerin Hillary Clinton sagte in den ersten Tagen der Revolution noch mit Nachdruck, Mubarak sei immer ein verlässlicher Partner gewesen.

Deshalb passte es den westlichen Staatschefs auch gut in ihre
Planung, dass Mubarak beabsichtigte, sich rechtzeitig um seine
Nachfolge zu kümmern. Der Präsident wollte es seinem Kolle-
gen in Syrien nachmachen, Hafis al-Assad. Als dieser im Sommer
2000 starb, wurde sein Sohn Baschar Präsident.

Mubarak hat zwei Söhne. Der Ältere, Alaa, zeigte nie Am-
bitionen, den angestaubten Apparat seines Vaters zu übernehmen, und ging in die Wirtschaft. Seinen Bruder Gamal hingegen, noch keine fünfzig Jahre alt, schlank und hochgewachsen,
sah man immer häufiger in Berichten des Staatsfernsehens. In
einem Dorf im Nildelta hielt er eine öffentliche Rede und sagte, sein Vater habe für den Aufbruch des Landes Großartiges
geleistet, man könne dies an der Anzahl der Brücken sehen. Das
hörte sein Vater gern. Hosni Mubarak wusste, dass es nicht einfach ist, seinen Sohn in den Palast zu hieven. Gamal hatte Betriebswirtschaftslehre an der renommierten American Univer-
sity in Kairo studiert und später als Investmentbanker für die
Bank of America gearbeitet. Das ägyptische Militär hätte einen

Mann, der noch nie in einem Abfangjäger saß, nicht als Präsidenten akzeptiert.

Das Militär ist seit den Kriegen gegen Israel beliebt wie keine andere staatliche Institution. Als im Frühjahr 2008 weltweit die Lebensmittel knapp wurden, verteilten Soldaten Brot an die Armen. Es ist aber auch eine wirtschaftliche Macht. In eigenen Fabriken lassen die Generäle Fernseher produzieren und Wasser der Marke Safa abfüllen, das bei Starbucks verkauft wird. In den noblen Gegenden des Landes betreiben sie sogar Hotels. Dieses Konglomerat soll laut Schätzungen mehr als ein Drittel der ägyptischen Wirtschaft beherrschen. Hosni Mubarak rüstete deshalb die Polizei hoch, baute damit seine eigene Schattenarmee auf, die nur ihm gehorchte und die seinen Sohn als Präsidenten gebilligt hätte. In den Polizeiwachen ließ er den Spruch »Die Polizei im Dienste des Volkes« entfernen. Er hatte eine bessere Formulierung gefunden: »Die Polizei und das Volk im Dienste der Heimat«.

Die Brutalität der Polizei ist in den vergangenen Jahren regelrecht kommerzialisiert worden. Gewalt wurde zu etwas Alltäglichem, dermaßen tief eingesickert in die Psyche der Gesellschaft, dass sich die Zuschauer im Kino zwar über einen Kuss aufregen, nicht jedoch über eine blutige Nase. Und in Komödien lacht das Publikum, wenn ein Polizist einem Menschen mit der Faust in den Bauch schlägt. Das ist nicht erst seit Mubarak so, denn auch schon seine Vorgänger hatten viel Erfahrung darin, Menschen zum Schweigen zu bringen. Erst unter Mubarak aber geriet die Foltermaschinerie außer Kontrolle.

Unter welcher brutalen Knechtschaft die Menschen litten, ist schon lange aktenkundig. Amnesty International brandmarkte Ägypten schon vor Jahren als »Zentrum der Folter«. Das Land war zu einer Entsorgungsstation für die westliche Welt geworden, wo lästigen Gefangenen das angetan wurde, was die eigenen Gesetze verbieten.

Welche Rolle Ägypten in diesem System spielte, hat ein Ex-CIA-Agent vor ein paar Jahren ausgeplaudert: Um jemanden hart zu verhören, schickte man die Person nach Jordanien, stand Folter an, war Syrien der Platz der Wahl, und sollte jemand für immer verschwinden, landete er in Ägypten.

Die Regierung Mubaraks hingegen ließ regelmäßig verlautbaren, dass es in ihrem Land keine Folter gibt. Vielmehr wurden bei Todesfällen absurd-komische Autopsieberichte erstellt und veröffentlicht. So konnte man zum Beispiel nachlesen, dass ein Opfer sich selbst aus dem Fenster geworfen hat, oder, wie im Fall Chaled Said, der zum Ikon dieser Revolution wird, auf tragische Weise erstickt ist. In Chaleds Fall wollten die Gerichtsmediziner ein siebeneinhalb Zentimeter langes und zwei Zentimeter breites Drogenpaket in seinem Kehlkopfrachen gefunden haben, das den Erstickungstod ausgelöst habe. Wie ein Mensch es schafft, einen Gegenstand in der Größe einer Zigarettenschachtel zu schlucken, verschweigt der Autopsiebericht indes.

Damit diese Schmierenstücke auch unters Volk kamen, schrieb der Chefredakteur der staatlichen Zeitung Al-Gomhuria einen Kommentar zu Chaleds Tod und fragte seine Leser: »Was ist los in unserem Land, dass wir um ein Drogenkind trauern?« Sie nannten Chaled den »Haschisch-Märtyrer«, um ihn zu desavouieren, und wollten herausgefunden haben, dass er vor ein paar Jahren eine Frau sexuell belästigt hat. Als selbst dies die Massen nicht überzeugte, ließ die Regierung verlautbaren, Chaleds Bruder sei zum Judentum konvertiert und arbeite als westlicher Agent.

Die ägyptischen Mütter hätten ihre Söhne und Töchter am liebsten zu Hause angekettet, aus Sorge, sie könnten sonst in die Fänge des Systems geraten. So war über die Jahre eine junge Generation herangewachsen, die sich den ägyptischen Spruch zu Herzen nahm: »*Imschi gamb el-Hita*« – »Lauf entlang der Mauer, das ist sicher.« Nicht auffallen, nicht anecken, niemanden provozieren, so kommt man gut durchs Leben.

In Gardenia Park macht seit heute Früh das Gerücht die Runde, dass einige Bewohner das Weite gesucht haben. Der Staat gerät also tatsächlich ins Wanken. Anouk ist außer sich vor Panik und packt zwei Koffer.

»Ich würde an deiner Stelle auch gehen«, rät sie mir.

Ich kann mir nicht vorstellen, dass Ägypten tatsächlich auseinanderbricht und in einem Bürgerkrieg versinkt. Ich setze mich in Anouks Garten und trinke ein Glas Wodka mit Eis. Sie gibt mir die Schlüssel für die Villa.

Vor fast genau sechzig Jahren, im Januar 1952, gab es in Ägypten schon einmal einen erfolgreichen Aufstand: gegen die Briten. Damals waren die Polizisten noch die Guten, denn sie standen auf der Seite des Volkes. Zu ihren Ehren wurde später sogar ein Feiertag eingeführt, *Eid el-Schurta,* der Tag der Polizei, der jedes Jahr am 25. Januar daran erinnert, wie die ägyptischen Polizisten gegen die Besatzer kämpften. Am sogenannten Schwarzen Samstag zündeten die aufgebrachten Menschen damals 92 Bars und Nachtklubs an, 37 Kaffeehäuser und Restaurants, 40 Kinos und 8 Autohäuser, die sie mit dem Westen assoziierten. Kairo stand in Flammen. Innerhalb eines Tages wurden sämtliche Wahrzeichen der britischen Herrschaft in Schutt und Asche gelegt. Der Weg war frei für eine Revolution, die der spätere Präsident Gamal Abd el-Nasser anführte. Zu jener Zeit wurden die Polizisten als Helden gefeiert.

Jetzt brennt es wieder in Kairo. Die Zentrale der Nationaldemokratischen Partei, ein hässliches Betonhochhaus, von dem aus die Kader Mubaraks das Land steuerten, ist nur noch eine Ruine. Fast hätte das Feuer auf das daneben liegende Ägyptische Museum übergegriffen, in dem die goldene Maske des Tutanchamun ausgestellt ist. Das Regime schickt die *baltagija* auf die Straße, brutale Schlägertrupps, die für umgerechnet zehn Euro pro Mann und Tag auf die friedlichen Demonstranten einprügeln sollen. Tage später reiten sie auf Kamelen über den Tahrir-Platz, schwingen ihre Schlagstöcke und töten Demonstranten. Dieses Bild geht um die Welt.

Dass einfache Menschen sich getraut haben, auf die Straße zu gehen, kann und will das Regime nicht verstehen. Jahrelang wurde den Ägyptern mit präsidialem Segen eingetrichtert, sie seien Feiglinge. Irgendwann hieß es dann, sie seien nicht fähig für Wandel und bräuchten einen starken Mann, der ihnen sage, was gut sei, der sie beschütze vor den feindlichen Mächten. Die jahrelange Paranoia ging sogar so weit, dass man selbst schon kleinen Kindern sagte, man dürfe nicht schlecht über Ägypten reden und solle Ausländern misstrauen, denn die würden spionieren und hätten nichts Gutes im Sinn. Seit ein paar Tagen aber sind die Ägypter verzückt und wollen der Welt zeigen, dass sie selber wissen, was gut für sie ist. Sie haben die Nase voll von dem ganzen Mist, den ihnen Mubaraks Leute jahrzehntelang erzählten.

Das Regime ist dermaßen kalt erwischt worden, dass es in seiner Panik nichts anderes weiß, als zu den alten Feindbildern zu greifen. Plötzlich werden ausländische Journalisten gejagt und im Staatsfernsehen wie Verbrecher vorgeführt, schließlich seien sie der Grund für das »Chaos im Land«. Moderatoren verbreiten sogar das Gerücht, Ausländer hätten diese Revolution angezettelt, »um Ägypten zu zerstören«. Deshalb sollen die Leute zu ihrem Land stehen, wenn sie es denn liebten, und endlich nach Hause gehen.

Achtzehn Tage nach Beginn des Aufstands, am späten Nachmittag des 11. Februar 2011, einem Freitag, tritt Hosni Mubarak zurück. Die Generäle übernehmen durch einen Putsch das Land und versprechen die ersten, freien Wahlen. Sie hatten befürchtet, dass Mubarak seiner sechzigtausend Mann starken Präsidentengarde befehlen würde, auf die Demonstranten zu schießen. Das Militär hätte sich dann entscheiden müssen: der Präsident oder das Volk. Auf dem Tahrir-Platz skandieren die Leute: »Gott ist groß! Gott ist groß!« Sie breiten ihre Teppiche aus und beten für die 846 Männer und Frauen, die vom Regime getötet wurden.

Anouk hatte es zwischenzeitlich bis nach Rotterdam geschafft und ich in ein Hotel in Samalek, jenem Stadtteil, der während des Aufstands am sichersten war. Die Ägypter rufen euphorisch:»Das Volk und das Militär – eine Hand!« Sie sind vermutlich die einzigen Menschen weltweit, die sich darüber freuen, dass ihr Land von einer Diktatur in eine Militärdiktatur übergeht. Der Assistent des Verteidigungsministers wird auf einer eigenen Facebook-Seite gefeiert. Als dieser nach dem Rücktritt Mubaraks vor die Kameras trat, salutierte er, um der fast eintausend Toten zu gedenken. Mubarak hatte die Opfer in seinen Reden kein einziges Mal erwähnt.

Anouk ist dann doch wieder recht schnell zurück nach Kairo gekommen und lebt wieder in Gardenia Park. Einige Bewohner aber sind nicht mehr da. Sie wurden festgenommen und sollen wegen Korruption angeklagt werden. Seit der Revolution findet in der Wohnanlage regelmäßig eine Notfallübung statt. Die Bewohner müssen nach dem Schrillen des Alarms in ihre Häuser rennen, die Sicherheitsleute sammeln ihre Waffen und sind kampfbereit. Die Anlage ist nämlich seit der Revolution ständig von Dieben bedroht. In Kairo gab es sogar schon bewaffnete Überfälle auf Banken. Der Polizeistaat ist weg und damit auch sein einziger Vorteil: Unter Mubarak war Ägypten so sicher wie eine Schweizer Alm.

Sonst jedoch ist in Gardenia Park fast alles beim Alten. Während die Kinder in den internationalen Schulen sind und ihre Eltern arbeiten, pflegen Gärtner, Putzfrauen und Straßenkehrer die Anlage. An den Bäumen hängen Fliegenfallen und Hundesitter gehen mit den Tieren spazieren. Und es gibt noch immer zwei Pools: einen gekühlten und einen beheizten.

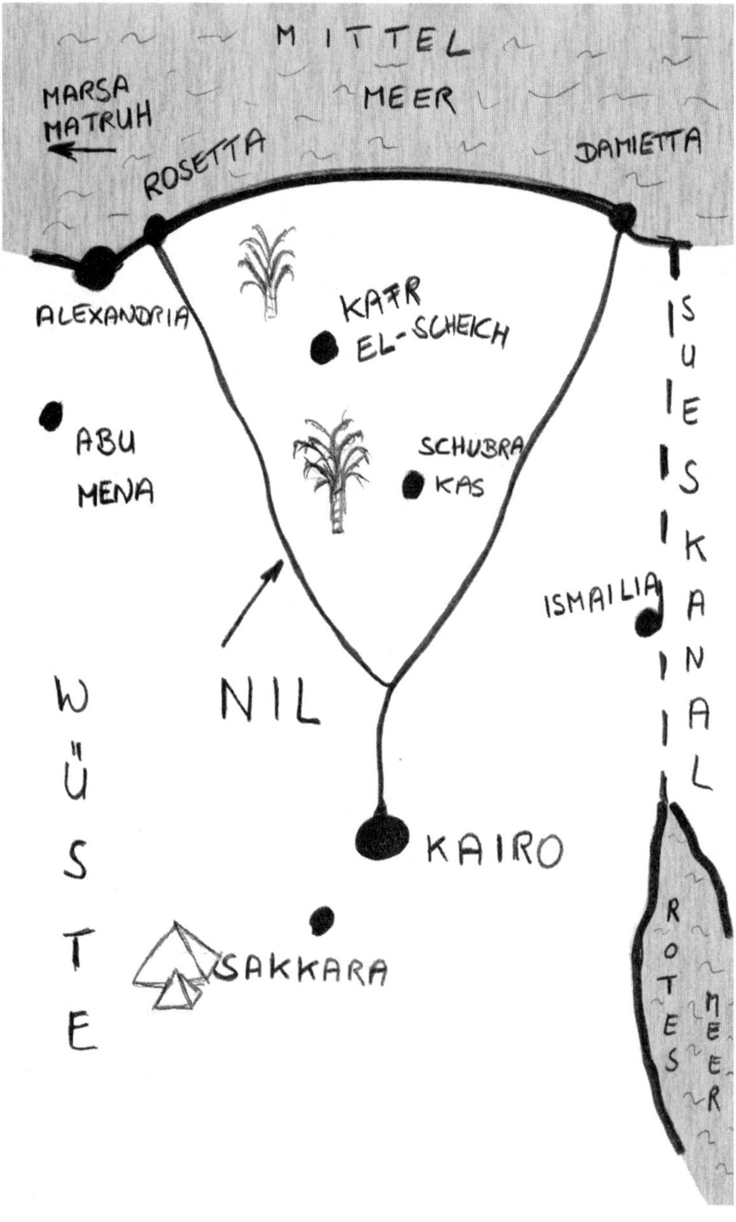
MITTEL
MEER
MARSA
MATRUH
ROSETTA
DAMIETTA
ALEXANDRIA
KAFR
EL-SCHEICH
ABU
MENA
SCHUBRA
KAS
SUESKANAL
ISMAILIA
NIL
WÜSTE
KAIRO
SAKKARA
ROTES
MEER

NILDELTA
UND
MITTELMEERKÜSTE

Kapitel

3

Rosetta

رشيد

In alten arabischen Filmen, in denen der Held schwermütig das Land verlässt und am Ende doch wieder nach Ägypten heimkommt, hört man oft die Volksweisheit, dass jeder, der einmal vom Wasser des Nils getrunken hat, eines Tages wieder zu ihm zurückkehren wird. Das sagen Taxifahrer auch zu Touristen und Arabischlehrer zu ihren Studenten. Nun stammen tatsächlich fünfundneunzig Prozent des Wassers, das den Ägyptern zum Duschen, zum Kochen und Teeaufgießen dient, aus dem längsten Fluss Afrikas. Ich trinke also jeden Tag davon. Es schmeckt wie das Badewasser in einem gechlorten Schwimmbecken für Kinder.

Ich hatte mir schon häufiger vorgestellt, was für eine Brühe da wohl am Mittelmeer ankommt, nach der 6852 Kilometer langen Reise durch Ruanda, Burundi, Tansania, Uganda, dem südlichen und nördlichen Sudan und Ägypten. Eine blubbernde, stinkende und ätzende Brühe vermutlich, mit Plastikflaschen, toten Fischen und einer Farbe, die zwischen Braun und Violett wechselt.

Das lateinische *Caput Nili quaerere* heißt übersetzt nicht, dass der Nil kaputt ist, auch wenn das eigentlich ganz gut passen würde. Es bedeutet vielmehr: seine Quelle (wörtlich: seinen Kopf) suchen. Später wurde der Satz zu einer Redewendung, die eine unlösbare Aufgabe beschreibt, denn die alten Römer verzweifelten regelrecht daran, den Ursprung des Flusses zu finden. Er war ja auch viel zu weit entfernt. Der Weiße Nil entspringt am Viktoriasee in Tansania, der wiederum von Quellen aus den Bergen Ruandas und Burundis gespeist wird, der Blaue Nil in den Bergen Äthiopiens. In der sudanesischen Hauptstadt Khartoum vereinigen sich die beiden Ströme, was sich spektakulär anhört, jedoch so spannend ist wie das Reißverschluss-System auf einer Autobahn. Von Khartoum sind es noch einmal 3090 Kilometer bis ans Mittelmeer.

Kaum in Ägypten angekommen, wird der Fluss streckenweise zu einem mächtigen Strom, der bis zu einem Kilometer breit ist. Er fließt in den riesigen Nasser-See, der den Assuan-Staudamm versorgt, und rinnt weiter nach Luxor. Er zieht vorbei an den insgesamt siebenhundert industriellen Anlagen, die nahe am Ufer liegen, und den Abertausenden Rohren, die einen Gutteil der Abwässer aus den Dörfern in den Nil entsorgen. In der Provinz Minja passiert er die Villa des ehemaligen Kulturministers und die anderen mehr als 1600 Strandhäuschen, die nach der Revolution illegal hochgezogen wurden und deren Toilettenspülung im Fluss endet.

Dreiundzwanzig Kilometer weiter, nachdem er unter den neun Brücken Kairos durchgekrochen ist, teilt er sich in zwei Arme und fließt zum Finale durch das grüne Nildelta, nach Kafr el-Scheich zum Beispiel, wo sich die Bauern noch gut daran erinnern, wie ihnen ein deutscher Ingenieur sagte, ihr Wasser könne nicht einmal ein Hund trinken. Letzten Endes mündet der rechte Arm bei Damietta in das Mittelmeer, der linke 140 Kilometer Luftlinie weiter östlich, bei Rosetta. Da möchte ich hin.

Die Minibusse haben in Ägypten viele Namen. Diejenigen, die von Alexandria nach Rosetta pendeln, nennen die Ägypter jedenfalls nicht *maschrua* oder *maikrobass,* dem Arabisch ausgesprochenen, englischen Wort, wie es in Kairo üblich ist, sondern *agal.* Dieser Begriff bezeichnet im Alltag einen Reifen oder ein Rad. Die Busse fahren in einem Vorort Alexandrias los, in Abu Kir, keine siebzig Kilometer von Rosetta entfernt. Die Fahrer warten neben einem Bahnübergang auf Kundschaft, die für umgerechnet einen halben Euro mitfahren möchte. Ich bin in einer Gegend, die von Straße zu Straße ärmer wird, je weiter sie sich in das Landesinnere mit seinen grünen Ackerflächen zieht. Viel zu sehen gibt es hier nicht. Außerdem ist heute Freitag, der Tag des Gebets. Ich werde also vermutlich lange warten müssen, bis sich der Bus füllt.

Neben mir steht Mahmud. Er klopft sich eine Zigarette aus der Packung, wir unterhalten uns, er ist der Fahrer. Ich bin nicht der erste Ausländer, der mit ihm unterwegs ist. Vor ein paar Jahren saß eine italienische Erdölingenieurin in seinem Bus. In Rosetta wollte sie ein Foto machen, doch kaum war sie ausgestiegen, rutschte sie aus und fiel hin. Danach war sie klitschnass und voller Schlamm, denn am Vortag hatte es geregnet. In der Gegend gab es weit und breit keine Restaurants oder Toiletten. Also brachte Mahmud die Frau zu seinen Eltern nach Hause, damit sie sich dort den Dreck von der Kleidung abwaschen konnte.

»Meine Mutter wollte ihr zuerst einen Tee anbieten. Dann dachte sie aber, die Italienerin könne misstrauisch sein«, erzählt er. Ihre Sorge war, die Ingenieurin fürchte, man wolle ihr einen Schlaftrunk geben, um sie ausrauben oder gar vergewaltigen zu können. »Aus dieser Angst heraus geht ja auch keine Ägypterin zu Fremden nach Hause. Also schickte sie mich Cola kaufen, und wir boten der Italienerin eine verschlossene Dose an.«

Eine Stunde später, um elf Uhr, fahren wir los. Die Straße führt entlang der Bucht von Abu Kir, entlang der Bucht von Abu Kir, wo im August 1798 eine der bekanntesten Seeschlachten der Weltgeschichte ausgetragen wurde: Admiral Nelson gegen Napoleon Bonaparte. Die Briten tricksten die Franzosen aus und versenkten deren Flotte wie Schießbudenfiguren. Darunter auch das französische Flaggschiff L'Orient mit den 120 Kanonen, der mehr als 3000 Quadratmeter großen Segelfläche und der tausendköpfigen Besatzung, von der sich nur 70 Mann retten konnten. Das Schiff hatte Feuer gefangen, rasch bissen sich die Flammen bis zu den Munitionslagern durch – es explodierte. Die gewaltige Wucht der Detonation verstreute die Holz- und Leichenteile in einem Umkreis von einer Seemeile. Die Schlacht war nicht nur ein Dämpfer für den jungen Napoleon, noch keine dreißig Jahre alt, und seinen Plan, die Land- und Seewege nach Indien zu kontrollieren; Indien war damals eine britische Kolonie. Sie war vielmehr der Beginn des Aufstiegs der Briten zur Weltmacht auf den Meeren.

Schulkinder in Deutschland verbinden mit Rosetta meistens etwas anderes. Sie ist die Stadt, in der wir den Schlüssel zu unserer Vergangenheit gefunden haben: den berühmten, gleichnamigen Stein mit seinen mehrsprachigen Inschriften, der es uns ermöglicht hat, die Hieroglyphen der alten Ägypter zu dechiffrieren. Die meisten Menschen hier haben davon noch nie etwas gehört. Für sie ist Raschid, wie Rosetta auf Arabisch heißt, die Stadt der Millionen Palmen. Ist ja auch nicht falsch, wie ich auf der Fahrt bemerke. Auf mich wirkt die Gegend wie Baldrian und Oropax. Die Palmenhaine sind von mannshohen Bambuszäunen geschützt, dazwischen blühen Zitronen und Guaven, deren Blätter von alten Leuten eingesammelt und anschließend getrocknet werden. Aufgebrüht sollen sie ein gutes Hausmittel gegen Erkältung sein.

Ich steige in der Nähe der Festung Kait Bey aus, nördlich des Stadtzentrums von Rosetta. Von dort, hatte mir jemand gesagt, sei es nicht mehr weit bis zur Nilmündung. Wenn ich schon da bin, möchte ich vorher noch die Festung am Fluss besichtigen. Die damaligen Herrscher, die Mamelucken, ließen das Bollwerk als ›Wächter des Nils‹ hochziehen, mit Schießscharten und Türmen, um den strategisch wichtigen Ort vor den Osmanen zu schützen. Das war im Jahr 1479.

Heute behüten die Mauern eine Moschee. Es ist Mittag, das große Gebet, das *dschuma*, hat gerade begonnen.

»Hütet euch vor Gerüchten und Vorurteilen«, predigt der Imam den Gläubigen ins Gewissen. »Wenn ihr im Dunkeln Menschen seht, bedeutet das denn, dass sie euch gleich Böses wollen? Der Prophet, Allah segne ihn und schenke ihm Heil, soll euch ein Vorbild sein.«

Dann geht er zur kleinen und großen Politik über. Er spricht über Israel und die Juden. Nach der Revolution gebe es nun ein Gleichgewicht der Angst. Er preist die neue Stärke Ägyptens und springt dann doch gleich wieder zu einem anderen Thema, das den Menschen hier sehr am Herzen liegt: »Wir brauchen die Scharia!« Das Gebet übertönt alles, die Lautsprecher sind hoffnungslos übersteuert.

Ein Sicherheitsmann in einer olivgrünen Uniform begleitet mich durch die ehemalige Bastion. Eine Marmortafel ist mit schwarzer Sprühfarbe beschmiert worden. Sie erinnert an den Besuch von Hosni Mubarak im September 1985, als er die Festung nach einer umfassenden Renovierung feierlich wiedereröffnete. Im Wasser schlummern blaue Fischerboote. Am Ufer sammeln sich die Überbleibsel des Konsums der modernen Zivilisation: Tüten und Flaschen aus Plastik. Im Freien tollen Kinder herum, übermütige Jungs und Mädchen, die noch viel zu jung sind, als dass sie ein Kopftuch tragen müssten. Denn umgebunden werden soll das Stück Stoff nach der ersten Regelblutung, erzählten mir die Ägypter, wenn aus einem Mädchen allmählich eine Frau wird. Diese Mädchen aber gehen noch in den Kindergarten. Da die Moschee in den vergangenen Jahren viel zu klein geworden ist,

beten die Männer auch draußen und in den zahlreichen gewölbe-
förmigen Einbuchtungen entlang der Mauern. Die ausgezogenen
Schuhe türmen sich zu einem Haufen. Es gibt kein Durchkommen
mehr. Einen Raum jedoch könne ich sehen, sagt der Wachmann.

Wir laufen zum südwestlichen Gefechtsturm und gehen unter
einem hohen Torbogen durch, der gelb angestrichen ist. Der Boden ist mit großen Pflastersteinen ausgelegt. Vier Treppenstufen
führen in einen engen Raum. Aus den Mauern sprießt Grünspan,
an der Decke der Schimmel, an der Wand zieht sich eine rostige
Spur zum Boden, hier wurde früher wohl gebadet.

»In diesem Raum fand man vor mehr als zweihundert Jahren
den berühmten Rosetta-Stein«, sagt der Mann.

Ich hatte das nicht erwartet. Ich wusste zwar, dass der Stein bei
Rosetta entdeckt wurde, doch hatte ich gelesen, dass es nicht in
Kait Bey war, sondern in der Festungsanlage St. Julien, die hier aber
niemand kennt. Das muss wiederum nichts bedeuten, denn die
meisten Ägypter wissen nicht viel über ihre eigene Geschichte. Der
Sicherheitsmann lächelt und sagt, ich sei nicht der erste Tourist,
der verwirrt in diesem Raum stehe. Er habe deshalb den örtlichen
Scheich, den *muallim,* um Rat gefragt. Das machen viele Ägypter,
wenn sie ein Problem haben, eine Antwort auf die großen Fragen
des Lebens suchen oder einfach nur etwas wissen möchten. Der erklärte ihm jedenfalls, dass die zwei Namen denselben Ort beschreiben. Die Festung Kait Bey wurde im 15. Jahrhundert errichtet. Dazu
schleppten die Arbeiter Steine vom nahe gelegenen Abu-Mandur-
Hügel zur Baustelle. Die Blöcke stammten aus der Pharaonenzeit,
und das war sehr praktisch, denn sie waren schon recht passgenau,
und die Sklaven mussten nicht in den Steinbruch, um gute Ware zu
klopfen. Fast dreihundert Jahre später, 1799, ließ Napoleon Bonaparte auf den Ruinen der inzwischen längst zerstörten Festung eine
neue errichten und benannte sie nach Thomas Prosper Jullien, einem jungen, französischen Offizier, der kurz zuvor in einem ägyptischen Dorf ermordet worden war.

»Der Scheich hat das Rätsel um den Namen also gelöst«, sagt der Wachmann ehrfürchtig und wartet auf meine Reaktion. Doch was soll ich dazu sagen? Ich nicke kommentarlos. Bei den Bauarbeiten fand ein Soldat dann zufällig den berühmten Stein. Er soll auf dem Boden gelegen haben, besagt eine Überlieferung, eingemauert in einer Wand, eine andere Quelle. Unbestritten ist jedoch, was den Stein so einzigartig macht – die eingemeißelte Inschrift in drei Sprachen: vierzehn Zeilen in Hieroglyphen; zweiunddreißig Zeilen in demotischer Briefschrift, einer ausgestorbenen Sprache, die Linguisten zwischen dem Neuägyptischen und dem Koptischen einordnen. Und dann, ganz unten, vierundfünfzig Zeilen in Altgriechisch, den uns vertrauten Wörtern, mit denen wir den hieroglyphischen Code knacken konnten und später eine Art Wörterbuch daraus destillierten. Mit dem Text aus dem Jahr 196 vor Christus wollten sich die Priester von Memphis bei den ptolemäischen Königen bedanken: für die Steuererleichterungen, den Erlass von Schulden und dafür, dass sie ihr Wohlwollen genossen.

Der Stein, so wie er gefunden wurde, ist an der linken, oberen Ecke abgebrochen. Er besteht aus dunkelgrauem, basalthaltigem Gestein, ist 112 Zentimeter hoch, 75 Zentimeter breit und 30 Zentimeter tief. Er wiegt 762 Kilogramm. In Rosetta stehen heute nur billige Kopien des Originals. Zum Beispiel im Fort, im Museum und einer mitten in der Stadt, aufgestellt zwischen zwei mittelalterlichen Kanonen und einem Denkmal für Hosni Mubarak. Die Ägypter haben keinen emotionalen Bezug zur vorislamischen Zeit. Gegen das Geld aber, das die Touristen in die Stadt bringen, die sich an den Relikten aus der Ungläubigenzeit ergötzen, haben sie natürlich nichts.

»Die Briten sind Diebe, die haben uns den Stein gestohlen«, ärgert sich der Sicherheitsmann. Ägypten mit seinem Reichtum, der schon im Koran gepriesen wurde, sei von Europa ausgeplündert worden. »Die Briten waren neidisch auf die Franzosen, weil die unser Land zuerst leer geräumt haben«, sagt er. »Also«, so seine Schlussfolgerung, »griffen die Briten zu den Waffen, fielen in Ägypten ein, kämpften gegen die Franzosen und besiegten Napoleon. Als die beiden Gegner die Bedingungen für die Kapitulation aushandelten, mussten die Franzosen widerwillig den begehrten Stein herausrücken.«

Der Rosetta-Stein kam schließlich im Februar 1802 im Hafen von Portsmouth an und ist seither im Britischen Museum in London ausgestellt.

»Auch den Bart der Sphinx, die in Giseh vor den Pyramiden steht, haben die Briten geraubt«, sagt der Sicherheitsmann. »Seit Jahren fordern wir unsere Sachen zurück, aber Mubarak wollte keinen Ärger mit dem Westen.«

Er erzählt mir, dass auch die Israelis, als sie den Sinai besetzt hielten, im Boden nach wertvollen Stücken gegraben und viel mitgenommen haben.

»Insgesamt 38 000 Stücke wurden aus Ägypten gestohlen«, sagt er wütend. »Das ist nicht fair.«

Ich halte dagegen, dass Napoleon mit seinem 38 000 Mann starken Tross aber auch mehr als einhundert Gelehrte nach Ägypten geschickt hat.

Diese Mathematiker, Geologen, Biologen, Ingenieure, Zeichner und vor allem Schriftsetzer, die mit lateinischen, griechischen und arabischen Buchstaben umgehen konnten, forschten und schrieben alles nieder, was sie im Land sahen und entdeckten, woraus die monumentale »Description de l'Égypte« entstand. Eine vierundzwanzigbändige Enzyklopädie mit mehr als dreitausend Abbildungen, die heute als ›Geburtshilfe‹ für die Ägyptologie als Wissenschaft gilt. Ägypten war damals eine Gesellschaft aus Bauern und Beduinen, die in den Schätzen der Pharaonen nicht viel mehr als billiges Ziegelmaterial sahen. Die französischen Zeichnungen und Schriftstücke von damals verblieben in Kairo, in einer Bibliothek neben dem Tahrir-Platz.

Die ständigen Krawalle in Kairo gipfelten an Weihnachten 2011 darin, dass ein Molotow-Cocktail auf die französische Bibliothek flog. Das Gebäude brannte nieder, viele Originale konnten nicht mehr gerettet werden.

»So ein Quatsch!«, behauptet der Sicherheitsmann. »Das waren vom Ausland bezahlte Krawallmacher!« Er versucht zu beschwichtigen: »Wir Ägypter lieben unser Land und all seine Reichtümer. Wir würden es doch nicht zerstören.«

Dann erzählt er, wie er die ausländischen Besatzer sieht. »Napoleon war arrogant«, sagt er. Der Franzose sei ins Land eingefallen und habe zur Begrüßung eine Verlautbarung auf Arabisch verteilen lassen. Nun redet sich der Wachmann in Rage: »Die war hingeschludert und voll mit Fehlern. Sie sprach vom ›glorreichen Koran‹, und weißt du, was die Menschen damals besonders aufregte? Sie begann ausgerechnet mit dem muslimischen Glaubensbekenntnis!« Bei den Muslimen jedenfalls sei das damals gar nicht gut angekommen. »Die Kreuzfahrer waren wenigstens Christen, Gläubige also, doch diese Gefolgschaft, die da angerollt kam, noch berauscht von der Französischen Revolution, das waren Atheisten, Ungläubige.«

Ich wechsle lieber das Thema und frage ihn, wo der Nil ins Meer fließe.

»Vom Minarett aus kann man das sehen«, antwortet der Mann, »aber da darfst du nicht hoch. Die Mündung ist noch gut drei Kilometer weg. Du kannst einfach hinfahren, sind höchstens fünfzehn Minuten.«

Er ruft mir ein Tuk-Tuk, die dreirädrigen Mopeds, die auch in Indien, Pakistan und Bangladesch die Straßen füllen. Am Steuer sitzt ein Junge mit einer Zigarette im Mundwinkel, der mich mit einem lauten, gedehnten »my friieeeeend« begrüßt. Wir tuckern vorbei an Haufen aus Palmenblättern, die zum Trocknen gelagert und später verkauft werden. Daraus werden Kisten und Möbel gemacht. Dann wird dieser Landstrich flach und grau. An der Küste

liegen Tausende Klötze aus Beton herum, die von Weitem aussehen wie große Hundekekse.

»Ist von einer chinesischen Firma hergestellt«, erzählt mir der
Fahrer. »Die Blöcke sollen das Land vor einem Anstieg des Mee-
resspiegels schützen. Auch vor einem Tsunami, falls es ein Erdbeben gibt.«

150 Meter von der Stelle entfernt, wo der Nil ins Meer fließt,
überragen weiße Metallsilos das Land, daneben stehen Hammer-
brecher, Gipszerkleinerungsmaschinen und Förderbänder, die
Splitt und Schotter zu Halden bringen. Es ist eine Zementfabrik,
eine hässliche Baustelle.

Ich steige aus, doch kaum mache ich mich auf zur Mündung, ruft
ein junger Soldat, den ich gar nicht gesehen hatte, laut und unfreund-
lich: »Stopp, das ist verboten!« Er fuchtelt mit seinem Gewehr herum.
Ich solle möglichst schnell wieder von hier verschwinden.

Der Fahrer wird nervös. Er will gehen. Es gibt sowieso nicht
viel zu sehen. Der Nil ist breit, fließt zügig und ist überraschend
sauber. Zumindest blubbert nichts. Meine Hand würde ich trotzdem nur unter Androhung von Folter hineinhalten. Denn kaum
ist das Wasser ins Meer geflossen, sieht es so aus, als hätte jemand
ein Glas schwarze Tinte umgeworfen, die sich in ein Blatt Papier frisst. Ansonsten ist das Naturspektakel so aufregend wie in
Khartoum. Es ist einfach nur ein Fluss, der ins Meer fließt.

Wir fahren ein Stück zurück, und als ich zwei Fischer am Straßenrand sehe, halten wir an. Vielleicht können sie mir ja etwas
mehr über die Nilmündung erzählen. Mohammed und Suleiman
sitzen auf dem Boden. Die Fliegen, die vom Geruch der gefangenen Fische angezogen werden, bemerken sie gar nicht mehr. Sie
gehören zu den gut zweihunderttausend Fischern Ägyptens. Mohammed flickt ein Netz.

»Wie läuft das Geschäft?«, frage ich.

»*El-Hamdu lillah*«, sagt er, »Lob sei Gott.«

»Und bei deiner Familie, alles gut?«

Er nickt zustimmend mit seinem Kopf: »*El-Hamdu lillah*«. Ob er morgen früh wieder hinausfährt, möchte ich wissen.

»*Inschallah*«, antwortet er, »so Gott will.«

Die beiden älteren Männer arbeiten für eine große Fischfarm in der Region. Als ich sie auf den verdreckten Nil anspreche, werden sie plötzlich gesprächig.

»Ich kann dir sagen, hier gibt es den besten Fisch der Welt«, sagt Mohammed mit Stolz in den Augen. »Das liegt daran, dass sich das Süßwasser des Nils mit dem Salzwasser des Mittelmeers vermengt. Aus dieser speziellen Suppe hole ich Nilbarsche, Aale und Meeräschen heraus, die besonders groß und schmackhaft sind.«

Mir ist aufgefallen, dass es in Rosetta keine Brücken hinüber zum anderen Ufer gibt. Dabei prahlte Mubarak immer damit, wie viele neue Brücken und Straßen er geschaffen habe.

»Hier gibt es weit und breit keinen Übergang«, sagt Mohammed, »dafür war nie Geld da.«

Mohammed wittert ein gutes Geschäft. Er würde mich mit seinem hellblau angemalten Fischerboot hinüberfahren, wenn ich das wolle. Doch ich lehne ab.

»Das Boot ist sehr sicher«, beteuert er und lässt nicht locker.

Aber ich wüsste nicht, was es auf der anderen Seite zu sehen gäbe, außer ein paar Häusern aus roten Ziegeln und verstaubten Wegen. Daher werde ich bestimmt nicht mit seinem Kahn hinüberfahren. Zu oft habe ich erfahren, dass solche Überfahrten in Katastrophen enden. Die Boote und Fähren sind rostig und notdürftig repariert. Gleichzeitig aber können nur sehr wenige Ägypter schwimmen. Eigentlich nur reiche Jungs und Mädchen, die von ihren Eltern auf internationale Schulen geschickt wurden und es dort im Sportunterricht gelernt haben. Es gibt so gut wie keine öffentlichen Hallenbäder, keine Schwimmbäder, und es gibt vor allem auch keine Nachfrage danach. Denn die Frauen würden im Wasser zu viel Haut zeigen. Und komplett angezogen oder mit einem sogenannten *burkini*, einem Ganzkörper-Badeanzug, in den sich die Frauen hineinpressen, macht es auch keinen Spaß. Den Männern hingegen wäre das Schwimmen erlaubt, doch tun sie sich schwer, jemanden zu finden, der es ihnen beibringen kann.

Eines der tragischsten Unglücke auf dem Nil passierte vor Jahren in der Stadt Minja, als ein völlig überladenes Boot kenterte. Die Opfer gehörten einer Trauergesellschaft an, die von einer Beerdigung kam. Um möglichst schnell nach Hause zu kommen, drängelten die vierzig Trauergäste auf das Boot, das eigentlich nur zehn Passagiere aufnehmen konnte. Obwohl sie nur wenige Meter entfernt waren, schaffte es niemand an das rettende Ufer. Alle vierzig Menschen ertranken.

Der Tuk-Tuk-Fahrer wird ungeduldig. Er will mehr Geld, schließlich würde er mit Warten hier nichts verdienen. Ich verdopple den Fahrpreis, es sind für mich umgerechnet nicht einmal fünfzig Cent. Er bringt mich zurück ins Zentrum der Stadt. Dort sollen ein paar der schönsten Häuser Ägyptens stehen. Die möchte ich mir anschauen, bevor ich zurück nach Alexandria fahre.

In Rosetta leben heute mehr als hunderttausend Menschen, doch so genau weiß das niemand. Früher, als es noch keine Flugzeuge gab, war die Stadt von großer strategischer Bedeutung. Vom Mittelalter bis ins 19. Jahrhundert wetteiferte sie mit Alexandria darum, wer den wichtigsten Hafen des Landes hat. Es war die Zeit, als Ägypten unter türkischem Einfluss stand. Die Osmanen hatten das Land 1517 von den Mamelucken erobert. Diesen ehemaligen Söldnern, die von den arabischen Eroberern ein paar Hundert Jahre zuvor aus der Türkei und dem Kaukasus geholt wurden für ihre Kriege – bis sie letztlich selbst herrschten.

In Ägypten putschten sich die Mamelucken im Jahr 1250 an die Macht. Sie waren gefürchtet für ihre Strafen, ließen Menschen zweiteilen, pfählen und ihnen die Zunge abschneiden. Sie förderten aber auch den Handel, steckten das Geld in Infrastruktur und in heilige Bauten. Einige der schönsten Moscheen stammen aus dieser Zeit. Die besiegten Mamelucken waren von den Osmanen

später als Handlanger weiterhin geduldet: als lokale Herrscher-
elite, die den osmanischen Titel *bey* tragen durfte. Erst Napoleon
machte ihnen endgültig den Garaus.

Dieser türkische Einfluss hat bis heute seine Spuren in Rosetta hinterlassen. Manche Bewohner haben einen Namen, der vom
Klang her mehr türkisch als arabisch ist. Es gab einen regen Aus-
tausch zwischen Rosetta und Konstantinopel, dem heutigen Is-
tanbul. Handwerker brachten neue Techniken nach Ägypten und
suchten nach edlen Rohstoffen. Die Ägypter importierten edle
Hölzer und bauten daraus kunstvolle Bürgerhäuser, von denen
heute noch zweiundzwanzig Stück in Rosetta erhalten sind. Drei
bis vier Stockwerke hohe Bauten aus Lehm, mit hölzernen Dach-
stühlen und einer stilvollen Fassade aus roten und schwarzen
Ziegeln, die in einem Karomuster angeordnet sind. Die meisten
Häuser haben eine *maschrabija,* einen aus Holz verkleideten und
verzierten Balkon, mit fein gedrechselten Fenstergittern, der früher hauptsächlich zum Kühlen des Wassers verwendet wurde. Da
der berühmte Rosetta-Stein in London ausgestellt ist und die Nilmündung kaum das Potenzial hat, als Sehenswürdigkeit durchzu-
gehen, sind diese Häuser nun die Hauptattraktion der Stadt.

Nur, wo sind sie? Ich stehe jetzt im Zentrum Rosettas, und
das, was ich sehe, sind Kaffeehäuser für Männer, Gemüseverkäufer und hupende Minibusse. Ich laufe durch das Gassengewirr.
Ich frage einen Mann auf der Straße nach den berühmten Bürger-
häusern, nach dem Chul-Haus und dem Asmasjali-Haus. Er hat
diese Namen noch nie gehört: »So jemand wohnt hier nicht.«

Ich laufe weiter und lande zufällig vor einem wunderschönen Gebäude. Es ist das Asmasjali-Haus, das vielleicht berühmteste Gebäude Rosettas, erbaut im Jahr 1808, das lese ich auf einer großen Plaket-
te, die draußen beim Eingang hängt. Massive Schlösser mit schweren
Holzriegeln sichern die Tür. Daneben stehen antike Säulen, die au-
genscheinlich nicht von hier stammen, sondern von den Osmanen
aus ihrer Heimat importiert wurden. Die Straße ist ein belebter

Markt. Die Verkäufer bieten das Kilo Tomaten, frisch gepflückt und
aus der Region, für umgerechnet zwölf Cent an; ein Gedränge, Geschubse, ein Gewühl. Es herrscht eine eigenartige, beinahe skurrile
Atmosphäre. Das alte Kaufmannnshaus ist eine künstlerische Meis-
terleistung, ohne Zement, dafür mit Plan und Leidenschaft errichtet.
Gegenüber stehen ägyptische Alltagsbauten. Beton trifft hier auf os-
manische Kunst. Ich will von einem Gemüseverkäufer wissen, was er
von dem Haus hält. »Das bringt mir nicht viel«, sagt er und behauptet: »Ägypter lassen die sowieso nicht hinein.«

Zwei Männer sitzen gelangweilt vor dem Eingang. Ich betrete
das Gebäude, und sofort rennt mir einer nach. Er heiße Mohammed und sei ein Touristenführer. Er besteht darauf, mich zu be-
gleiten und will mich durch die Räume führen. Außer mir ist niemand da. Ich traue mich kaum ins Haus. Die Grundstatik ist aus
Lehm. Manche Zimmer sind regelrecht schief. In den vergangenen zweihundert Jahren hätten sich einige tragende Wände ab-
gesenkt, erzählt mir Mohammed. Das liegt wohl daran, dass der
Regen den Lehm abgewaschen hat – allerdings nur auf der Wet-
terseite, die dadurch an Gewicht verlor. Die anderen Wände, die
allmählich schwerer wurden, zogen das Haus daraufhin stärker
nach unten. Mohammed merkt, dass ich seine technischen Aus-
führungen nicht so recht verstehe. Er hat eine Idee: Er zieht mir
meinen Rucksack vom Rücken und hängt ihn nur an meine rechte
Schulter. Ich stehe gekrümmt vor ihm. »So musst du dir das vorstellen, sagt er. »Du bist jetzt das Haus.« Das leuchtet mir ein, nur
wohl ist mir bei der Vorstellung nicht, zumal es hier überall im
Gebälk ächzt und krächzt. Mohammed versucht mich zu beruhigen: »Bis heute halten die Häuser, denn Lehm ist elastisch.«

Die Holzeinrichtung ist verstaubt wie in einem alten Geisterhaus. Plötzlich kommt ein Mann mit seinem Sohn herein. Er pro-
biert alles aus, zieht an jeder Schublade und bricht ein Stück Holz
ab. »Schau, so sieht das Holz also aus«, sagt er zu seinem Sohn und
lässt es ihn anfassen. In einem Musikzimmer ist die Decke zu ei-

nem Sternenhimmel geformt. Die Einlegearbeiten aus Holz sind mit Elfenbein verziert. Die Frauen lebten hinter Wänden mit kleinen Löchern, durch die sie spionieren konnten. Gegessen wurde auf einem Podest. Die Männer holten sich das Essen aus einem Regal, das man drehen konnte. Es war mit der Küche verbunden. Damit wurde jeglicher Kontakt zum anderen Geschlecht vermieden. Ins Holz ist eine Kalligrafie zu Ehren des Propheten eingraviert: *»Mohammed, rassulu Allah«,* »Mohammed, der Gesandte Gottes«. Neben dem Wohngebäude gibt es einen Brunnen und zwei Maismühlen, eine private und eine für die Öffentlichkeit. »Die konnte früher gegen Geld benutzt werden«, erzählt Mohammed. »Die Einnahmen gingen an die Moschee.«

Als ich das Haus verlasse, ruft mich ein Mann in einem Kaffeehaus zu sich, das gegenüber liegt. Er heißt Hassan, trägt einen Dreitagebart, ein blaues Hemd und darüber einen grauen Pullunder. Er habe Tee und Wasserpfeife, »sehr günstig«, sagt er. Ich setze mich zu ihm.

Von Hassan erfahre ich viel über die Häuser und ihre komplizierte Namensgeschichte. Wie die ursprünglichen Eigentümer der Gebäude hießen, weiß man gar nicht mehr. Früher war für die Anrede einer Person nicht deren Name wichtig, sondern die Aufgabe im Dorf. Hassan nennt mir als Beispiel den Mann, der die Kanonen bediente; so wurde dieser dann auch gerufen. Später, als die Besitzer fortzogen oder starben, übernahmen deren Diener das jeweilige Haus. Nun wurden die Häuser nach den Rufnamen der Diener benannt, die sich wiederum vom Namen des Dorfes ableiteten, aus dem die Hausbediensteten ursprünglich kamen: »Diese Namen sind dann bis heute geblieben, auch wenn viele sie nicht mehr kennen«, sagt Hassan.

Mehr als einhundert dieser Bauten soll es in Rosetta früher gegeben haben. Doch dann putschte sich in den Fünfzigerjahren des 20. Jahrhunderts ein junger General an die Macht, Gamal Abd el-Nasser. Er wurde Präsident, enteignete die Ausländer und warf sie aus dem Land. Auf der Liste der Begehrlichkeiten standen auch die schmucken Häuser von Rosetta. Um zu verhindern, dass sich der Staat diese unter den Nagel riss, haben die Menschen, die damals darin lebten, sie weitgehend zerstört. »Sie haben alles entfernt, was schön ist, sodass es ganz normale Häuser waren«, erzählt Hassan. »Denn nur so konnten sie ihre Häuser auch behalten.«

Mich interessiert, wer nun für die Instandhaltung der schönen Bürgerhäuser bezahlt.

»Ich sage es nicht gern, aber die Gelder verschwinden«, sagt er, »die werden geklaut.« Deshalb komme hier auch nichts voran.

»Hier ist nicht viel mit Arbeit«, sagt er. »Die Menschen suchen nach anderen Wegen, um an Geld zu kommen. Sie ziehen weg, du verstehst. Die Fischerei geht zurück. Da ist man saisonal abhängig, und die bringt nicht viel Geld ein.«

Schaut man kurz vor Rosetta auf das Meer, sieht man große Öl- und Gasplattformen und beim Ortseingang Schilder, auf denen LNG steht, die englische Abkürzung für verflüssigtes Gas.

»Davon haben wir nichts«, sagt Hassan. »Nur Abgase, und die Fischer ärgern sich, dass ihre Reviere gestört werden. Und vor allem stellen diese Öl- und Gasfirmen keine Menschen aus Rosetta ein. Die meisten Arbeiter kommen aus der Region Munufija«, sagt er. »Das sind die ›Juden Ägyptens‹. Das lernt in Ägypten jedes Kind. Die sind gierig, herzlos und humorlos«, meint Hassan.

Was aber auch jedes Kind in Ägypten weiß: Hosni Mubarak und Anwar el-Sadat, also gleich zwei ägyptische Präsidenten, wuchsen in Munufija auf. Und den einen vor allem, Mubarak, der im Winter 2011 gestürzt wurde, den verachten manche Ägypter sehr. Heute ist Munufija, diese arme Region im Nildelta, nördlich von Kairo gelegen, eine letzte Bastion der ehemaligen Mubarak-Anhänger. Von den Erfolgen der Revolution will dort niemand etwas wissen.

Es ist schon spät am Nachmittag. Ich nehme ein Tuk-Tuk und fahre zum südlichen Ende der Stadt. Vorbei an einer kleinen

Jacht, auf die der Besitzer den Namen »Golden Gueen« gepinselt hat, die Goldene Königin, mit G statt mit Q, aber das stört hier niemanden, die Leute haben elementarere Probleme. Auf einer Halbinsel, die in den Nil ragt, steht die Abu-el-Nadr-Moschee, die hier aber jeder nur als Abu Mandur kennt. Ein mächtiger Bau in weißer Farbe mit einer Eingangsfassade, die jener der Bürgerhäuser gleicht. Darüber steht das islamische Glaubensbekenntnis geschrieben. Ein raffiniert verstecktes Kunstwerk, denn der Text ist in Kufi-Schrift abgefasst, einem alten Schreibstil, der ursprünglich aus dem Irak stammt und der von Weitem aussieht, als hätte jemand mit einem Lineal ein Labyrinth gezeichnet. Selbst für manche Muttersprachler sind diese verwinkelten, eckigen Buchstaben nur schwer zu lesen.

Die Moschee liegt am Nil. Der Freitag ist nicht nur der Tag des Gebets, sondern auch ein Familientag. Es geht hier zu wie auf einem Jahrmarkt. Bunt angemalte Wagen, auf denen in einem Glaskasten frisches Popcorn hüpft, nebenan verkauft jemand Zuckerwatte. Kinder reiten auf Pferden, und es gibt sogar einen selbst gebastelten Schießstand: ein blauer Blechkasten auf einem Holzkarren, darin ein notdürftig verdrahtetes Eisengitter, an dem grüne, rote und blaue Bällchen baumeln. Ein Mann mit einem Strohhut sitzt daneben. Ihm gegenüber döst auf einem Stuhl sein Kollege, der sich ein weißes Tuch in Turbanform um den Kopf gebunden hat. Kleine Jungs, die kaum größer sind als das Gewehr, stehen auf einem Hocker und schießen mit einem Luftdruckgewehr auf die Bällchen.

Die Kinder lernen also hier vor der Moschee das, was nach einer Überlieferung schon der Prophet seinen Anhängern empfahl: reiten und schießen. Die dritte und vielleicht wichtigste Fähigkeit aber, die Väter ihren Söhnen nach den Worten des Propheten beibringen sollen, das Schwimmen, das lernt heute fast niemand mehr.

Kapitel

4

Damietta

دمياط

Eben rief Mustafa an, ein guter Bekannter, und erzählte mir von einem Drama: »Mein Vater will die Hochzeit absagen!« Dieser Satz hat in Ägypten den Nachrichtenwert, als würde mir in Deutschland jemand mitteilen, soeben sei ein Atomkraftwerk explodiert. Oder zumindest eine riesige Bombe hochgegangen, deren Druckwellen nun das ganze Wohnviertel erschüttern würden. Tagelang heulen Mutter und Tochter. Der Vater muss geschätzte vierhundert eingeladene Gäste wieder persönlich ausladen. Die Familie verliert ein Vermögen in der Höhe eines Jahreseinkommens. Und dann klingeln permanent die arglistigen Nachbarn und geben vor, Trost zu spenden, wobei man ihnen an der Nasenspitze ansieht, dass ihre eigentliche Mission die Recherche neuer, fieser Details ist. Schließlich sind das die wirklich wichtigen Nachrichten, die Ägypter interessieren.

Ich bin zu dieser Hochzeit schon vor Wochen eingeladen worden. Dabei geht es gar nicht um die Trauung von Mustafa, sondern um die seiner Schwester Riham. Der Vater meines Bekannten ist außer sich, weil der Bräutigam eine »lausige, viel zu kleine« Eigentumswohnung für das Paar erworben hat, am Stadtrand von Alexandria, gerade einmal achtzig Quadratmeter groß. Das passe überhaupt nicht zur Familie. Vor allem ist Mustafas Vater davon überzeugt, dass sein künftiger Schwiegersohn das Geld für eine größere Wohnung hätte. Er hat schließlich Nachforschungen angestellt, und deren Ergebnis dann heute in einer Krisensitzung dem Familienrat präsentiert.

»Mein Vater hat herausgefunden, dass der Vater des Bräutigams einen neuen Chevrolet kaufen will. Der soll das sogar offen herumerzählt haben«, sagte mir Mustafa aufgeregt am Telefon. Er weiß seitdem nicht mehr, wie er seinen Vater beruhigen soll.

»Der explodiert gleich.«

In Ägypten dreht sich fast jedes Lied nur um die Liebe, und die meisten Filme triefen vor Herz und Schmerz. Der Mann fragt die Frau schmachtend: »Wo warst du bislang in meinem Leben?«, und die Frau flüstert ihm zu: »Mein Herz, was geschehen ist, ist geschehen. Alles ist Schicksal. Ich liebe dich. Ich liebe dich so sehr.« Oder, auch gern gehört, mit noch mehr Schmalz und Poesie: »Ohne dich fühle ich mich wie eine Nacht ohne Mond.« Deutsche Romantik ist Trockenbrot dagegen.

Das ist aber nur im Film so. In der ägyptischen Realität wird das Märchen von Liebe und Heirat zu einer Mischung aus »Dallas« und »Denver Clan« am Nil, in der es um Intrigen und familiäre Verwicklungen geht, um Macht und Moral und natürlich um Geld. Nur um Sex nicht, denn den gibt es ja erst in der Hochzeitsnacht. Die Vorbereitungen für die Trauung dauern bis zu einem Jahr und enden entweder in einem Waffenstillstand der beiden Familien – oder im Krieg.

»Sobald die Verlobungsringe ausgetauscht sind, legen die Fa-

milien los«, sagt Mustafa. »Die Eltern übernehmen, und das Brautpaar hat nichts mehr zu sagen.«

Die angestaubten Traditionen und die unumstößlichen Gebote der Religion führen dazu, dass der Taschenrechner des Vaters
zum wichtigsten Instrument der Planung wird. Die Fronten jedenfalls sind klar: Die Seite, die den Mann für die Ehe bereitstellt,
tut alles, um die Kosten zu minimieren. Die Gegenseite setzt auf
brutale Ertragsmaximierung. Es ist eine komplizierte Kalkula-
tion. Die Familie des Bräutigams bezahlt das Brautkleid, die Ringe und die komplette Hochzeit. Vor allem aber muss sie eine ge-
räumige Eigentumswohnung erwerben, denn ohne die wird kein
Vater seine Tochter zur Ehe freigeben. Die Familie der Braut
wiederum übernimmt die Kosten für die Verlobungsfeier, finanziert die Küche und kauft die Vorhänge und Teppiche für die ge-
meinsame Wohnung. Nicht genau festgelegt ist hingegen, wer
für die Möbel in den restlichen Zimmern aufkommt und deren
Streitwert bestimmt.

Riham ist dreiundzwanzig Jahre alt und hat die Figur eines
Zahnstochers. Sie bindet sich ein buntes Kopftuch um ihr run-
des Gesicht und hat sich diese kindliche Schüchternheit antrai-
niert, die sie in Ägypten zu einem braven, wohlerzogenen Mädchen macht. Sie kichert mehr, als dass sie lacht. Riham hat Kunst
an einer staatlichen Universität studiert. Ihre Abschlussarbeit
war eine Steinplatte, in die sie farbige Mosaiksteinchen gelegt
hat. Seitdem ist sie arbeitslos.

Aber für einen guten Job hat Riham sowieso nicht studiert,
sondern eher für einen guten Mann. Ihre Freundinnen denken
genauso. Daher sind an den ägyptischen Universitäten oft mehr
Frauen als Männer eingeschrieben. Statistiker, die nur ihren Zahlen vertrauen, deuten dies fälschlicherweise als positiven Indika-
tor für Emanzipation und Gleichberechtigung. In Ägypten aber
gelten noch die alten Regeln der Gesellschaft, die aus einer Zeit
stammen, als die Menschen in hierarchische Klassen unterteilt

waren. Und so gilt bis heute: Bauer heiratet Bäuerin, der Arbeiter ein einfaches Mädchen, der Akademiker eine Akademikerin.
Trägt die Frau schließlich den Ring der Ringe, wird aus ihr so oder
so eine Hausfrau. Für einen arabischen Mann wäre eine arbeiten-
de Ehefrau eine Demütigung.

Mustafa ist drei Jahre älter als seine Schwester und will spätestens mit Mitte dreißig eine Familie gründen. Er fängt demnächst
bei einem Pharmaunternehmen an. Somit bleiben ihm noch zehn
Jahre, in denen er jedes Extrageld zur Seite legen muss, für die
Wohnung. Im besten Fall hat er bis dahin auch ein teures Auto,
was die Suche nach einer Frau erleichtern würde. Das ist aber alles andere als einfach. Die Preise für Eigentum gehen seit Jahren
hoch wie eine Rakete. Mietwohnungen werden von den wenigs-
ten Familien akzeptiert, und Wohngemeinschaften sind ein Konzept der Zukunft. Außerdem darf die Wohnung nicht zu klein
sein, sondern sollte schon mindestens 120 Quadratmeter umfassen, noch besser 150, damit auch Platz für die obligatorischen
Kinder ist. Das westliche Konzept, sich sukzessive eine Familie
aufzubauen, vielleicht sogar bewusst kinderlos zu bleiben, finden
die Ägypter moralisch verwerflich.

Geschätzte neun Millionen junge Männer in diesem Land leiden jedoch unter dem strengen Kodex. Denn sie müssen mit Zärt-
lichkeit und erstem Sex warten. Manche, bis sie vierzig Jahre alt
sind. Solange wohnen sie bei ihren Eltern im Haus, klären sich
heimlich mit Pornos im Internet auf und wissen nicht, wohin mit
den Hormonen.

»In der Gesellschaft werden sie mit zunehmendem Alter als
minderwertig angesehen«, sagt mir Mustafa. »Es zählt nur derjenige, der einen Ring trägt. Unverheirateten Männern traut man
wirklich weniger zu.«

Nicht nur die Frauen, sondern auch die ägyptischen Männer
stehen also unter einem gewaltigen Heiratsdruck.

Riham hatte ihren Verlobten über entfernte Verwandte kennengelernt, oder besser: Er wurde ihr vorgestellt. Sie gingen zusammen einen Tee trinken, sie fand ihn nett. Später lud er sie ins Kino ein, was in Ägypten schon eine sehr ernste Sache ist. Danach fragten sie ihre Eltern, ob sie sich eine Ehe mit diesem Mann vorstellen könne. Sie ist im besten Heiratsalter. Außerdem besagt ein ägyptisches Sprichwort: »Der Schatten eines Mannes ist besser als der Schatten einer Mauer.« Was auf das tägliche Leben heruntergebrochen heißt: Auch wenn er unnütz ist, so ist es doch schön, einen Mann daheim zu haben. Riham sagte Ja.

Das war das Startzeichen für ihren Vater Ahmed. Ein groß gewachsener Mann, Halbglatze, Ende fünfzig, stets höflich und freundlich im Ton, solange man ihm nicht widerspricht. Sein halbes Leben lang hat er in Saudi-Arabien als Ingenieur gearbeitet. Dort machte er gutes Geld und hievte seine Familie damit in die gehobene Mittelklasse, kaufte eine Klimaanlage, ein neues Auto, dreimal wöchentlich kommt Fleisch auf den Tisch. Er ist ein Mann, der weiß, was ihm der Allmächtige auferlegt hat: Versorger, Beschützer und Oberhaupt der Familie zu sein.

Rihams Verlobter hat Wirtschaft studiert und arbeitet als Buchhalter. Damit verdient er umgerechnet vierhundert Euro im Monat, was in Ägypten ein gutes Einkommen ist. Das würde Ahmed also passen. Schließlich hat er eine genaue Vorstellung davon, wen seine Tochter heiraten soll und vor allem wie.

Die Verlobung hatte Ahmed generalstabsmäßig geplant, sie fand vor einigen Wochen statt. Er hatte sie möglichst schnell durchziehen wollen, um sich dann auf die Verhandlungen für die Hochzeit zu konzentrieren. Die Familien trafen sich in Ahmeds Wohnzimmer. Dort beteten sie zusammen die erste Sure des Korans, die al-Fatiha, »Die Öffnende«. Damit war die Verlobung nun offiziell besiegelt.

Zur anschließenden Feier war ich dann auch eingeladen und hatte das Gefühl, dass mehr Leute über mich redeten als über das Brautpaar. Schließlich war ich der einzige Ausländer. Sie fand etwas außerhalb statt, in einem Nebengebäude des Acacia Club, einem bekannten und teuren Veranstaltungssaal, in dem bis zu eintausend Personen Platz finden. Der alte Flughafen liegt in Sichtweite, ebenso das größte Einkaufszentrum der Stadt, die Carrefour Mall. In dieser Gegend gibt es Dutzende *wedding halls,* wie sie neuerdings sogar in Ägypten genannt werden. Überall blinken Lichter, und von allen Seiten dröhnt es aus den Lautsprechern. Hochzeiten werden hier regelrecht abgearbeitet.

Bei Rihams Verlobung wurde süßes, parfümiertes Rosenwasser als Aperitif serviert. Im Hintergrund lief viel zu laute ägyptische Popmusik und zur Begrüßung des Brautpaares »*I will always love you*« von Whitney Houston. Dann tanzten die Jungs miteinander und hüpften wie kleine Kinder auf der Tanzfläche. Die Mädchen standen ein paar Meter daneben, guckten verstohlen, kicherten beschämt und bewegten ihre Schultern ein wenig zum Takt.

Die Erwachsenen wiederum rührten sich tatsächlich eine Stunde lang nicht von den weiß gedeckten Tischen und warteten ungeduldig, bis die Kellner endlich das Büfett gefüllt hatten. Dann wurde es gestürmt. Die Gäste schaufelten sich Berge an Fleisch, die unmöglich in einem Magen Platz haben können, auf jeweils mindestens zwei Teller. Es war ein Gedränge und Geschubse wie vor einem ägyptischen Bahnkartenschalter. Nach einer halben Stunde war alles leer geräumt, bis auf den Salat. Auf den Tischen stapelten sich die gehorteten Hackfleischbällchen und die gegrillten Hühnerspieße. Die Gäste tratschten darüber, wie es sein könne, dass es keinen Nachschub beim Büfett gibt, und malten sich aus, wie es jetzt wäre, wenn neue Gäste kämen und was die dann wohl für einen Eindruck von den beiden Familien bekämen. Als dann die Verlobten von Tisch zu Tisch gingen, lächelten alle, lobten das gute Essen und sagten, die meisten bei Gott schwörend: »Die schönste Verlobung, auf der ich jemals war.«

In einer Ecke beobachtete ich, wie Ahmed, der Vater der Braut, mit dem Vater des Bräutigams aufgebracht diskutierte. Sie zeigten beide ständig auf das Büfett und ruderten mit Armen und Händen. Sie kamen sich immer näher. Ihre Gurgeln waren schon in Griffweite. Mustafa eilte zu Hilfe und beruhigte die beiden Männer. Sie reichten sich die Hand als Zeichen des Friedens. Das alles wurde von vier Kameraleuten aus allen Perspektiven gefilmt und live auf einer Leinwand gezeigt. Vier Wochen später wurde aus dem Material schließlich ein völlig verkitschter Film geschnitten. Ich bekam eine Kopie als Geschenk.

Am nächsten Tag ruft mich Mustafa wieder an. Sein Vater hat sich über Nacht beruhigt und will der anderen Familie noch einmal eine Chance geben.

»Er fährt gleich mit mir und Riham nach Damietta, um Möbel für die Eigentumswohnung zu kaufen. Möchtest du mitkommen?«

Ich sage zu. Schließlich wollte ich schon länger mal nach Dumjat fahren, wie die Ägypter die Stadt am Mittelmeer nennen, zweihundert Kilometer östlich von Alexandria, zweihunderttausend Menschen, 2,5 Millionen Palmen. Der Ort ist berühmt für seine Süßigkeiten, harte Riesenkekse mit Zuckerguss, und für den weißen Käse, den Dumjati-Käse oder, wie er auch häufiger genannt wird, *gibna beida*. Man kann ihn überall in Ägypten kaufen, und er wird in viele Länder des Nahen Ostens exportiert. Vor allem aber richtet Damietta fast ganz Ägypten mit Möbeln ein: drei von vier Tischen, Stühlen und Schränken, die in den ägyptischen Wohnungen stehen, wurden dort hergestellt. Umgerechnet fast 300 Millionen Euro setzen die mehr als 500 Möbelfirmen mit ihren 100 000 Mitarbeitern in einem Jahr um. Wer heiraten möchte, landet deshalb irgendwann in Damietta.

Ich frage Ahmed auf der Autofahrt nach dem Streit, den ich während der Verlobung beobachtet hatte. Er schüttelt den Kopf.

»Die Eltern des Bräutigams haben mir doch tatsächlich vorgeworfen, dass ich auf die Einladungskarte drucken ließ, dass wir im Acacia Club feiern. Sie sind sauer, weil die Party nur in einem Nebengebäude stattfand«, sagt Ahmed.

Doch das ist nicht alles, wie ich erfahre. Sie waren wohl auch unzufrieden mit dem Essen. Ahmed habe absichtlich das billigste Menü ausgesucht, für umgerechnet neun Euro pro Person, und als Dessert einen lieblosen Fruchtsalat gewählt, um das Geld für die große Torte zu sparen.

»Aber das war doch alles gut, nicht?«, fragt mich Ahmed, nach Zustimmung suchend. Er will das aber nicht überbewerten. »Das sind nur die üblichen Differenzen vor einer Hochzeit.«

Zuvor hatte es auch schon Streit um das *schabka* gegeben, das Verlobungsgeschenk. Gute Familien fordern einen Diamantring und ein goldenes Hochzeitsarmband.

»In Kuwait, wo ich einige Zeit gearbeitet habe, bekommen die Frauen einen goldenen Gürtel, der zwei Kilogramm schwer ist«, erzählt Ahmed, Mustafas Vater. »Das erwarten wir aber nicht, natürlich nicht. Doch mein künftiger Schwiegersohn hat nur Schmuck im Wert von 8000 ägyptischen Pfund kaufen wollen. Ich habe den Familienrat befragt, und der kam zum Schluss, dass es schon mindestens 15 000 Pfund sein müssen.« 15 000 Pfund, das sind umgerechnet fast 2000 Euro.

Denn auch wenn die Familie der Braut meistens in der schwächeren Position ist – sie hat einen Joker. Sie muss das Geschenk für die Braut absegnen, sonst gibt es keine Hochzeit. Die eigene Tochter wird damit zur Auktionsware, die Preise werden nach oben getrieben, was nicht zu schwer fällt, denn kein ägyptischer Mann würde es wagen zu sagen, dass ihm die Frau seines Lebens das nicht wert ist. Im schlimmsten Fall jedoch werden die Verhandlungen abgebrochen und neue aufgenommen, mit einem neuen Mann. Denn wer am meisten zahlt, der kriegt letztlich die Tochter. Das hat zur Folge, dass immer mehr alte, wohlhabende Männer sehr junge Frauen ehelichen. Und es geht sogar so weit, dass reiche Saudis mit einem Koffer voller Geld anreisen und in den armen Dörfern minderjährige Mädchen kaufen wie ein Stück Fleisch im Laden.

Ahmed erzählt mir, dass dies aber nicht die einzigen Unstimmigkeiten waren. Nun gebe es schon wieder Ärger, mit dem *mahr*, dem Brautgeld. Anders als das *schabka* dient dieses nicht als Liebesbeweis, sondern der finanziellen Absicherung der Frau – für den Fall, dass der Mann sie verlassen sollte. Denn gemäß den ägyptischen Gesetzen ist es so gut wie unmöglich, Unterhalt zu erstreiten, da es keine zivile Ehe gibt. Die Höhe des *mahr* bestimmt jedenfalls die Braut. Das schreibt der Koran vor, und das freut Ahmed, denn damit hat er freie Hand, den Betrag bis zur finanziellen Schmerzgrenze des Bräutigams hochzuschrauben. Die ersten Angebote hat die Gegenseite abgelehnt.

»Das war klar«, sagt Ahmed. »Aber es bleiben noch ein paar Wochen Zeit zum Verhandeln.«

Wir nähern uns Damietta, die Palmen weichen allmählich den Fabriken, deren Schlote in den Himmel ragen. Wir fahren an einem großen Stromkraftwerk vorbei. Wir sind da. In der Stadt gibt es offenbar nur Möbelhersteller mit großen Ausstellungsräumen. In den Gassen und Hinterhöfen sägen die Handwerker das Holz und schleifen an den Stühlen, die später mit weißem, braunem oder goldfarbenem Lack veredelt werden. Wir gehen in einen Laden, der eine gepflegte, violett gestrichene Fassade hat. Er heißt Ibtikar, das arabische Wort für Innovation.

Der Chef stellt sich als Mahmud Musa vor und führt uns durch seinen Laden. Wie die meisten seiner Konkurrenten hat er sich auf vergoldete Stühle und Sofas spezialisiert. Schlossmöbel könnte man sie auch nennen, denn sie haben ihren Ursprung tatsächlich im 18. und 19. Jahrhundert, als die Franzosen und Briten nach Ägypten kamen und ihren feudalen Geschmack mitbrachten. Die Möbelherstellung war damals ein Beiwerk der Schiffsbauer. Die europäischen Besatzer stellten einheimische Arbeiter an und lehrten sie so fast nebenbei die Kunst der Möbeltischlerei. Deshalb sehen ägyptische Wohnungen bis heute so aus, als würde dort alter europäischer Adel residieren. Es gehört sich für eine gut situierte Familie, zumindest das größte Zimmer in diesem Stil einzurichten, den sogenannten Salon, in dem Gästen auf einem großen silbernen Tablett Tee serviert wird.

Ahmed begutachtet mit Riham und Mustafa die Ausstellungsstücke. Ich rede währenddessen mit Mahmud, dem Besitzer der Werkstatt. Ein klassisches Set besteht aus sechs Stühlen und kann in einem Monat hergestellt werden. Etwa 15 000 Stühle produziert er im Jahr, das Stück für 100 bis 350 ägyptische Pfund, umgerechnet also nicht ganz 50 Euro für die teuerste Variante. Seine Arbeiter fertigen aber nur das Holzgerüst. Mit Stoff bezogen werden sie anschließend in einer anderen Werkstatt, und das kostet noch einmal extra.

Das Geschäft ist schwieriger geworden, erfahre ich von Mahmud: Die Chinesen und die Türken kopieren die ägyptischen Möbel und drücken die Preise. Deshalb bricht das Exportgeschäft ein, vor allem nach Saudi-Arabien und in den Irak. Außerdem schrumpft die Nachfrage im Inland.

»Meine besten Kunden sind wohlhabende Familien aus Kairo. Aber die kommen nicht mehr, weil sie Angst vor der weiten Fahrt durch das Nildelta haben«, seufzt Mahmud. »Bei uns in Ägypten gibt es derzeit zu viele Diebe und Räuber auf den Straßen.«

Mahmud ist zufällig in dieser Branche gelandet. Er hat Jura studiert und es zunächst als Rechtsanwalt versucht.

»Ägypten ist wohl das einzige Land auf der Welt, in dem Anwälte nichts verdienen«, sagt er. »Den Ärzten ergeht es ähnlich, deshalb haben einige von ihnen es mir nachgemacht und ihren Beruf aufgegeben, um Möbel zu produzieren.«

Mahmud entwirft seine handgefertigten Einzelstücke auf dem Computer. Er zeigt mir seine siebzehn Designzertifikate und schwärmt von der Qualität der Möbel.

»Unsere Kinder wachsen zwar mit dem Wissen über das Handwerk auf«, sagt er, »aber es gibt hier keine Schule oder Ausbildung für Handwerker. In Damietta zählt nur die Erfahrung der Väter und Großväter.«

Das hört sich gut an, ist aber auch eine der Ursachen dafür, dass das ganze Land aussieht, als hätte es jemand notdürftig zusammengeflickt. Mein *bawab* hat tatsächlich mal eine Schraube mit einem Hammer in die Mauer gehauen, um meinen neuen Boiler anzubringen. Einen Schraubenzieher lehnte er ab: »So Gott will, hält es.« Die Suche nach einem Laden, der Dübel verkauft, kann selbst in der Millionenstadt Alexandria gut und gerne zwei Tage in Anspruch nehmen, denn große Baumärkte sucht man hier noch vergebens. Außerdem lieben die Ägypter das Klebeband, mit dem sie so ziemlich alles reparieren, installieren und fixieren. Vor allem aber ist es in diesem Land fast unmöglich, einen vernünftigen Installateur, Elektriker oder Tischler aufzutun. Das wiederum liegt daran, dass sich die Handwerker ihr Können häufig über die Jahre selbst beibringen, wie in Damietta. Die jungen Leute werden von ihren Chefs angelernt und sind nicht viel mehr als Hilfsarbeiter. Eine Lehrlingsausbildung wie in Deutschland gibt es nicht. Die Ägypter sind schon froh, wenn ihre Kinder in eine Grundschule gehen können. Damit ist es für jeden Handwerker schwierig, gutes Personal zu finden. Und darin wiederum liegt der Grund dafür, dass in Ägypten ständig Rohre brechen, Stromkabel wie Lianen im Dschungel wuchern und es kaum eine Toilette gibt, die noch nie verstopft war. Darüber klagt auch Mahmud, er sieht aber noch weitere Probleme.

Die Arbeitsmoral der jungen Leute lasse heute zu wünschen übrig. »Früher gehörte es sich, morgens vor dem Chef im Laden zu sein. Heute kommen meine Arbeiter um die Mittagszeit«, beklagt Mahmud. Verantwortlich dafür seien die mehr als einhundert Satellitenkanäle. »Die Leute sitzen bis tief in die Nacht vor dem Fernseher und sind am nächsten Tag dann unkonzentriert und unmotiviert.« Mahmud erzählt mir von einem Bürgermeister in den Neunzigerjahren, der die Satellitenschüsseln offiziell ver-

bieten ließ, freilich mit wenig Erfolg. Daraufhin rüstete der Bürgermeister einige seiner Mitarbeiter mit einem Megafon aus, die
dann durch die Straßen zogen und lautstark vor den Übeln der
neuen Technik warnten. »Die machten viel Lärm, aber ändern
konnten sie damit nichts.«

Ahmed kommt zurück vom Rundgang. Seiner Tochter haben
die Möbel nicht gefallen. Wir gehen in einen anderen Laden, keine fünfhundert Meter weiter. Über dem Eingang steht der Name
des Besitzers: Hani el-Nanagi. Er verkauft vergoldete, protzige
Möbel, die in den großen Vorzeigezimmern von wichtigen Menschen stehen. Riham ist ganz angetan von den »wunderschönen
Sachen« und schaut ihren Vater mit großen, flehenden Augen
an. Vier Stühle, ein Sofa und ein Tisch kosten 12 000 ägyptische
Pfund, umgerechnet 1500 Euro, und damit fast so viel, wie die halbe Verlobungsfeier gekostet hat. Hani el-Nanagi exportiert die
meisten Stücke nach Saudi-Arabien, Kuwait, in den Irak und auch
in das spanische Valencia, wie er stolz berichtet.

Ahmed ist der Laden zu teuer. Er beschließt, wieder zum ersten Hersteller zurückzugehen und erteilt dort den Auftrag für den
Salon. Er nimmt ein Angebot für 150 ägyptische Pfund das Stück
und bestellt sechs Stühle. Die Möbel muss schließlich er bezahlen.

Der Familie bleiben noch drei Monate bis zur Hochzeit im
Herbst. Für Riham und ihren Verlobten ist das keine einfache
Zeit. Sie dürfen sich nur noch unter verschärften Sicherheitsbe-
dingungen treffen, also gar nicht oder nur, wenn jemand aus der
Familie dabei ist. Denn jetzt, nachdem sie verlobt sind, steigt die
Gefahr, dass sie sich einander zu nah kommen könnten. Das lehrt
jedenfalls die ägyptische Erfahrung. Ahmed will von mir wissen,
wie Hochzeiten in Deutschland aussehen.

»Etwas weniger Aufwand, weniger Drama, weniger Gäste,
westlicher«, antworte ich. Er hört das gern.

»Wir Ägypter lieben unsere Familie«, sagt er.

Ahmed schwärmt mir regelrecht vor: »Die Eltern kümmern sich um die Kinder und ziehen sie auf, bis sie in die Ehe entlassen werden. Und wenn die Eltern später alt und krank werden, dann geben die Kinder etwas zurück und pflegen sie daheim bis zum Tod. Das ist das Schöne am Islam, die Familie«, meint er. »Etwas anderes kommt nicht infrage. Das verbietet Gott.«

Der Markt für Hochzeiten ist in Ägypten vielleicht der einzige, der nachhaltig wächst. Einladungen zu Vermählungen erhält man zuhauf, und keiner nimmt es einem übel, wenn man wildfremde Leute mitbringt. Seit ein paar Jahren gibt es Unternehmen, die sich darauf spezialisiert haben, Trauungen zu konzipieren, von der Tischdecke bis zum Kuchen. Sie liefern und räumen auch wieder alles ab, ganz im Stil eines amerikanischen Hochzeitsplaners. Und so waren die meisten ägyptischen Hochzeiten, bei denen ich Gast war, sehr ähnlich, egal, ob das Brautpaar an Allah oder die Dreifaltigkeit glaubte. Nur in den Dörfern wird noch etwas ursprünglicher gefeiert. Dort schlachtet ein Metzger vor dem Haus der Braut ein möglichst großes Tier. Erst danach gibt es den offiziellen Fototermin.

In den nächsten Wochen wird es in Ahmeds Familie ruhiger. Mustafa erzählt mir, dass es zwar noch Verhandlungen um das Brautgeld gebe, man sich ansonsten jedoch gütlich geeinigt habe. An einem Nachmittag im September ist es schließlich soweit. Riham heiratet. Die beiden Familien treffen sich im Haus der Braut zum *katb el-Kitab*, dem Unterzeichnen der Eheurkunde.

Die alkoholfreie Hochzeit ist im Prinzip nur eine etwas aufgemotzte Kopie der Verlobung. Sie beginnt um siebzehn Uhr und dauert vier Stunden. Zunächst wird das Brautpaar gefeiert und eine Stunde lang von im Kreis stehenden Menschen beklatscht, im Hintergrund trommeln ein paar junge Männer. Die Frauen rollen und schnalzen mit ihrer Zunge. Dann läuft das Ehepaar zu einem Podest und nimmt auf einer weißen Couch Platz. Dort tauschen sie die Ringe vom rechten Ringfinger auf den linken. Wie

König und Königin thronen sie über der Hochzeit. Dann warten die Erwachsenen auf das Essen und sehen ihren Kindern zu, wie sie auf der Tanzfläche umherhüpfen. Danach wird gegessen. Dann gehen alle nach Hause. Einen innigen Kuss des Brautpaars gibt es nicht. Deutsche Hochzeiten sind meistens ähnlich langweilig; aber die kann man sich wenigstens schöntrinken.

Während der Hochzeit gratuliere ich Ahmed zur Vermählung seiner Tochter und dem gelungenen Fest. Er schwitzt, und man sieht ihm förmlich an, welcher Druck von ihm abfällt, nach fast einem Jahr Stress und Ärger mit den Vorbereitungen, nun, da die Hochzeit gut läuft und doch alle glücklich zu sein scheinen.

Ich sage ihm, dass sein Schwiegersohn sehr nett aussieht, und frage nach dessen Alter. Ahmed stutzt einen Augenblick.

»Nun, ich würde ihn zwischen fünfundzwanzig und dreißig schätzen«, antwortet er. »Lass uns sagen, er ist ungefähr dreißig.«

Kapitel

5

Marsa Matruh

مرسى مطروح

Im Minibus nach Marsa Matruh, einer Kleinstadt am Mittelmeer, in der es den schönsten Badestrand des Landes gibt, spricht mich auf einmal ein Mann an und fragt, ob ich Persil oder Ariel verwende. Der Mann sitzt neben mir und rückt immer näher an mich heran. Er starrt mich an. Auf seinem Kopf liegen nur noch ein paar Haare, und sein Sakko, das seinen Bauch nicht ganz umfassen kann, erinnert farblich am ehesten an einen deutschen Filterkaffee mit Milch. Der Mann hat Schweißflecken auf seinem weißen Hemd, die man sieht und riecht. Der Duft seines aufdringlichen Rasierwassers zieht in meine Nase mit jedem Zentimeter, den er mir näher kommt.

Ich sehe keine Möglichkeit für eine Flucht aus dem Gefahrenbereich. Der Bus fährt mit 120 Sachen. Ich könnte den Fahrer stoppen, doch habe ich nur eine kleine Flasche Wasser dabei, mit der ich hier höchstens eine Stunde überleben könnte. Ich hätte mich tatsächlich selbst in die Wüste geschickt. Nun nähert sich der Mann meinem Ohr.

»Weißt du, woher der Name Ariel kommt?«, fragt er.

Der Mann stupst mich mit seinem wurstigen Zeigefinger an und zählt mir die folgenden Namen auf: »Ariel, Gabriel, Michael, Samuel und – Israel.« »Denk' nach!«, bohrt er weiter.

Ägypter geben einem eigentlich nie Zeit zum Nachdenken. Auch er nicht. Der Mann wird ungeduldig, und ich habe den Eindruck, er will etwas Wichtiges loswerden.

»Ist dir denn nie aufgefallen, dass plötzlich überall junge Leute Probepackungen von Ariel verschenken?«

Die Namen, verdeutlicht er mir, enden alle mit den hebräischen Buchstaben *Aleph* und *Lamed,* ausgesprochen *ael,* einem hebräischen Wort für: Gott. Israel bedeutet demnach, Gott streitet für uns, und Ariel, ein alter Name für Jerusalem, ist der Löwe Gottes. Der Mann zieht daraus den Schluss, dass die »weltweiten Zionisten« das Waschpulver Ariel finanzieren.

»Darin ist ein Wirkstoff enthalten, der von der Kleidung aufgenommen wird, in die Haut eindringt und die Menschen schwach und krank werden lässt«, behauptet er. »Die Zionisten haben Angst vor einem großen, starken Ägypten.«

Nun steigt der halbe Bus in das Gespräch ein. Ägypter fühlen sich ziemlich oft von der Welt missverstanden, sodass sie es als ihre Pflicht ansehen, einem Ausländer zu erzählen, was Sache ist. Also versucht nun ein Dutzend Männer mich davon zu überzeugen, dass die Juden die Ägypter in den Ruin treiben wollen. Dafür gebe es solide Beweise.

So hätten israelische Spione im Dezember 2010 einen Hai im Roten Meer ferngesteuert, »um dem Tourismus zu schaden«. Der Hai attackierte eine deutsche Rentnerin, die schnorchelte, und riss ihr den rechten Arm und ein Bein ab.

»Sie verblutete!«, empört sich der Mann. »Das waren die Juden! Unsere Behörden haben bei der Obduktion der Tierleiche ein GPS-Gerät gefunden.«

Und dann diese Geschichte vom Oktober 1999, als eine Boeing 767 der Egypt Air mit 217 Menschen an Bord in den Atlantik stürzte. Die Katastrophe ist bis heute nicht endgültig geklärt und führte zu einer diplomatischen Verstimmung zwischen Washington und Kairo. Die ägyptischen Behörden gehen von einem technischen Defekt aus. Die Amerikaner hingegen sagen, der erste Offizier habe das Steuer übernommen und Selbstmord begangen, denn auf dem Stimmrekorder sei zu hören, wie er elfmal fleht: »Ich lege mein Schicksal in deine Hände, Gott.« Recherchen der US-Behörden ergaben, dass der erste Offizier weibliche Gäste und Bedienstete in Hotels mehrfach sexuell belästigt und Egypt Air ihm daraufhin Konsequenzen angedroht hatte. Für die Ägypter im Bus sind das »abstruse Theorien«. Für sie ist klar: »Die Juden haben die Maschine mit einer Bombe vom Himmel geholt. Ein Muslim bringt sich doch nicht um. Im Islam, und das weiß schließlich jeder gläubige Muslim, ist der Selbstmord ein Weg in die Hölle.«

Bis heute würden die Zionisten an ihrem Plan festhalten, Ägypten zu zerstören und zum Gespött zu machen, versuchen sie mich zu überzeugen.

»Du hast doch sicher auch mitbekommen, dass am 11. November 2011 eine Gruppe von seltsamen, jungen Leuten einen riesigen Davidstern auf die Pyramiden setzen wollte. Gott sei Dank hat der Geheimdienst das noch verhindert und die Pyramiden an dem Tag gesperrt«, sagt der Mann neben mir, der vor lauter Eifer so nah an mich herangekommen ist, dass er mich fast erdrückt.

Ich würde am liebsten meine Kopfhörer aus dem Rucksack holen und die Augen zumachen, doch von vorne und hinten stoßen mich die Leute an, weil sie auch noch was dazu zu sagen haben.

»Pepsi ist auch so eine zionistische Firma«, ruft einer. »Weißt du denn nicht, für was der Markenname steht? Das ist eine geheime Botschaft: *Pay Every Penny to Save Israel.*«

Ich sage den Leuten, dass Pepsi deutlich älter ist als der Staat Israel. Dass Haie einen Sender tragen, damit Biologen sie orten können. »Und euch vergiften«, sage ich dem Mann neben mir, »das schafft ihr selbst: mit euren stinkenden Autos, den Pestiziden im Obst und dem vielen Chlor, das ihr zum Putzen verwendet.« Doch der Mann neben mir hört nicht zu, sondern fügt stattdessen noch hastig hinzu, dass Starbucks auch zu den zionistischen Unternehmen zählt. »Das Wort *star* steht schließlich für den Judenstern und *bucks* ist die Bezeichnung für US-Dollar«, meint er.

Gemäß den deutschen Gesetzen müsste man vermutlich die Hälfte der Ägypter einsperren. Die angebliche jüdische Weltverschwörung ist in Ägypten täglicher Kaffeeklatsch und das antisemitische Pamphlet »Die Protokolle der Weisen von Zion« gilt als wissenschaftlicher Beweis dafür. Durch diese landesweite Verachtung der Juden hat Adolf Hitler in Ägypten bis heute eine große Fangemeinde. Besonders in den Vierziger- und Fünfzigerjahren haben nicht wenige Ägypter ihrem Sohn den Namen Hitler gegeben. Einer der ranghöchsten Generäle unter Hosni Mubarak hieß Hitler Tantawi. Deutsche und Österreicher werden oft schon nach der Ankunft in Kairo vom Taxifahrer zu Hitler befragt, der ein »good man« sei. Nun sind die Ägypter gleichzeitig herzliche, sympathische Menschen, die aber leider in der Schule nichts Brauchbares über den Holocaust lernen. Das führt dazu, dass man allerorten immer wieder in unangenehme Diskussionen über Hitler und Israel verwickelt wird.

Die Juden jedoch sind nicht die einzigen Menschen, die in Ägypten nicht besonders beliebt sind. Da gibt es auch noch die Briten. Die Soldaten des Königreichs fielen 1882 in Ägypten ein und übernahmen die Kontrolle von Ismail Pascha, bekannt als Ismail der Prächtige, dem damaligen osmanischen Vizekönig in Ägypten. Er hatte das Land zwar modernisiert, doch auch in den finanziellen Ruin getrieben, nicht zuletzt durch die Vollendung des Sueskanals. Die Briten, bei denen die Ägypter tief in den

Schulden standen, krempelten das Land nach ihren Vorstellungen um. Statt Getreide mussten die Bauern nun noch mehr Baumwolle anbauen, die den Briten hohe Gewinne brachte, was dazu führte, dass Ägypten Weizen importieren musste, um die Menschen zu ernähren. Das trifft die Ägypter noch heute bis ins Mark, denn Ägypten wird für sein Schrot und Korn sogar im Koran gelobt.

Deshalb finden es die Ägypter bis heute gut, dass der deutsche Panzergeneral Erwin Rommel in ihr Land eindrang, um an der ägyptischen Mittelmeerküste gegen die Briten zu kämpfen. Hitler kommandierte den ›Wüstenfuchs‹ im Winter 1941 nach Nordafrika. Er sollte den verbündeten Italienern helfen, die gegen die Briten chancenlos waren. Das war das Unternehmen Sonnenblume.

Zwischen den Städten Alexandria und Bengasi in Libyen, die mehr als tausend Kilometer trennen, fuhren Tausende Panzer auf. Die heftigste Schlacht fand hundertfünfzehn Kilometer westlich von Alexandria statt, in el-Alamein. Das kleine Beduinendorf wurde damit zufällig zu einem Ort, der für die spätere Niederlage der Nazis entscheidend war. Denn hier wurde im Herbst 1942 Erwin Rommel nach längerem Hin und Her von General Bernard Montgomery vernichtend geschlagen. Die Briten und ihre Verbündeten hatten zu viele Panzer und zu viele Soldaten. Auf deutscher Seite starben 55 000 Soldaten. Die Briten verloren 13 500 Männer.

El-Alamein liegt auf dem Weg nach Marsa Matruh. Ich wollte den Ort schon länger einmal besuchen und fühle mich in Anbetracht der Fülle an Verschwörungstheorien, die mir die Männer im Bus erzählt haben, jetzt fast moralisch dazu verpflichtet. Ich rufe dem Fahrer zu, dass ich in el-Alamein aussteigen möchte.

»Ich hoffe, du hast heute etwas gelernt«, sagt der Mann neben mir und verabschiedet sich höflich mit »gute Reise« und mit »*ma'a el-Salama*«, dem Ausdruck für »Lebe wohl«, wie es in Ägypten üblich ist.

Mitten in der verlassenen Wüste bei el-Alamein gibt es ein Museum, das an die Schlachten erinnert, sowie drei Friedhöfe und

Gedenkstätten, die ziemlich planlos in der Gegend verteilt sind. Um die Orte zu erreichen, braucht man ein Auto und am besten einen ortskundigen Fahrer. Leider wusste ich das nicht. Nach Schildern, die den Weg weisen, sucht man vergeblich. Nach Menschen meist auch. Doch ich habe Glück, ein Mann in einem Pickup nimmt mich ein Stück mit. Er kennt das Museum und lässt mich an einer Kreuzung aussteigen, von der ich zu Fuß zum Museum laufen kann. Ich bin einer von zwei Besuchern. In großen Vitrinen sind Waffen, Uniformen, Helme und Panzer der Nazis und der Alliierten ausgestellt. Die Mitte des Raumes füllt eine Modelllandschaft, auf der die entscheidenden Schlachten nachgestellt sind. Ich mache eine Pause und trinke in der Cafeteria einen Tee. Als ich bestelle, steht der andere Besucher hinter mir und sagt: »Schade, dass Hitler es nicht zu Ende bringen konnte.«

Wie bitte? Ich drehe mich um. Der Mann grüßt mich und stellt sich als Girgis vor. Er ist ein koptischer Christ, das erkenne ich am Namen und sehe ich am tätowierten Kreuz an seinem unteren Handgelenk, das viele Christen haben. Er wohnt in Kairo, ist noch keine dreißig und arbeitet für eine internationale Handelsfirma.

»Was hältst du denn von Hitler?«, fragt er mich.

Girgis erzählt mir stolz, er habe sich im Goethe-Institut für einen Deutschkurs eingeschrieben, weil er »Mein Kampf« im Original lesen möchte. Ich schaue ihn ratlos an.

»Deutschland zählt heute zu den besten Ländern der Welt«, sagt Girgis. »Saubere Natur, wohlhabende Menschen, gute Krankenhäuser, BMW und Audi, blonde Frauen.« Er meint: »Mein Land braucht dringend einen starken Führer, einen vom Typ Hitler, der anpackt.«

Dass viele Muslime im Nahen Osten Hitler mögen, ist bekannt. Dass aber ein gläubiger Christ in Ägypten auch so denkt, verwundert mich.

»Du musst verstehen«, erklärt Girgis, »dass Muslime und Christen gemeinsam mehrere Kriege gegen Israel geführt haben.«

Kriege, die sie alle verloren haben und in denen Zehntausende Ägypter starben. Außerdem finde er es als Christ menschenunwürdig, wie die Palästinenser in Gaza leben müssten. Bis heute erinnern sich die Ägypter an die Aussage des koptischen Papstes Schenuda III. vor mehr als zehn Jahren, als jener versicherte, er werde niemals Jerusalem besuchen. Es sei denn, er könne in das Land mit einem palästinensischen Visum einreisen.

Die Demütigung, dass so ein kleines Land mit einem großen Katz und Maus spielt, sitzt tief. Der Film »*El-Sefara fi el-Amara*« (»The Embassy in the Building«) aus dem Jahr 2005 thematisiert die schwierige Beziehung der beiden Länder. Ein Erdölingenieur, gespielt vom ägyptischen Filmstar Adel Imam, kehrt nach vielen Jahren Arbeit in Dubai in seine Heimat Kairo zurück. Während seiner Abwesenheit hat sich ausgerechnet die israelische Botschaft in das Hochhaus eingemietet, in dem seine Wohnung liegt. Der Umstand, dass in dem Haus sonst nur Ägypter wohnen, soll die Botschaft vor Anschlägen schützen. Der Mann gerät in allerlei absurde Situationen. Beispielsweise beschwert er sich im Lift darüber, dass die israelische Flagge hier hängt, und weiß nicht, dass der israelische Botschafter neben ihm steht. So der Plot des Films und so der Plan der Israelis, denn die Botschaft war tatsächlich in einem unscheinbaren Hochhaus in der Nähe der Kairoer Universität untergebracht. Im September 2011 stürmten trotzdem Tausende zorniger Ägypter das Haus. Bei den Krawallen mit der Polizei und dem Militär gab es mehrere Tote. Der Mann, der damals die blau-weiße Israel-Flagge vom Gebäude riss, gilt seitdem als Held.

Nun steht aber auch im Koran, dass Christen und Juden zu den *ahl al-Kitab,* den Leuten des Buches, gehören. Diese sind im Islam akzeptiert, denn sie glauben an nur einen Gott und haben vom Allermächtigsten eine Offenbarung, eine Heilige Schrift, erhalten. Deshalb legen die Ägypter Wert darauf, dass sie nicht die Juden meinen, sondern die Zionisten. Was aber meistens keinen großen Unterschied macht, denn in Talkshows und Moscheen werden die Begriffe als Synonyme verwendet. Als Israel 1948 gegründet wurde, lebten 75 000 Juden in Ägypten. Heute sollen es weniger als einhundert sein. Die meisten wurden während der Kriege gegen Israel aus dem Land geworfen. Die wenigen jüdischen Frauen, die noch in Ägypten leben, sind zu alt, um Kinder zu bekommen. Deshalb wird es in Ägypten bald keine Juden mehr geben. Denn anders als im Islam gibt im Judentum nicht der Vater, sondern die Mutter die Religion an ihre Kinder weiter.

Die Ägypter mögen es ebenfalls nicht gern, wenn Juden aus dem Ausland einen Fuß auf ihren Sand setzen. Im Nildelta treffen sich jedes Jahr einige Hundert jüdische Pilger, um dem Rabbi Avir Yaakov zu huldigen. Der Mann hatte sich 1879 aus seinem Heimatland Marokko auf den Weg nach Palästina gemacht. Er pilgerte durch die Wüste Algeriens und Libyens, doch wenige Hundert Kilometer vor seinem Ziel wurde er plötzlich krank, starb und kam an Ort und Stelle unter die Erde: in Damanhur. Seitdem hegen viele Ägypter einen ziemlichen Groll dagegen, dass Pilger aus Israel in ihrer Stadt eine Gedenkfeier ausrichten. Im Jahr 2001 verbot ein Gericht in Alexandria die Veranstaltung mit der Begründung, dass die Musik und die Tänze der Wallfahrer die religiösen Gefühle der Anwohner verletzen. Ein Jahr zuvor war der Grund der Absage globaler, denn die Ägypter waren sauer über das wiederholte Eindringen der israelischen Armee in heilige Stätten des Islams und des Christentums in Jerusalem. Und wurde die Veranstaltung mal nicht verboten, wurden die Pilger eskortiert wie Schwerverbrecher. Aus gutem Grund allerdings, denn der ägyptische Geheimdienst ließ vor ein paar Jahren dreiundzwanzig Männer festnehmen, die einen Terroranschlag auf die Pilger geplant haben sollen.

Vom Museum in el-Alamein sind es nur ein paar Minuten zu Fuß zu der Gedenkstätte und dem Soldatenfriedhof der Briten, auf dem 7239 Gräber liegen. Die weißen, einheitlichen Steine wirken vom Eingang aus wie ein riesengroßes Dominospiel. Die sengende Sonne in dieser verlassenen Wüstenregion macht den Friedhof zu einem besonderen Ort der Stille, der Demut, zu einem Symbol der Sinnlosigkeit des Krieges. Ich laufe eine Stunde lang die Gräber ab, lese die Namen und merke plötzlich, dass ich mit meinen dreiunddreißig Jahren älter bin als die meisten hier bestatteten Soldaten.

Ich warte zwei Stunden, bis ein Wagen an der Hauptstraße hält und mich zum Mahnmal der Deutschen mitnimmt. Ich bin noch immer tief beeindruckt vom britischen Friedhof, und als ich den hässlichen, einfallslosen, achteckigen Betonklotz bei Sidi Abd el-Rahman erblicke, das deutsche Denkmal, ärgere ich mich. Ein Sicherheitsbeamter hält Wache und notiert die Daten aus meinem Reisepass. Kaum habe ich das Gebäude betreten, sehe ich ein paar alte, vergilbte Spruchbänder. Im ersten Stock sind Fotos vom Volksbund Deutsche Kriegsgräberfürsorge ausgestellt, auf denen die weltweiten Kriegsdenkmäler gezeigt werden. Nur selten verirren sich Besucher an diesen entlegenen Ort am Meer. Es gibt hier keine Nachbarn. Das Rauschen des Meeres ist noch zu hören, doch ansonsten ist es still, ein Gefühl der Ruhe, an das sich meine Ohren zuerst einmal wieder gewöhnen müssen.

»Willst du nach oben?«, fragt mich der Mann am Eingang.

Vom Dach habe man einen wunderbaren Blick auf das Meer und die Wüste. Ich gebe ihm dafür zehn Pfund Trinkgeld, denn offiziell darf man nicht auf das Dach. Der Mann hat recht. Hier ist weit und breit nichts zu sehen. Das Meer liegt einsam vor mir.

»Schön, oder?«, fragt er mich.

Ich will von ihm wissen, ob hier Leute schwimmen gehen.

»Bloß nicht, baden ist hier strengstens verboten!«, warnt mich der Sicherheitsmann. »Die sperren dich gleich ein.« Das Militär hat die Küste abgeriegelt. »Fahr doch nach Marsa Matruh, dort gibt es die schönsten Strände des Landes«, rät mir der Sicherheitsmann. Da wollte ich sowieso hin.

Marsa Matruh liegt 184 Kilometer westlich des Schlachtfelds von el-Alamein. Ich halte einen der Minibusse an, die fast im Stundentakt von Alexandria nach Marsa Matruh fahren. Es gibt nur noch den unbequemen Platz zwischen dem Fahrer und dem Beifahrer, da, wo der Schaltknüppel ist. Wir fahren vorbei an Gebäuden des Militärs, auf denen große Satellitenschüsseln stehen, weiträumig abgesperrt mit Stacheldraht, an den zahlreichen Ferienresorts, die im Winter verlassen sind. Der Fahrer holt sein Portemonnaie aus der Hosentasche und zeigt mir Fotos von seiner Familie. Das Gesicht seiner Ehefrau ist mit Photoshop etwas zu sehr bearbeitet worden, sie sieht aus wie ein Teenager. In die Haare der Kinder wurden rote Herzchen montiert.

»Hast du auch Bilder?«, fragt er mich.

Da ich schon länger in Ägypten lebe, habe ich gelernt, immer ein paar Fotos meiner Familie dabeizuhaben.

Je näher wir an Marsa Matruh herankommen, desto schöner glitzert das Wasser, vom Land getrennt durch riesige Kalkfelsen. Feigenbäume blühen. Gegründet wurde die Stadt von Alexander dem Großen, als er auf dem Weg in die Oase Siwa war. Kleopatra, Ägyptens letzte Pharaonin, hatte hier in einem Palast ein Techtelmechtel mit ihrem Geliebten Marcus Antonius. Die Liebelei wurde später von William Shakespeare literarisch niedergeschrieben und mehrere Male verfilmt.

»Nirgendwo sonst in Ägypten hat das Meer eine betörendere Farbe«, sagt der Fahrer.

Er hat recht: hellblaues bis türkisfarbenes Wasser, weiße Kalkfelsen, die Strände haben gar etwas Karibisches. Der Fahrer erzählt mir, dies liege vor allem daran, dass die Schiffskapitäne ihre Altöle und Teerabfälle erst fünfhundert Kilometer weiter östlich ins Meer kippen. Dem Agiba-Strand, benannt nach dem arabischen Wort für Wunder, sagt man sogar nach, der schönste Strand Ägyptens zu sein. Keine vierzig Meter breit, eingebettet zwischen zwei Klippen, der Sand ist weiß und sauber, er glitzert und ist geschmeidig. Im Sommer ist der Strand zwar voll wie an der Adria. Doch im Frühjahr und, wie jetzt, im Spätherbst ist man hier allein mit dem Meer.

Kaum angekommen in Marsa Matruh, fällt mir auf, dass ich ständig den Namen Rommel lese, vor allem auf Hinweisschildern. Es ist ein verschlafener Ort, der nicht mit der Zeit geht, sondern seinen jahrhundertealten Traditionen folgt. Etwas mehr als 140 000 Menschen leben hier. Die meisten Frauen sind dicht und schwarz verschleiert, was daran liegt, dass in Marsa Matruh sehr viele Beduinen leben, einfache Menschen, die den Islam besonders streng auslegen. Es überrascht mich nicht, dass ich hier kein Bier kaufen kann.

Das staatliche Tourismusbüro lässt Prospekte in fünf Sprachen drucken. In der deutschen Ausgabe steht, dass sich die Stadt »durch die das ganze Jahr hindurch aufgehende Sonne« auszeichnet und dass auf dem Sand des Gouvernorats Matruh die heftigste Schlacht des Weltkriegs stattgefunden hat. Und weil der Übersetzer des Prospekts das ß durch ein b ersetzte, liest man, Alexander der Grobe habe in Marsa Matruh übernachtet. Im Kapitel »Die wichtigsten touristischen und archäologischen Plätze« wird das Rommel-Museum als besonders sehenswert beschrieben.

Ich übernachte im Rommel House. Die Zimmer sehen aus wie sie in ägyptischen Hotels gewöhnlich aussehen: ein Doppelbett, das Rückenschmerzen verursacht, gelb-braune Vorhänge, ein Kühlschrank, der mehr nervt als kühlt, Neonlicht und ein Loch im Boden für das Duschwasser im Bad. An der Rezeption treffe ich den Direktor des Hotels, Mohammed Hamsa Abdallah. Er ist dreiundvierzig Jahre alt und hat Betriebswirtschaftslehre studiert, darauf ist er sehr stolz. Mohammed trägt ein blaues Hemd zu blauer Jeans und eine Brille, was für Ägypter ungewöhnlich ist. Er hat etwas Hornhaut auf der Stirn, die wohl vom vielen Beten stammt. Vor fast zwanzig Jahren ließ er ein Drei-Sterne-Hotel bauen, genau dort, wo früher eine Hütte stand, in der sich

Rommel versteckt haben soll. Er entwarf einen einfachen Bau, vier Stockwerke hoch, mit elektrischem Aufzug und Betten für 112 Gäste. Mohammed hatte darüber nachgedacht, warum Urlauber in seinen Ort kommen sollten, und fand: Rommel und Meer. »Als Betriebswirt weiß ich, dass man sich vermarkten muss, um erfolgreich zu sein.«

In den Jahren danach machten es ihm einige im Ort nach. Ein Rommel-Café eröffnete. Der Bürgermeister benannte eine Brücke nach dem Panzergeneral und auch einen Strand, an dem Rommel gebadet haben soll. Er ist breit und sauber, im Sand stecken weiße Plastikstühle und blau-rot gestreifte Sonnenschirme, und das Einzige, was hier stört, sind die vielen Autos. Ägypter laufen nur ungern zum Strand – sie fahren.

Mohammed erzählt, wie sich die Stadt in den vergangenen Jahren verändert hat. Heute gibt es in Marsa Matruh fünfundsiebzig Hotels, fünf Kinos und McDonald's und Burger King, die ausschließlich von Juni bis Oktober geöffnet haben. Im Winter kommt niemand nach Marsa Matruh, es ist zu kalt. Das Angebot an Fast-Food-Restaurants lockt vor allem reiche Araber aus den Golfstaaten an, die im Sommer eine Abkühlung suchen. Also entstanden neue, besser ausgestattete Hotels. Die stehen nun dermaßen nah zusammen, dass sich die Gäste von Balkon zu Balkon die Hand reichen können.

»Das ist sehr ärgerlich«, sagt er, »denn mein bestes Zimmer hat damit seinen einzigartigen Reiz verloren: den Ausblick.«

Die Gäste konnten früher vom Balkon aus das türkisfarbene Meer sehen. Vor allem aber hatten sie einen freien Blick auf die 2500 Meter entfernte Rommel-Insel, den Rommel-Strand, die neu gebaute Rommel-Brücke, das Rommel-Museum und den Eingang zur Rommel-Höhle. Doch wissen die meisten Einheimischen überhaupt, wer Rommel war?

»Aber natürlich«, sagt Mohammed, »Ägypter und Deutsche haben sich im Krieg gut verstanden.«

Das sei deshalb so gewesen, weil Rommel nicht als Besatzer gekommen sei, die Briten aber schon.

»Rommel hat oft bei den Beduinen im Zelt übernachtet und sich auch wie diese angezogen. Das haben mir die Ältesten der Stadt erzählt.«

In seinen letzten Tagen in Marsa Matruh soll Rommel in einer Höhle sogar noch geheime Kriegspläne entworfen haben.

»Die Höhle ist heute die größte Sehenswürdigkeit der Stadt. Sie ist ein Museum, das weltweit einzige, das Rommel gewidmet ist«, sagt Mohammed.

Ich bin mir nicht sicher, ob er darauf wirklich stolz sein sollte. Ein ehemaliger Militärgeneral aus Kairo ließ die Gedenkstätte aus »Verehrung für den Kommandanten und aus Bewunderung für die Disziplin der deutschen Soldaten im Afrika-Korps« bauen.

Ich möchte das Museum besuchen und laufe hin. Am Eingang sitzen zwei Männer in Uniform neben einem Metalldetektor, der nicht funktioniert. Sie trinken Schwarztee und kassieren umgerechnet 1,50 Euro Eintritt. In der Höhle gibt es dreizehn Fotos, Rommels Mantel, eine Hakenkreuzflagge, einen Feuerlöscher und eine Büste. Erklärungen dazu fehlen. An der Wand hängen zwei eingerahmte Zitate. Sie sollen das Wirken Rommels beschreiben. Eines geht so: »Rommel sagte: ›Moderne Kriegsführung braucht persönliche Führung durch Funk, nicht durch Konferenzen oder aus Büros.‹«

Mir gefällt es in Marsa Matruh. Ende November macht hier niemand Urlaub. Es ist ruhig wie in einer abgelegenen Oase. Ich beschließe, noch eine Nacht im Rommel House zu bleiben. Der Hoteldirektor freut sich und lädt mich zum Tee ein.

»Meine arabischen Hotelgäste haben eine gute Meinung von Rommel«, sagt Mohammed. »Und denjenigen, die nichts mit Rommel anfangen können, erzähle ich, das war ein Deutscher und Hitlers bester General.«

Europäer verirren sich nur selten in die Stadt. Deshalb ist Mohammed besonders stolz, dass er viele Deutsche zu seinen Gästen zählt.

»Die übernachten bei mir, weil ihnen der Name Rommel vertraut ist«, sagt er. Manche kämen auch, weil sie mehr über den
Zweiten Weltkrieg erfahren wollen. Vor zehn Jahren besuchte
ihn eine Gruppe deutscher Männer. Sie waren Journalisten und
reisten mit Übersetzern an. Sie wollten eine Dokumentation über
Rommel drehen. »Die waren sehr nett und haben mir ein großes
Porträtfoto von Erwin Rommel in Schwarz-Weiß geschenkt, das
nun in meinem Büro hängt«, erinnert sich Mohammed. »Solche
Leute kommen ab und zu in mein Hotel.«

Die Ägypter hingegen kommen nur in seltenen Fällen wegen
Rommel nach Marsa Matruh. Sie wollen billig einkaufen: frische
Minze aus dem nahe gelegenen Libyen, Elektrogeräte aus China
und geflochtene Möbel. Auf dem Markt riecht es nach orientali-
schen Gewürzen, die in Säcken vor den Läden stehen. Ich höre
Männer in libyschem Arabisch reden, die das tiefe, kehlige Q als
G aussprechen.

Vielen Menschen hier war Libyen näher als ihr eigenes Land,
sie gingen zum Arbeiten über die Grenze und schmuggelten, was
sich schmuggeln ließ. Das änderte sich schlagartig, als Ägypten
im Frühjahr 1979 offiziell Frieden mit Israel schloss. Der libysche
Diktator Muammar al-Gaddafi war richtig sauer und kappte die
Beziehungen zu seinem Nachbarland Ägypten. Daraufhin brach
die Wirtschaft an der Nordküste zusammen. Gaddafi war aber
nicht der Einzige, der polterte. Auch die Arabische Liga fand den
Friedensvertrag unsinnig und zog mit ihrem Sitz von Kairo nach
Tunis. Ägypten war offiziell kein Mitglied mehr und von seinen
Nachbarn isoliert. Wie in arabischen Ländern so üblich, kam nach
dem großen Ärger die große Versöhnung. Die Arabische Liga zog
1989 zurück nach Kairo, und Gaddafi und Mubarak trafen sich
zu Versöhnungsgesprächen in Marsa Matruh. Die beiden Staats-

präsidenten beschlossen Projekte, die nie umgesetzt wurden: den Bau einer Eisenbahnstrecke zwischen Libyen und Ägypten, den Bau von Staudämmen und die Ausbildung libyscher Techniker in Ägypten. Gaddafi soll damals mit einem Bagger durch das verrostete Tor an der Grenze gefahren sein und seine Reise anschließend mit einer weißen Limousine fortgesetzt haben.

Seitdem floriert die Region wieder, auch wenn die Wirtschaft während der Umstürze eine Delle bekommen hat. Der Direktor vom Rommel House versichert mir nach dem dritten Glas Tee, dass zwar nur Gott die Zukunft kennt, er aber doch ein gutes Gefühl hat.

»Es gibt übrigens etwas, was die Ägypter Rommel heute noch übel nehmen«, sagt Mohammed. »Der Panzergeneral ließ die halbe Nordküste verminen.«

Die Briten und Italiener waren nicht viel besser, weshalb bis heute noch immer fast 17,5 Millionen Minen im Sand verscharrt liegen. »Garten des Teufels« wird die Region deshalb genannt. Daher lässt sich die Gegend nur unter schwierigen Umständen wirtschaftlich erschließen. Ein Großprojekt, das einen Golfplatz in der Wüste vorsah, musste ersatzlos gestrichen werden.

Ägypten verlangt seit Jahren von den europäischen Ländern, die damals Krieg führten, dass sie die Minen wieder ausgraben; schließlich habe Ägypten nichts mit dem Krieg zu tun gehabt. Das würde aber Dutzende Millionen Euro kosten. Zwar hat das offizielle Deutschland Metalldetektoren nach Ägypten geschickt, die will hier aber niemand bedienen. Aus diesem Grund warnt das Auswärtige Amt auf seiner Internetseite sicherheitshalber alle Bundesbürger, die nach Ägypten reisen wollen, vor »unzureichend gekennzeichneten Minenfeldern«. Das hat auch seinen Grund, denn immer wieder treten Kinder und Bauern auf eine Mine. Mehr als achttausend Menschen sind dadurch mittlerweile getötet worden – und zwar nach 1945, in einer Zeit, als der Zweite Weltkrieg längst Geschichte war.

Kapitel

6

Abu Mena

أبو مينا

Die heilige Jungfrau Maria hat Ägypten in den vergangenen fünfzig Jahren häufiger besucht als der deutsche Bundespräsident. Am Freitag, dem 21. Oktober 2011, soll sie wieder da gewesen sein, in Alexandria, ganz oben am Himmel. Christen schwören jedenfalls hoch und heilig, dass sie die Muttergottes gesehen haben. Damit sie auch die lästigsten Zweifler und Nörgler überzeugen können, filmten sie den Beweis und stellten ihn auf Youtube. In der Aufnahme ist tatsächlich ein kleiner, heller Blitz zu sehen. Vor der Kathedrale des heiligen Markus, dem wichtigsten koptischen Gotteshaus der Stadt, stehen deshalb seit Tagen einige Tausend Gläubige. Sie beten ekstatisch und singen religiöse Lieder, in der Hoffnung, dass ihnen Maria, voll der Gnade, vielleicht doch noch zuzwinkert. So oft kommt sie ja nun auch wieder nicht. Zuletzt war sie im Dezember 2009 in Kairo gesehen worden.

Wenn ich meine Wohnung in Alexandria verlasse, kann ich jede beliebige Straße nehmen und werde in weniger als drei Minuten an einer Moschee vorbeikommen und spätestens nach fünfzehn Minuten an einer Kirche. Nichts wird einem in diesem Land einfacher gemacht als die Pflege des Glaubens. In Fahrstühlen hört man gelegentlich jene Koransure, die für Reisende gedacht ist. Auf Autos muslimischer Fahrer kleben Sticker mit »I love Prophet Muhammad« und »Vergiss Allah nicht«. Christliche Taxifahrer hingegen schreiben das Wort »Jesus« auf ihren Wagen, in dem Stil, wie deutsche Jugendliche auf der Heckscheibe verkünden, dass sie das Abitur bestanden haben. Ob man an Gott glauben müsse, um eine Moral zu haben, wollte ein amerikanisches Meinungsforschungsinstitut in einer internationalen Umfrage wissen. In Ägypten haben dies 99 Prozent der Befragten bejaht, so viel wie in keinem anderen Land der Welt. »Die Religion ist der Seufzer der bedrängten Kreatur, das Gemüt einer herzlosen Welt, wie sie der Geist geistloser Zustände ist«, schrieb Karl Marx. Sie sei deshalb das Opium des Volkes. Ägypten wäre nach dieser Definition ein Volk voller Junkies. Hier ist Religion wichtiger als Sex.

Es gibt in Ägypten 104 506 offiziell registrierte Moscheen, an denen insgesamt eine halbe Million Lautsprecher hängen, und 2000 Kirchen. Sieben bis zehn Prozent der Ägypter glauben an Jesus Christus, so die Schätzungen, denn obwohl in diesem Land jeder Farblaserdrucker bei der Staatssicherheit registriert ist, will bis heute niemand offiziell wissen, wie viele Christen es gibt. Das ärgert Mariam Botrous sehr. Sie ist sich sicher, dass die Regierung mit aller Macht versucht, das Christentum kleinzureden. »Die Muslime wollen nicht wahrhaben, dass es uns gibt«, sagt sie.

Ich hatte die gläubige Koptin im Goethe-Institut in Alexandria kennengelernt, wo sie Deutsch unterrichtet und ständig daran scheitert, den Kursteilnehmern zu erklären, was ein Hausmann ist und warum zwei deutsche Männer ein Paar sein können. H&M und Zara sind ihre Lieblingsläden, wo sie ein bisschen europäische Freiheit schnuppern kann und wo sie Miniröcke und knappe Oberteile kauft, die sie in Ägypten unter keinerlei Umständen tragen kann und die deshalb in ihrem Kleiderschrank für immer verschwinden. Mariam ist im Sommer fünfundzwanzig Jahre alt geworden, was in ihrem Land problematisch ist, denn sie ist weder verlobt noch verheiratet. In Ägypten ist man als Frau über dreißig nicht mehr vermittelbar und zur ewigen, alternden Jungfrau verdammt.

Die ständigen Verkupplungsversuche ihrer Eltern nerven Mariam, denn grundsätzlich würde sie schon heiraten, nur ja keinen Ägypter. Das liegt wahrscheinlich daran, dass Mariam auf die Deutsche Schule ging, wo ihr die Lehrer deutsche Werte einbläuten, die dann regelmäßig mit denen ihrer ägyptischen Eltern, die beide in einer Bank arbeiten, kollidierten. Und das ist auch heute noch so: Mariam muss täglich um zehn Uhr abends zu Hause sein, sonst gibt es Hausarrest. Jungs dürfen nicht einmal in die Nähe ihres Hauses, weil ihre Mutter das Gerede der Nachbarn fürchtet, das wie das Amen im Gebet kommen würde.

Neulich war ihre Mutter besonders aufgebracht. Mariam sollte die Wäsche auf die Leine hängen, die vor dem Fenster angebracht ist. Zufällig packte sie die Unterwäsche nach vorne. »Bist du wahnsinnig?«, fuhr ihre Mutter sie an und hielt ihrer Tochter eine Standpauke. »Laken und die Badetücher gehören nach vorn, damit man die Unterwäsche, die dahinter hängt, nicht sieht! Das machen gut erzogene Ägypterinnen so«, sagte ihre Mutter. Mariam hielt trotzig dagegen: »Unterhosen tragen alle Menschen, wo ist bitte das Problem?«

»Egal, welche Religion die Leute hier haben«, sagt sie, »die sind alle gestört. In Ägypten gibt es nur zwei Arten von Frauen: Jungfrauen und Ehefrauen. Alles dazwischen wird in Ägypten mit dem Wort Hure zusammengefasst.«

Im Moment lernt Mariam gerade für den Führerschein. Sie würde auch gern den für das Motorrad machen, aber das dürfen

Frauen in Ägypten nicht – weil sie dann breitbeinig auf dem Motorrad sitzen müssten.

Mariam löchert mich schon seit Wochen, ich solle doch einmal mit ihr ins Kloster Abu Mena fahren. »Das ist wunderschön dort, und wir werden viel Spaß haben«, sagt sie. Das Kloster liegt in der Wüste Mariut, sechzig Kilometer südwestlich von Alexandria. Der Ort ist eine Art ägyptisches Altötting. Der Legende nach wurde hier im Jahr 306 der ägyptische Soldat Menas hingerichtet, weil er seinen Gott nicht verleugnen wollte. Dem Henker bereitete die Exekution ungewohnte Probleme. Eine Säge, die Menas' Körper teilen sollte, »schmolz wie Wachs in der Nähe eines Feuers«, schrieben Augenzeugen damals. Schließlich griff der Henker zum Schwert und enthauptete ihn.

Menas soll neben einem Brunnen begraben liegen. Kranke, die von dem Wasser tranken, wurden wieder gesund. Das sprach sich schnell herum. Das wundersame Nass soll sogar der Tochter von Konstantin dem Großen geholfen haben, als sie an Lepra erkrankt war. Der Ort erlangte daraufhin im Römischen Reich schlagartig Berühmtheit. Aus dem Soldaten Menas wurde der heilige Menas und aus der Grabstätte ein Wallfahrtsort, eine pulsierende Stadt, erbaut aus Marmor und edlen Hölzern. Davon ist nicht mehr viel übrig. Wie fallen gelassene Mikadostäbchen liegen im Sand noch ein paar Säulen umher, die von der UNESCO 1979 zum Weltkulturerbe ernannt wurden. Ganz in der Nähe steht heute das neue Kloster Abu Mena.

Mariam ist außer sich vor Freude, als ich einwillige, mit ihr einen Ausflug dorthin zu machen. Sie versteht nicht, dass ich noch nie in einem Kloster war. Ich erkläre ihr, dass das in Deutschland nur gestresste Banker und Manager machen: »Die stellen dort ein paar Tage lang ihr Handy ab, verzichten auf Kippen und Promille und prahlen später, wie richtig geil sie das fanden.«

Mariam erzählt mir von einer Tante, die ins Kloster gegangen sei, um wegen ihrer Kinderlosigkeit bei den Mönchen Hilfe zu erbitten. »Und was macht ihr in so einem Fall?«, fragt sie mich.

»Zum Arzt gehen vermutlich, homöopathische Tropfen schlucken, notfalls ein Baby adoptieren«, antworte ich. Aber beten?

Wir fahren zum Sammelplatz der Minibusse am Stadtrand von Alexandria, nach El-Maukif El-Gidid, einer trostlosen Gegend, wo die Menschen in Baracken hausen und der Tee nach besonders viel Chlor schmeckt. Freitags und sonntags warten die Pilger in Scharen auf die Minibusse nach Abu Mena. In Ägypten gibt es kein genau geregeltes Wochenende. Gemäß der kolonialen Tradition sollen die Leute am Sonntag ruhen und beten. Der muslimische Glaube heiligt den Freitag. Heute ist Freitag. Mariam, Tochter aus gutem Hause, ist erst dreimal in ihrem Leben mit einem Minibus gefahren, und jedes Mal, sagt sie, »hat der Fahrer fast einen Unfall gebaut, die Leute rochen nach Schweiß, und ich musste den Koran hören.« Wir haben aber keine andere Alternative. Das Letztere werde nicht passieren, verspreche ich Mariam, denn wir werden auf einen Fahrer warten, an dessen Rückspiegel ein Kreuz hängt. Eineinhalb Stunden später sitzen wir im Minibus.

Der ägyptische Herbst ist mehr ein deutscher Frühling. Die Luft an diesem Vormittag im November ist angenehm warm, und das bisschen ausgedorrte Gras, das es gibt, erholt sich von der Sommersonne und grünt. Ägypten ist ein zweigeteiltes Land: Im Süden, an Nil und Rotem Meer, gibt es herausgeputzte Landstriche für Touristen und als Highlight die bezaubernde Weiße Wüste mit ihren verschlafenen Oasen. Die nördliche Hälfte des Landes sieht hingegen aus wie eine unaufgeräumte, dreckige Dauerbaustelle, die jeden Grün-Wähler in Panik versetzen würde. In der Nordhälfte wohnen die meisten Ägypter. Ein Land kann durch seine Natur faszinieren. Im Norden Ägyptens aber sind es die Menschen.

Wir fahren aus der Stadt in Richtung Burg el-Arab, wo der neue Flughafen vor ein paar Jahren in Betrieb genommen wurde. Das war notwendig geworden, denn der alte, el-Nosha, war mittlerweile von Shopping Malls, Fast-Food-Restaurants und Wohn-

blocks eingekreist. Sekunden vor der Landung schwebten die Maschinen dort dermaßen knapp über den Gebäuden, dass man den
Passagieren fast zuwinken konnte. Das war selbst den Ägyptern
zu mulmig, weshalb sie den neuen Flughafen vorsichtshalber ganz
weit in die Wüste gesetzt haben. Bis auch hier alles mit Häusern
zugewuchert sein wird, dauert es bestimmt noch zwanzig Jahre.

Wir unterhalten uns auf Deutsch über das problematische
Verhältnis zwischen Muslimen und Christen in Ägypten. »Wo das
Mögen aufhört, beginnt da schon der Hass?«, fragt mich Mariam.

Vor ihrem Job als Deutschlehrerin hatte sie in einer Import-
Export-Firma gearbeitet. Als sie eines Tages ins Büro kam, schal-
tete ihre Kollegin den Sender ein, auf dem vierundzwanzig Stunden lang der Koran läuft. Mariam konnte sich nicht konzentrieren
und bat darum, das Radio kurz auszumachen, damit sie telefonieren kann. »Ich darf das nicht. Erst, wenn die Sure vorbei ist«, sagte ihre Kollegin. Als Mariam nachhakte, fauchte sie: »Hör auf! Du
beleidigst den Islam!«

Für mich hat die Rezitation des Korans etwas Beruhigendes,
was laut Mariam wohl daran liegt, dass ich von diesem steinal-
ten Arabisch nur wenige Worte verstehe. Damit ich begreife, wie
sich die tägliche, religiöse Flatrate anfühlen muss, rechne ich den
ägyptischen Alltag also auf den deutschen um: In Arztpraxen und
bei McDonald's würde das Alte Testament aus dem Lautsprecher
dröhnen. Ungetaufte hätten den Ruf von Aussätzigen, und Leute,
die wenig beten, wären schlechte Menschen. In den meisten Bussen müsste ich mir im Radio einen Livegottesdienst anhören und
in den Taxis die gesammelten Predigten von Johannes Paul II. auf
CD. Die göttlichen Weisheiten würden mich sogar bis auf man-
ches Klo verfolgen.

Zwei Stunden sind wir schon unterwegs, als wir uns dem Kloster nähern. Das sagt mir jedenfalls Mariam, denn die Gegend sieht
nun wirklich nicht danach aus. Nur die wichtigen Straßen sind as-
phaltiert, und der Belag der Gassen ist eine Mischung aus ange-

presstem Staub und Dreck. Ich sehe eine Fabrik, die aussieht wie ein überdimensionaler Schuhkarton, in der das deutsche Unternehmen Fuchs Zahnbürsten für den lokalen Markt produzieren lässt. Nebenan werden Kopfschmerztabletten gepresst. In der Antike und auch noch vor gut fünfzig Jahren, als das neue Kloster Abu Mena errichtet wurde, sah es hier noch anders aus. Heute käme wohl niemand mehr auf die Idee, eine geweihte Stätte mitten in diesem Industriegebiet zu errichten. Hinter einer Militärzone, geschützt von übermannshohen Mauern und Stacheldraht, sehen wir in der Ferne ein gutes Dutzend Kreuze.

Wir steigen aus und laufen über eine asphaltierte Straße. Mariam sagt mir, dass sie zu den antiken Relikten der alten Stadt führt und dann zum neuen Kloster. Wir kommen tatsächlich an ein paar Säulen aus Marmor vorbei, die sehr ägyptisch daliegen: wie eine Bauruine, versandet und ohne Hinweistafel. Daneben ist ein Verschlag aus Holz. Das hier also soll ein Weltkulturerbe sein? Im bosnischen Mostar, wo die berühmte Brücke steht, die im Jugoslawien-Krieg zerstört wurde, schreibt die UNESCO einem Hausbauer gar die Farbe und Form des Daches vor; im rumänischen Viscri, einem gut erhaltenen Sachsendorf, gackern Hühner auf der Straße und stricken die Bewohner Socken aus Schafwolle, damit auch ja alles niedlich und historisch richtig ist.

An diesem Ort in der ägyptischen Wüste aber, wo die Meilensteine des afrikanischen Christentums im Sand liegen, war wohl schon lange niemand mehr, der bei den Vereinten Nationen etwas zu sagen hat. Ein freundlicher, junger Kopte aus Oberägypten empfängt verirrte Besucher und passt auf, dass sie nicht metertief in den Boden einbrechen.

»Durch die künstlichen Kanäle des Nils hat der Boden viel Wasser aufgenommen«, erklärt der junge Mann. Dieses Grundwasser frisst sich seit Jahren unaufhaltsam weiter in den Sand wie Borkenkäfer in einem morschen Baum. »Gott behüte, aber irgendwann wird hier alles versinken«, fürchtet er. Es sind die Fol-

gen eines Bewässerungsprojekts, das vor gut dreißig Jahren von
der Weltbank gefördert wurde.

Wir tasten uns vor wie auf einer dünnen Eisschicht. So ganz
wohl ist mir dabei nicht. Der junge Kopte erzählt uns das, was er
über die Geschichte dieses Ortes weiß. Dass er im fünften Jahrhundert ein »blühendes, wunderschönes Ziel für Pilger« war und
»diverse Eroberer« ihn später plünderten und zerstörten. Dass
die Überreste tausend Jahre lang im Sand versunken waren und
ein Frankfurter Archäologe sie vor etwas mehr als hundert Jahren
wieder ausgrub: den Taufbrunnen aus Marmor, eine Gruftkirche
und einen großen Marktplatz.

»Der Ort ist uns Kopten heilig«, sagt der Mann. »Hier passier-
ten viele Wunder.«

Das sah wohl auch der koptische Papst so, als er beschloss,
hier ein neues, großes Kloster zu errichten, ein paar Hundert Meter von den historischen Ruinen entfernt. Dort wollen wir hin.
Wir laufen weiter bis zu einer Schranke, wo wir unsere Ausweise zeigen müssen, und stehen vor dem Eingang. Ich sehe creme-
weiße Mauern, überproportional hohe Kirchtürme und Kreuze,
so weit das Auge reicht. Ich höre einen Vogel zwitschern.

»Siehst du, es ist schön hier!«, sagt Mariam.

Dass ein Ausländer das Kloster besucht, ist eher ungewöhnlich.
Die ägyptischen Besucher starren mich an, beobachten mich. Der
Mann am Empfang geleitet uns zu einem Gebäude neben dem Ein-
gangstor, obwohl wir da gar nicht hinein wollen. Jedenfalls würden
wir dort, so seine Worte, »Informationen bekommen«. Es ist der
Sitz der Verwaltung.

»Der Mann glaubt, du bist ein Spion«, sagt Mariam.

Im zweiten Stock betreten wir einen hellen Raum mit vielen Tischen und Stühlen, der so groß wie eine Turnhalle ist. Dort sitzt ein
Mann und trinkt Kaffee. Er stellt sich als Vater Gawargius vor und
fragt, ob wir denn einen Termin haben. Da er an Mariams umge-
hängtem Silberkreuz bemerkt, dass sie eine der Ihren ist, bittet er

uns an seinen Tisch und lässt Tee in Gläsern servieren, auf denen
ein Marienbild aufgedruckt ist.

»Was führt euch zu mir?«, fragt er.

Die ehrliche Antwort wäre: der Mann da unten am Empfang.
Aber das ließe er wohl nicht gelten. Also springt Mariam ein und
sagt, sie wolle mir, dem »gläubigen Katholiken aus Österreich«,
das Kloster zeigen. Seine Gesichtsmuskeln entspannen sich, das
Anspielen auf die christliche Verbrüderung zieht.

»Du sprichst ab sofort ja kein Arabisch mehr!«, flüstert mir
Mariam auf Deutsch zu.

Der Mönch hat einen Prophetenbart. Er trägt eine lange, schwarze Kutte, dazu schwarze Socken und braune Sandalen. Sein Bauch
ist für sein junges Alter etwas zu rund. Gawargius lädt uns zum Essen ein, es gibt Fladenbrot, eine Bohnensuppe und einen Auflauf mit
Thunfisch aus der Dose. Die Mönche essen nichts. Kopten fasten
so viel, dass es einem glatt das Leben verleiden könnte, im vergangenen Jahr waren es 295 Tage. Dann müssen sie auf Fleisch und Milch
verzichten, so steht es in den alten Schriften des Christentums. Der
Höflichkeit halber wollen sie trotzdem mit uns zusammen ein kurzes
Gebet sprechen, um dem Herrn für das Essen zu danken.

Da der Mönch annimmt, dass ich ein gläubiger Katholik bin,
will er mehr über die Lage der Kirche in Europa wissen. Er habe
schlimme Geschichten gehört. Das Wort für Kindesmissbrauch
versucht er mit aller Mühe zu vermeiden. In Ägypten, in dem ho-
mosexuell mit pervers übersetzt wird, kann ich über dieses Thema
nicht diskutieren. Ich lenke ihn ab. Jetzt will ich ihn etwas aus der
Reserve locken. Ich frage ihn nach seiner Muttersprache.

»Das ist Arabisch, und ich kann es nicht ausstehen!«, antwortet er. Er sei Ägypter und kein Araber. »Die Araber stammen aus
der Wüste Saudi-Arabiens.« Außerdem sei Koptisch die Sprache
seiner Religion. Diese längst ausgestorbene Sprache, die als die
letzte, bekannte Form des Ägyptischen gilt. Geschrieben wird sie
mit einem eigenen Alphabet, das dem griechischen ähnelt. Die

meisten Kopten können die Zeichen noch lesen, aber nicht verstehen, was auch daran liegt, dass es in Ägypten keine Universität gibt, an der Koptisch gelehrt wird.

Mariam wirft ein, die Muslime hätten nach der arabischen Eroberung den Kopten die Zunge abgeschnitten, wenn sie sich auf Koptisch unterhielten.

»Sag das nicht!«, sagt Gawargius und grinst. »Muslime sind doch gute Menschen.«

Ich habe das Gefühl, Gawargius will vor einem Fremden nicht offen über die Spannungen mit den Muslimen reden.

»Weißt du, dass die Kopten das Mönchstum erfunden haben?«, fragt er mich und lenkt nun seinerseits ab.

Er will mir von der Geschichte seiner Religion erzählen. Im dritten Jahrhundert ging der heilige Antonius in die Einsamkeit der Wüste, um näher bei Gott zu sein, und blieb dort. Der Berufsstand des Mönchs war damit erfunden. Antonius war ein sogenannter Anachoret. Das altgriechische Wort beschreibt einen Menschen, der sich bewusst aus der Gesellschaft zurückzieht, alleine lebt und nur selten Kontakt zu anderen Menschen hat. Zu seiner Zeit war er nicht der Einzige, der sich entschloss, so zu leben. Und später führte Pachomios der Große, ein koptischer Heiliger, die Idee des christlichen Anachoretentums weiter und schloss sich um das Jahr 325 mit anderen Einsiedlern zusammen. Er begründete damit die Institution des Klosters.

In Ägypten gibt es heute mehr als dreißig dieser heiligen Mauern. Am bekanntesten ist das Katharinenkloster, in den Bergen des Sinai gelegen, zu dem jedes Jahr Hunderttausende Gläubige pilgern. Sie wollen sehen, wo sich der Allmächtige dem Propheten Moses in einem brennenden Dornbusch offenbart haben soll. Während das Katharinenkloster vielen Ausländern bekannt ist, haben die meisten Touristen von Abu Mena noch nie etwas gehört. Für die Kopten aber ist das Kloster, das zu den größten und reichsten des Landes zählt, ein wichtiger Ort ihres Glaubens. An

Wochenenden und Feiertagen reisen die Wallfahrer in Scharen
mit Bussen aus Alexandria und dem Nildelta an.

»Dann treffen sich hier mehrere Zehntausend Gläubige, und
alle Geistlichen sind im Dauereinsatz«, sagt Gawargius.

Die meisten Pilger kommen, weil sie hier, in dieser geschütz-
ten Umgebung, ein Ägypten finden, wie sie es gern hätten: friedlich, ruhig und mit der Freiheit, jenen Gott zu lobpreisen, der für
sie der einzig wahre ist.

Für die Christen in Ägypten ist das Kloster Abu Mena ein
Rückzugsort. Ein Erholungsgebiet, das sich auf einer Fläche erstreckt, auf der das Fürstentum Monaco Platz hätte. Wenn die
einhundertfünfzig Mönche nicht beten, hegen sie Olivenbäume,
hüten oder schlachten Kühe und pflegen Bienen, deren Honig
nach pharaonischer Tradition geschleudert wird. Etwas außerhalb betreiben die Mönche sogar eine eigene Marmorfabrik. Das
Rohmaterial holen sie aus Italien und aus dem Sinai; geliefert wird
in alle Winkel des Landes, in denen eine Kirche steht.

Den Besuchern im Kloster fehlt es an nichts. In einem großen
Gebäude, das innen aussieht wie eine deutsche Mensa und auch
so funktioniert, können sich die Gäste gratis Tee und ägyptischen
Bohnenbrei holen, ganz der christlichen Soziallehre konform. Im
Freien tollen Kinder herum wie auf einem Rummelplatz und schle-
cken im Kloster hergestelltes Eis. An Marktständen wird zu güns-
tigen Preisen angeboten, was die Mönche in Eigenregie erzeugen.
Die großen Souvenirläden verkaufen Bibel-CDs, Haushaltswaren,
die mit Heiligenbildchen bedruckt sind, und Christuskreuze für
Mensch und Wohnung. Weltliche Leiden werden in einer kleinen
Arztpraxis versorgt. Bei komplexeren Fragen des Lebens helfen die
Priester weiter, die überall auf dem Gelände zu finden sind. Existenzielle Probleme löst der Bischof in letzter Instanz in einer Pri-
vataudienz. Ein Stück heile Welt in einem kaputten Land.

Gawargius erzählt mir, wie aus ihm ein Mönch wurde: Zunächst
musste er drei Jahre lang im Kloster leben, um sich selbst zu prüfen

und geprüft zu werden. Er trug damals eine graue, keine schwarze Kutte und statt einer Kappe ein Netz als Kopfbedeckung, die Kleidung der Novizen. Betete mehrmals am Tag, betreute die Gläubigen und half auf den Feldern mit. Dieses Leben, nahe bei Gott und den Menschen, gefiel ihm; er bat, bleiben zu dürfen. Die Klostergemeinschaft nahm ihn daraufhin als Mönch auf.

Heute trägt Gawargius eine schwarze Kutte und eine Kappe. Er wohnt mit anderen Mönchen in einem Haus, das für Besucher nicht zugänglich ist. Viele Patres greifen ständig zum Handy, schließlich sind sie Ägypter, und die telefonieren nun mal ständig. Manche Telefone haben sogar eine ausziehbare Antenne, denn der Empfang ist nicht überall gut. In einem Aufenthaltsraum trinken die Mönche Tee und empfangen Gäste. Die meisten frommen Besucher wollen das Kreuz küssen, das die Patres um den Hals tragen. Und nicht wenige Gläubige überreichen ihnen einen dicken Briefumschlag. Die Atmosphäre hier ist anders als in vielen katholischen Klöstern. Manche Mönche erzählen sogar Witze. Es wirkt hier alles ein bisschen entspannter, lockerer und lustiger. Koptische Priester dürfen sogar heiraten. »Sie sollen sogar«, bekräftigt Gawargius. Schließlich sei Petrus, der Namensgeber der katholischen Kirche, ja auch verheiratet gewesen, »wozu also ein Zölibat«.

Und doch hat ein aufgeklärter, evangelischer Deutscher mit den Kopten so viel gemein wie eine Karotte mit einer Kartoffel. Die koptische Kirche ist nie reformiert worden. Sex vor der Ehe ist demgemäß fast so schlimm wie ein Mord und Homosexualität per göttlicher Definition nicht existent. Die meisten Gläubigen nehmen das Alte Testament noch wörtlich, sodass sie davon überzeugt sind, dass Gott die Frau aus einer Rippe Adams schuf, wie mir auch Gawargius erzählt, woraus man schließen kann, dass es mit der Gleichberechtigung der Geschlechter doch nicht so schnell etwas wird. Was den Kopten aber das Leben besonders schwer macht: Die Ehe ist, komme was wolle, nicht zu scheiden – außer vom Tod.

Das steht so im Evangelium des Markus, zehntes Kapitel, Vers neun. Der christliche Gründervater soll den Kopten ihren Glauben höchstpersönlich überbracht haben. Markus erreichte Alexandria vermutlich um das Jahr 60 nach Christus. Auf der langen Reise war ihm eine Sandale eingerissen. Daher besuchte er nach seiner Ankunft in der Stadt einen Schuhmacher. Kaum aber hatte dieser mit der Reparatur begonnen, verletzte er sich mit seiner Ahle. »*Eis theos!*«, soll er vor Schmerz geschrien haben, »der eine Gott!«. Markus deutete dies als ein Zeichen des Himmels. Er legte ihm Erde auf die Wunde, machte das Kreuzzeichen, und der Schuster war, so die Legende, geheilt. Der Evangelist erzählte ihm dann von einem Mann namens Jesus, der Gottes Sohn sei und Wunder bewirkt habe. Der Schuhmacher glaubte ihm und ließ sich taufen. Sein Haus wurde zur ersten christlichen Kirche Afrikas. Heute steht auf demselben Platz die Markus-Kathedrale.

Markus fand jeden Tag neue Anhänger. Die Heiden aber sahen in dem Prediger eine Gefahr und beschlossen, ihn zu töten. An einem Weihnachtstag stürmten sie die Kirche. Sie schleppten Markus auf die Straße, spannten ihn an ein Pferd und zogen ihn durch die Stadt, um ihn auf diese Weise bloßzustellen und letztlich zu Tode zu foltern. Als seine Häscher anschließend versuchten, die Leiche zu verbrennen, goss es plötzlich vom Himmel. So erzählen es jedenfalls die Kopten, denn wissenschaftliche Belege dazu gibt es freilich nicht. Sie verehren Markus bis heute als ihren Märtyrer.

Je mehr Gawargius über seine Religion spricht, desto klarer wird mir, dass das sture Festhalten an den alten Gesetzen des Alten und Neuen Testaments die ägyptischen Christen vor eine Zerreißprobe stellt. Ich bin neugierig und frage ihn konkret: »Wie beendet man als Kopte also die Ehe?« »Gott beendet die Ehe«, antwortet er und macht dazu ein ernstes Gesicht.

Es ist ein heikles und unangenehmes Thema. Denn, auch wenn er darüber nicht sprechen möchte, gibt es tatsächlich noch eine andere Möglichkeit: zum Islam konvertieren. Dann wird die Ehe nämlich von der Kirche annulliert. Wie im Juli 2010 im Fall von Kamilia, einer damals vierundzwanzig Jahre alten Mutter, verheiratet mit einem Priester und wohnhaft in Deir Mawas, vierhundert Kilometer südlich von Kairo. Eines Tages kam sie nicht mehr nach Hause und war wie vom Erdboden verschwunden. Tage später erzählten sich die Leute im Dorf, dass Kamilia in einer unglücklichen Ehe lebte und nur noch einen Ausweg sah – den Islam anzunehmen.

Der Wechsel der Religion aber ist in Ägypten fast so gefährlich wie das Überlaufen eines Agenten vom KGB zum CIA. Sobald jemand aus der örtlichen Kirchengemeinde davon erfährt, werden die Priester alarmiert. Sie tun alles, um die Schändlichkeit geheim zu halten und schrecken wohl auch nicht davor zurück, die Abtrünnigen zu entführen und an einem geheimen Ort einzusperren, wie mit Kamilia geschehen. Der Fall beschäftigt die Menschen bis heute und sickerte sogar bis in den Irak durch, wo daraufhin eine Bombe vor einer Kirche explodierte und mehrere Menschen tötete.

Die Politiker in Ägypten beschwichtigen. Und werden die Geistlichen beider Lager dazu befragt, sagen sie nur: »Wir sind doch im Herzen alle Ägypter.« In Wirklichkeit sitzt der Groll zwischen Muslimen und Christen im Knochenmark der ägyptischen Gesellschaft, und wenn er sichtbar wird, dann ist er hässlich. Im Januar 2000 starben einundzwanzig Menschen in el-Koscheh, 450 Kilometer südlich von Kairo, als ein Streit zwischen einem christlichen Schuhhändler und einem muslimischen Kunden eskalierte. 2006 rannte ein Muslim mit einem Schwert in die Kirche el-Kidissin in Alexandria und wollte Christen köpfen. Im Januar 2010, am koptischen Weihnachtsfest, erschoss in der oberägyptischen Kleinstadt Naga Hammadi ein fanatischer Muslim sechs Christen, als sie aus der Kirche kamen. Das schlimmste Verbrechen fand am Neujahrstag 2011 in Alexandria statt: Eine Autobombe explodierte vor einer Kirche und tötete dreiundzwanzig Menschen, darunter viele Jugendliche. Der Täter ist bis heute unbekannt.

Für Mariam ist das Zusammenleben mit den Muslimen eine tägliche Mischung aus Hass, Wut, Ärger, aber auch Spaß. Denn sie hat auch viele muslimische Freundinnen, mit denen sie nachmittags Kaffee trinken geht. Und doch sei da so etwas wie eine unsichtbare Wand, die sie von ihnen trenne.

»Wir sprechen dieselbe Sprache, essen das gleiche Essen und feiern sogar die Hochzeiten nach ähnlichen Ritualen«, sagt sie. »Ich glaube, wir sind uns viel zu ähnlich geworden.«

Deshalb suchen beide Seiten nach den wenigen Details, die trennen, obwohl es doch weit mehr Verbindendes gibt. Deshalb nennen die meisten Ägypter ihre Religion und nicht ihr Land, wenn sie nach der Herkunft befragt werden. Muslimische Kinder spielen mit Fulla, einer voll verschleierten Barbie. Christen vermeiden zur Begrüßung das zutiefst islamische »al-Salamu alaikum« und sagen stattdessen nur »salam«. Es ist ein Politikum, denn übersetzt heißt beides fast das Gleiche: Friede.

Während uns Gawargius noch einmal Tee nachschenkt und wir uns unterhalten, piepst Mariams Handy plötzlich. Sie hat eine SMS bekommen. Ein Angebot. Einmal in der Woche kann sie gratis eine Nummer anrufen und die neueste Predigt eines ägyptischen Scheichs anhören. Sie erzählt abermals von ihrem täglichen Frust. Von einem Freund, der sich bei der renommierten Qatar Airways als Flugbegleiter bewarb und sich gegen vierhundert Bewerber durchsetzen konnte.

»Als man ihm sagte, er müsse auch Alkohol ausschenken, lehnte er den Job ab«, sagt Mariam. »Jetzt arbeitet er bei Egypt Air und ist total unglücklich, weil er zu wenig verdient.«

Oder von dem Bekannten, dem sie mal eine Tafel Ritter Sport aus Deutschland mitbrachte. »Ich hatte übersehen, dass ich die Sorte Rum-Trauben-Nuss gekauft hatte«, erzählt Mariam. Ihr Bekannter war außer sich.

»Okay, dann esse ich sie«, sagte sie ihm genervt. Er aber warf die Schokolade weg. Es sei im Islam verboten, anderen Alkohol zu geben, machte er Mariam klar.

Gawargius verlässt nun doch für einen Moment seine Rolle als Mönch und sagt, was er, der Ägypter, darüber denkt.

»Es gibt bei den guten Fußballklubs keinen einzigen christlichen Fußballspieler.« Das habe nur einen Grund: »Die Muslime haben Angst, dass die Leute plötzlich einem Christen zujubeln.« So wie im Fußball sei es auch an den Universitäten, in Krankenhäusern, in der Politik; »die lassen uns nicht nach oben.« Der letzte Kopte, dem das gelang und der es sogar bis zum Generalsekretär der Vereinten Nationen brachte, war Boutros-Ghali in den Neunzigerjahren.

»In Ägypten hat jeder Lehrer den Drang, mit den Schülern über Religion zu reden, egal, ob er Mathematik oder Sport unterrichtet«, sagt Gawargius und wirkt nachdenklich. »Neulich ist sogar ein Kind zu mir gekommen und hat *Eissa* statt *Jasua* gesagt.« *Eissa* ist das muslimische Wort für Jesus, *Jasua* das christliche. In der Schule ist der Koran das Lehrbuch für Arabisch. Die Kinder müssen als Hausaufgaben Suren auswendig lernen, was Gawargius als reinste Provokation empfindet. »Oder nehmt ihr etwa auch Martin Luthers Bibelübersetzung, um den Schülern Deutsch beizubringen?«

»Religion«, sagt er, »wird in diesem Land für alles missbraucht.«

Religion kann die Menschen aber auch blind machen für das, was im Leben zählt. Das jedenfalls, was die Muslime den Christen vorwerfen und vor dem sie Angst haben, hätte aus westlicher Sicht wenig Potenzial, eine Gefahr für den Islam zu sein: Dass sie an drei Götter glauben – Vater, Sohn und den Heiligen Geist – und in der Kirche singen, was in Moscheen hingegen verboten ist. Bei den Kopten sitzen alle gemeinsam in einer Kirche, die Frauen rechts, die Männer links. Bei den Muslimen gibt es getrennte Räume.

»Sie werfen uns vor, dass wir fasten und die Bibel lesen, wenn wir unsere Tage haben«, sagt Mariam. Und dass die Christen

Wein trinken, natürlich, und die Frauen Schmuck tragen. Wenn Kopten jemandem Frieden wünschen wollen, dann heißt das auf Arabisch *kabbilu baadakum bad,* wörtlich so viel wie: Küsst euch gegenseitig. »Die Muslime erzählen deshalb, dass wir in der Kirche schmusen«, sagt Mariam. »Dabei küssen wir nur die Hand aus Respekt, Frau zu Frau, Mann zu Mann.«

Seit der Revolution ist das Klima noch mehr vergiftet. Zwar hatte auch das Regime Mubarak die Kopten jahrzehntelang unterdrückt und ihnen das Leben schwer gemacht. Doch beteuerte der Präsident, offiziell zumindest, die Christen zu beschützen – und griff meist in letzter Sekunde persönlich ein, bevor der Ärger eskalierte.

Mubarak ist jetzt weg, und bei den ersten Wahlen im November 2011 haben sich die Ägypter fast an den Rand eines islamischen Gottesstaates gewählt. Wenn das über ihr Land käme, was von vielen Muslimen gefordert wird, das Regelwerk der islamischen Scharia, Wort für Wort umgesetzt, dann wären die Kopten tatsächlich Menschen zweiter Klasse.

»Viele meiner Freunde versuchen, nach Kanada oder Europa auszuwandern«, erzählt Mariam. Doch das falle den meisten sehr schwer, denn es trenne die Familie. »Die müssen sagen, dass ihr Leben im eigenen Land bedroht ist, damit der Antrag durchgeht«, sagt sie. »Es gibt dann kein Zurück mehr, die dürfen nicht mehr nach Ägypten.«

Als Alternative bleibt nur die Selbsthilfe. Die Kopten verstehen ihre Kirche als eine soziale Bet- und Bußgesellschaft, wo jeder auf jeden schaut. Kopten haben koptische Putzfrauen, gehen zu koptischen Ärzten, kaufen bei koptischen Gemüsehändlern und schieben sich gegenseitig Jobs zu. Ein Muslim würde nur im äußersten Notfall einen Christen beschäftigen, und umgekehrt ist das genauso.

Wenn Mariam sagt, sie gehe zur Kirche, dann meint sie damit meistens nicht ein einzelnes, geweihtes Gotteshaus, sondern ein Areal. Das Gelände ihrer Kirchengemeinde in Alexandria gleicht einem funktionierenden Dorf. Es ist ein riesiger Komplex hinter hohen Mauern: mit Tiefgarage, einem Kiosk, Marktständen, an denen frisches Fleisch verkauft wird, einem Raum mit einem großen Fernseher, um gemeinsam Fußball zu gucken, mit einer Sporthalle und einem Zimmer für den Nachwuchs. Letzteres mit Computern, auf denen Ego-Shooter installiert sind.

»Wenn es ein Problem gibt, wenn ich Spaß haben will oder wenn mir einfach nur langweilig ist, dann gehe ich zur Kirche«, sagt Mariam. Es ist eine geistige wie physische Rundumversorgung von der Wiege bis zur Bahre. Auf manchen Kirchenarealen finden sich sogar ein Krankenhaus und ein Altersheim.

Doch ist es nicht einfach, diese Infrastruktur zu erhalten, geschweige denn zu erweitern. Denn die Politiker und Richter ziehen ein verstaubtes Gesetz aus dem Jahr 1856 zurate, das die Christen regelrecht einschnürt.

»Baut ein Muslim einen Gebetsraum ins Erdgeschoss, bekommt er in Ägypten die Steuern ermäßigt«, sagt Gawargius. »Ein Christ, der in seiner Kirche die Toilette erneuern möchte, muss den Bürgermeister um Erlaubnis fragen und bei größeren Bauvorhaben den Präsidenten.«

Diese würden regelmäßig abgelehnt, schließlich könne es »Muslime provozieren«, wie die offizielle Begründung oft lautet.

Als wir das Kloster am späten Nachmittag verlassen, rät uns Pater Gawargius noch, zum Denkmal zu gehen. Es ist eigentlich ein großer Sarg aus Stein, der etwas außerhalb der Klostermauern aufgestellt wurde. Hier liegen die dreiundzwanzig Opfer begraben, die beim Anschlag auf eine Kirche in Alexandria in der Silvesternacht 2010 getötet wurden.

Nachdem sich die Explosion herumgesprochen hatte, hörte Mariam in den Lautsprechern der Moscheen »*Allahu akbar*«, »Gott ist groß.«

»Mir soll noch ein Muslim sagen, der Islam führe zum Frieden«, sagt Mariam. »In Ägypten jedenfalls tut er es nicht.«

Kapitel

7

Kafr el-Scheich

كفر الشيخ

Über Kafr el-Scheich, eine weitgehend unbekannte Stadt im Nildelta, erzählen sich die Ägypter einen Witz. Ein Fremder kam einst dorthin und ging in die Moschee, um zu beten. Da er sehr fromm war, beförderten ihn die Gläubigen zum Imam, zum Vorbeter. Sie hörten ihm zu, was er in seinen Predigten über Gott und die Welt zu sagen hatte, und riefen mit ihm zwanzig Jahre lang den Allmächtigen an. Dann fragten sie ihn eines Tages: »Sag' mal, bist du eigentlich Muslim oder Christ?«

So hat Kafr el-Scheich den Ruf bekommen, die Stadt der Ungläubigen zu sein. Deshalb wird ihr Name gelegentlich dafür verwendet, um jemanden als *kafer* zu desavouieren, als Abtrünnigen Gottes, als Ungläubigen. Das wäre in Deutschland nicht weiter schlimm, doch hier, in der Kernzone des Nildeltas, wo die Religion wichtiger ist als Wasser und Brot zusammen, stufen die Mus-

lime einen *kafer* so ein wie einen Schwerverbrecher: hochgefähr-
lich und fies. Vom Satan getrieben. Sie würden solche Leute am
liebsten sofort aus dem Land verbannen oder, gemäß der strengen
Auslegung des islamischen Rechtes, sogar töten.

Ausgerechnet hier, in Kafr el-Scheich, ist aber auch ein Mann
geboren und aufgewachsen, der es wahrscheinlich nicht gern gehört hätte, wäre er als Ungläubiger bezeichnet worden: Mohammed Atta, gestorben am 11. September 2001 um 8.46 Uhr in New
York, als er mit einer Boeing 767 in den Nordturm des World
Trade Centers flog.

Nun muss Braunau am Inn auch nicht brauner sein als andere
Dörfer in Österreich, nur weil dort Adolf Hitler geboren wurde.
Deshalb möchte ich diese Stadt im Norden Ägyptens besuchen,
um herauszufinden, ob sie noch ein Ort für Ungläubige ist oder
doch mehr das, was ich vermute: ein Nest radikaler Islamisten.

Über Kafr el-Scheich ist jedenfalls wenig bekannt, und die
Ägypter fahren nur dann in diese Stadt, wenn es die Arbeit verlangt oder Verwandte sie dazu nötigen. Die Reiseführer überge-
hen gleich die gesamte Region, weil es hier nichts zu sehen gibt.
Selbst ägyptische Journalisten finden kaum etwas Berichtenswer-
tes. Und so hat es Kafr el-Scheich nur gelegentlich in die Schlag-
zeilen geschafft, etwa, als im Februar 2004 die ägyptische Polizei
fünf Einheimische festnahm, weil sie pharaonische Artefakte in
Kairo verkaufen wollten, eine kleine Statue, eine Tasse und eine
Steinplatte. Gesamtwert: fünftausend US-Dollar. Zwei Jahre später starben zwei Kleinkinder, weil sie mit einem toten Vogel gespielt hatten, der mit dem gefährlichen H5N1-Virus infiziert war,
der Vogelgrippe. Ansonsten passiert dort nicht viel, außer, dass
der Nil immerdar nach Norden fließt und eine Frau vor ein paar
Jahren Fünflinge gebar. Die Mutter, noch keine dreißig, hatte bereits vier Kinder und musste sich fortan um insgesamt neun kleine
Kinder kümmern, was im Nildelta wiederum nichts Ungewöhnli-
ches ist.

Kafr ist im Arabischen ein alter Begriff für ein kleines Dorf. Also heißt die Stadt: das Dorf des Scheichs. Genauso heißt auch die übergeordnete Provinz, die sich bis ans Mittelmeer zieht und in deren Fläche man die Insel Mallorca hineinpressen könnte. Fast drei Millionen Menschen leben in den elf Städten und den 1625 Dörfern und Dörfchen. Auf deren Feldern grasen, so hat das Landwirtschaftsministerium einmal erheben lassen, gezählte 292 619 Kühe, 254 628 Büffel, 6769 Zuchtbullen, 234 361 Schafe, 101 550 Ziegen und 1128 Kamele; es hoppeln 18 829 Hasen und gackern 16 661 673 Geflügeltiere. Und so sieht die Gegend im Norden Ägyptens auch aus – grün, ursprünglich und, ja, sogar richtig schön.

Ich bin mit dem Minibus auf dem Weg von Alexandria in die Stadt Kafr el-Scheich, hundertdreißig mühsame Kilometer in Richtung Südost in das Herz des Nildeltas. Von Mai bis August fällt hier kein einziger Tropfen Regen. Ab und zu sehe ich in der Ferne Schornsteine. Auf einem steht geschrieben, was die Einheimischen sowieso schon wissen: dass es nur einen Gott gibt. Auf den noch sehr ursprünglichen Wegen bringen die Bauern mit ihren Holzkarren die tägliche Ernte ein, die frisch gepflückte Baumwolle, Zuckerrüben und Mais. Die Böden sind sehr fruchtbar und schlammig. Vierzig Prozent der jährlichen ägyptischen Reisernte stammen aus dieser Provinz. Es gibt sogar lokale Trainingszentren, in denen die Bauern den richtigen Anbau von Reis erlernen.

Wir fahren an unverputzten Baracken vorbei, auf deren Dächern ein paar Dutzend Ziegel liegen und lange Eisenstäbe in die Luft ragen, wie man sie überall im Land sieht. Die ägyptischen Familienväter bauen ihre Häuschen mit Absicht so, denn so können sie diese schnell erweitern und zusätzlichen Wohnraum schaffen, falls es nötig wird. Die Bauten sind in der Regel ohnehin illegal hochgezogen, daher gibt man sich auch keine Mühe, es sich gemütlich und schön zu machen. Schließlich kann es jederzeit pas-

sieren, dass die Regierung das Anwesen mit einem Bagger wegräumen lässt.

Dass das gesamte Land im Stil einer Dauerbaustelle verunziert
wurde und selbst prächtige Villen vergammeln, geht zurück auf
die Politik der Sechzigerjahre, als Gamal Abd el-Nasser das Land
regierte. Der Sozialist wollte allen Mitbürgern ein bescheidenes,
aber vernünftiges Leben ermöglichen und ließ den Mietpreis fest-
schreiben: auf einem sehr niedrigen Niveau und gültig bis in alle
Ewigkeit. Deshalb zahlen viele Ägypter bis heute eine Monats-
miete, die weniger kostet als ein halbes Kilo Rindfleisch. Die Eigentümer bringt das in existenzielle Nöte, denn ihnen fehlt das
Geld für Wartung und Renovierung. Die Mieter hingegen sind
nicht aus dem Gebäude zu bekommen; es sei denn, Leib und Leben wären bedroht. So gibt es bis heute keinen funktionierenden Mietmarkt, weil niemand bereit ist, für eine rissige, morsche
Bleibe einen vernünftigen Preis zu bezahlen. Die Besitzer ziehen
es vor, ihre hübschen, alten Häuser verfallen zu lassen, damit sie
letztlich behördlich geräumt werden und Platz frei wird für ein
Hochhaus, das Rendite bringt.

Plötzlich höre ich einen Knall. Der Toyota-Bus, in dem ich sitze, zieht unkontrolliert scharf nach links, als wäre er von einem
Heckenschützen beschossen worden. Der Fahrer hält dagegen.
Der Wagen stellt sich quer, die Physik übernimmt, er wankt nach
links und rechts und kippt fast um.

»Allah!« ruft ein Mann von hinten; die Menschen danken dem
Allgütigen, dass er sie noch nicht abberufen hat. Der Fahrer steigt
aus und läuft um seinen Bus herum. Plötzlich flucht er fuchsteu-
felswild: »*Sift! Sift!*«, was wörtlich übersetzt Teer oder Asphalt
heißt. Asphalt ist hier also das, was für die Deutschen Scheiße ist.

Wir sind tatsächlich in einer beschissenen Lage: Wir haben
einen Platten hinten rechts. Das ist in Ägypten zwar nichts Un-
gewöhnliches, da die meisten Reifen dermaßen abgefahren sind,
dass beinahe die Felge durchblitzt. In solchen Fällen holt der Fah-

rer das Reserverad, und es geht spätestens nach zehn Minuten weiter. Nun stellt sich aber heraus, dass unser Fahrer keines dabei hat, weil er erst vor zwei Wochen eine Panne hatte und, so sagt er, noch kein Geld für einen neuen Reifen gefunden habe.

»Alle raus, alle raus!«, ruft er.

Die Ägypter im Bus sind außer sich und beschimpfen ihn. Sie fuchteln mit ihren Händen, ihre Adern pochen. Sie nennen ihn »Hundesohn« und »Hurensohn«, und *»beidan«* höre ich sie keifen, das arabische Wort für Eier, wobei sich Letzteres auf die zwei männlichen Drüsen im Hodensack bezieht, in denen die Samen produziert werden. Anders als im Deutschen ist das Wort Lügner die Ultima Ratio. Es ist so beleidigend, dass seine Verwendung nur dann anzuraten ist, wenn man sich den Fluchtweg schon vorher überlegt hat. Und dann gibt es noch das Schimpfwort Schuh. Schuhe haben in der arabischen Welt eine besonders negative Bedeutung: Sie stehen für Dreck. Kein Ägypter würde es wagen, eine fremde Wohnung mit Straßenschuhen zu betreten; es sei denn, er möchte den Gastgeber demütigen. Bei Demonstrationen stapfen aufgewühlte Menschen über israelische und amerikanische Fahnen, die auf dem Boden liegen. Manche ziehen sogar ihre Schuhe aus und halten sie in die Höhe, als Zeichen tiefer Verachtung. Besonders beliebt ist diese Form der Beleidigung, seit der damalige US-Präsident George W. Bush während einer Pressekonferenz mit einem Schuh beworfen wurde, und so tönt es eben auch hier, in Kafr el-Scheich: »Du Schuh! Du Sohn eines Schuhs!«

Alles Fluchen aber hilft nichts. Ich stehe etwas verloren am Straßenrand und schaue zu, wie gegenüber in einem Unterschlupf aus Stroh ein Fellache versucht, mit einem Stück Draht eine Antenne in einen Röhrenfernseher zu drehen, damit vielleicht aus dem Flimmern ein Bild wird. Eine dicke Frau sitzt auf dem Boden vor einer großen, kreisrunden Metallschale, in der sie rohen, weißen Käse knetet. Früher wusste man, dass man die Zivilisation verlassen hat, wenn es kein Cola mehr gibt. Heute ist man an der Peripherie der modernen Welt, wenn Google auf seinen Karten nur noch die Bahnstrecken anzeigt und vielleicht noch eine Hauptstraße, weil sich niemand für diesen Ort interessiert. In so einer Gegend bin ich jetzt laut meinem Handy gelandet: zehn Kilometer vor Kafr el-Scheich, meinem Ziel.

Ich habe Glück. Ab und zu verirrt sich ein Taxifahrer aus der Stadt in die Vororte. Der ist dann froh, dass er möglichst schnell wieder mit Kundschaft zurückfahren kann; und so auch hier. Ich winke einen weiß-gelben Lada zu mir. Taxis haben in Ägypten in jeder Stadt eine andere Farbe: in Kairo sind sie schwarz-weiß, in Alexandria gelb-schwarz und in Assuan weiß-dunkelblau.

Der Fahrer ist ein Mann, dessen braune, gegerbte Gesichtshaut dringend eine Antifaltencreme bräuchte. Der Anzahl der grauen Haare nach wäre er in Deutschland längst in Rente. Er stellt sich mit Mustafa vor und ist sehr nett, das sind die Menschen auf dem ägyptischen Land meistens. Mustafa spricht den einfachen Dialekt der Mechaniker und Bauern. Er fragt mich nach meiner Herkunft und will wissen, ob ich Muslim bin. Das macht jeder ägyptische Taxifahrer bei mir, denn ein Ausländer, der Arabisch spricht, macht sie neugierig. Ich erzähle ihm von der Panne.

»*Ja chabar iswed*«, sagt er bestürzt. »Welch schlechte Nachricht. Lass uns Gott danken, dass es gut ausging.«

Der Verkehr sei zu einem der übelsten Dinge in Ägypten geworden. »Ich muss mich den ganzen Tag konzentrieren. Ich habe immer Angst, dass ich jemanden anfahre oder mir jemand reinfährt.« Er schimpft über die jungen Leute: »Die sind aggressiv und nehmen Drogen.« Und über die waghalsigen Fahrer der *tunneja*. Das sind die winzigen Minibusse für sieben Personen, die so genannt werden, weil sich die Reisenden eingezwängt fühlen wie »Thunfisch in der Dose«, erklärt mir Mustafa. Ihm ist das alles fremd, die Hektik der Menschen, die vollgestopften Straßen, der Lärm allerorten. »Ich bin noch in einer Zeit aufgewachsen, in der

Respekt wichtiger als Geld war«, sagt er. »Da nahm man sich für eine Autofahrt noch Zeit.« Noch gut erinnert er sich an den Sommer 1977, als er nach seinem Job als Fahrer beim Militär schließlich Taxifahrer wurde. »Da gab es überall im Land Taxistationen, wo die Fahrer in einer Reihe standen. Die Fahrer kannte man sogar beim Namen.«

Über die Jahre habe die Gier die Menschen verdorben, sagt Mustafa. Er macht mir das System deutlich: Die Eigentümer der Minibusse verlangen von ihren Fahrern ein Fixum und außerdem drei Viertel der Einnahmen. »Deshalb fahren die Jungen so verrückt. Sie wollen möglichst viel Geld machen.« Den Taxifahrern ergeht es offenkundig nicht besser. Mustafa muss täglich elf Stunden arbeiten. Die erste Schicht dauert von zehn Uhr vormittags bis fünf Uhr nachmittags. Dann macht er Pause, geht heim essen und fährt noch mal von sieben Uhr bis elf Uhr nachts. Den Wagen mietet er von einer alten Witwe für achtzig ägyptische Pfund pro Tag, umgerechnet zehn Euro. »Die täglichen Einnahmen reichen gerade dafür aus, dass meine Frau und meine Kinder versorgt sind.«

Mustafa fährt einen Lada, Baujahr 1995, hinter dem Steuer liegt ein graues Schafsfell auf der Ablage, das den Staub schlucken soll. Der lange Schaltknüppel reicht über sein Knie, auf der Rückbank dringen die Drähte durch das Kunstleder. Der Wagen eiert ein bisschen.

»Die Besitzerin hat dieses Auto nie warten oder reparieren lassen«, sagt er. Nur das Blech lasse sie einmal pro Jahr frisch lackieren, damit die Rostkarre die jährliche Lizenz als Taxi bekomme.

Mustafa erzählt mir von seiner Kindheit, als er dem Vater auf dem Feld helfen musste und deshalb nie zur Schule ging. »Das, was ich für das Leben brauche, habe ich von ihm gelernt«, sagt er. »Ich habe keine Zertifikate oder Dokumente.«

Vor vierzig Jahren versuchte er es mit einer Arbeit in Saudi-Arabien, wie es viele seiner Landsleute taten, die mit Geld und Ansehen zurückkehrten. Doch es klappte nicht. Dann ging er nach Libyen und 1979 und 1980 in den Irak, wo der dortige Diktator Saddam Hussein einen blutigen Krieg gegen seinen Erzfeind Iran angezettelt hatte.

»Diese Länder haben uns Ägypter allesamt schlecht behandelt«, meint Mustafa. Die Iraker hätten ihm sogar vorgeworfen: »Du kommst, nimmst unser Geld, und wir kämpfen.«

Also ließ er sich in seiner Heimat im Nildelta nieder und baute ein Haus für seine Frau Salma und seine zwei Kinder. »So lange du abends nach Hause gehst, und es gibt Essen, ist alles gut«, sagt Mustafa. Ab und zu schicke ihm Gott einen guten Kunden. Das seien zwei Arten von Menschen: »Diejenigen, die die Schwierigkeiten des Lebens bereits selbst erfahren haben. Und jene Leute, die wissen, wie teuer die Wartung eines Autos ist.«

Immer wieder muss mein Taxifahrer seinen Lada auf Schrittgeschwindigkeit abbremsen. Denn wie überall im Nildelta gibt es auch hier Betonschwellen in den Straßen, damit niemand zu schnell fährt. Die Bewohner der Dörfer haben das eigenmächtig gemacht, damit die Kinder und das Vieh nicht überfahren werden. Sie sind nicht genormt, sondern mehr nach Gefühl gegossen, sodass Mustafa, auch wenn er noch so vorsichtig ist, immer mal wieder mit seiner Achse daran kratzt.

»Noch fünf Minuten, dann sind wir da«, verspricht er mir.

Wir fahren vorbei an riesigen, quadratischen Wohnhäusern, die in Windeseile hochgezogen wurden, es sind seelenlose und trostlose Gerippe. An einem Militärstützpunkt, der hermetisch abgeriegelt ist, und einem Kreisverkehr in der Nähe des Bahnhofs, in dessen Mitte ein Springbrunnen ist, der nicht funktioniert. Ich steige beim öffentlichen Krankenhaus aus, das in der Scharea el-Dustur liegt, der Straße der Verfassung. Krankenhäuser sehen in Ägypten immer so aus, dass man sie gar nicht erst betreten möchte, weil man schon am Zustand des Gebäudes ablesen kann, dass man am Ende kränker herauskommt, als man hineingegangen ist.

Gegenüber ist ein kleines Kaffeehaus für Männer, ein paar Holztische, weiße Plastikstühle und schmierige Kacheln an den Wänden. Zwei Männer sind außer sich und diskutieren lautstark.

»Seit zwei Wochen ist im Krankenhaus das einzige Ultraschallgerät kaputt«, sagt der jüngere. »*Fadiha!*«, brüllt er, ein Skandal. Ich lausche dem Gespräch. Der Mann braucht wohl dringend eine Untersuchung und ist heute in die Nachbarstadt gefahren, wo die dortigen Ärzte den dreifachen Preis von ihm wollten, weil sie wussten, dass das Gerät in Kafr el-Scheich defekt ist.

»Das Land funktioniert noch genauso wie unter Mubarak«, stimmt ihm der andere Mann zu. »Da kriegt der Direktor im Krankenhaus Geld, damit er es ja nicht zu schnell reparieren lässt.«

Ich mische mich ein und frage, ob es denn keine anderen Krankenhäuser in der Stadt gebe.

»Doch, aber die sind alle privat«, sagt der jüngere Mann. »Ich kann mir das nicht leisten.« Die staatlichen Krankenhäuser hingegen seien für ihn umsonst, denn er arbeite als Beamter in der Verwaltung.

»Was machst du denn eigentlich hier?«, fragt er neugierig.

»Tourist«, antworte ich.

An ihren Augen kann ich ablesen, dass sie es nicht zusammenbringen, was ein Ausländer, der Arabisch spricht, ausgerechnet in ihrer Stadt will.

Ich traue mich nicht, sie direkt nach dem Terrorpiloten zu fragen. Auch nach der Revolution lauern die Mitarbeiter des Geheimdienstes noch immer in jeder Gasse und mögen es nicht gern, wenn man herumfragt. Ich erzähle ihnen, dass ich gehört habe, dass »Ägyptens Gehirn« einige Jahre lang hier gewohnt hat. Ahmed Suweil, der Mann mit dem sehr ägyptischen Schnurrbart und den runden Backen, der Nationalheld Ägyptens, der im Jahr 1999 den Nobelpreis für Chemie erhalten hat.

»Nicht hier, der war in der Nachbarstadt Dasuk«, sagt mir einer der Männer.

»Aber Mohammed Atta, der kommt aus Kafr el-Scheich«, werfe ich unvermittelt ein.

»Wer ist das?«, fragen beide zurück. Den Namen hätten sie noch nie gehört. »Was soll der arbeiten?«

»Er ist ein Pilot«, antworte ich diplomatisch.

»Piloten gibt es hier nicht, das wüssten wir.«

Mohammed Atta, der Terrorist, wurde am 1. September 1968 in Kafr el-Scheich als Jüngstes von drei Geschwistern geboren. Sein strenger Vater entstammte einer bescheidenen, hart arbeitenden Familie, die auf den Feldern ackerte, so lange wie es Tageslicht gab. Mohammeds Vater aber schaffte es, auszuscheren und studierte sich zum Rechtsanwalt hoch. Seine Mutter tat das, was ihr der Koran auferlegte, blieb zu Hause, erzog die Kinder und kochte. Im Sommer fuhr der kleine Mohammed mit den Eltern und seinen zwei Geschwistern, Munna und Assa, nach Alexandria in die Ferien. Er war ein ruhiges, braves Kind. Las lieber ein Buch, als mit den anderen Fußball zu spielen und ging freitags mit dem Vater in die Moschee, wie es wohlerzogene Jungen in Ägypten tun. Seine Eltern nannten ihn Bolbol, das arabische Wort für Nachtigall.

Es waren turbulente Zeiten damals. Die Sowjetunion überfiel die Tschechoslowakei, Studenten in Europa rebellierten gegen den Nachkriegsmief, in Washington wurde gegen den Vietnamkrieg demonstriert. In Ägypten litt Präsident Gamal Abd el-Nasser unter der Niederlage gegen Israel im Sechstagekrieg, das Selbstbewusstsein der Nation war angekratzt und der Präsident gesundheitlich angeschlagen. Im September 1970, in seinem zweiundfünfzigsten Lebensjahr, starb er an den Folgen eines Herzinfarkts. An dem Begräbnis sollen mehr als fünf Millionen Menschen teilgenommen haben. Mohammed Attas Vater legte derweil jedes übrige Geld beiseite, bis er genug zusammen hatte und 1978 mit seiner Familie nach Kairo ziehen konnte, nach Abden, in die Nähe des Präsidentenpalasts.

Ich bezahle die Rechnung für zwei Gläser Tee, insgesamt vier Pfund, und möchte mir die Stadt näher anschauen. Ich laufe an einem haushohen Drahtgestell vorbei, auf dem in weißen Buchstaben »Willkommen in Kafr el-Scheich« steht, auf Arabisch und, etwas verwunderlich, auch auf Englisch. In einem eingemauerten Park mit großen Eingangstoren, dem Sanaa-Garten, ballt sich so ziemlich die gesamte Infrastruktur der Stadt: Kino, Kindergarten, ein Zoo, die Bibliothek und das einzige Hotel der Stadt. Sonst gibt es hier nur noch etwas zu bestaunen: 273 staatliche Moscheen.

Seit der Revolution im Januar 2011 streiten sich Muslimbrüder und Salafisten darüber, wer die Macht in der Stadt hat. Das geht im Nildelta so, dass man nicht um Wählerstimmen oder Gebiete kämpft, sondern um Moscheen. Denn wer die beherrscht, regiert das Volk. Sobald eine neue Moschee eröffnet hat, schicken die Salafisten und die Muslimbrüder ihre eigenen Leute hin, um den Prediger vor dem Freitagsgebet aufzuhalten und ihn durch einen der ihren zu ersetzen. Es sind fast schon mafiöse Strukturen, denn wer einen neuen Laden aufmachen möchte oder sich länger in der Stadt aufhält, muss zum lokalen Scheich – zum Vorsprechen. Dieser herrscht in Gegenden wie diesen über die Imame der Moscheen, klärt juristische Probleme nach islamischem Recht und diktiert, was gut ist für die Menschen. Man könnte auch sagen: Er regiert. Die Polizei hat im Nildelta schon lange keine Befehlsgewalt mehr. Die Salafisten sollen bereits eine Religionspolizei nach saudischem Vorbild aufgebaut haben. Im Oktober 2012 verteilten sie jedenfalls Flugzettel, auf denen eine Warnung geschrieben war: »Wir werden Gewalt gegen all jene anwenden, die unseren Instruktionen nicht Folge leisten.«

Ich habe das Gefühl, dass der Witz, den sich die Ägypter über Kafr el-Scheich erzählen, vielleicht nicht mehr ganz passend ist. Bei den Parlamentswahlen nach der Revolution wählten 99 Prozent der Menschen die Salafisten und 30 Prozent stimmten für die Muslimbrüder. Da bleibt nicht viel übrig für Ungläubige.

Der Normalbürger ist hier also ein Fundamentalist. Nicht wenige Prediger sind in dieser Provinz aufgewachsen, wie Abu Ishak el-Huweini, der aus der Gegend um Kafr el-Scheich stammt. Der Mann mit dem schmalen Gesicht, den schmalen Lippen und dem langen, grauen Rauschebart tritt regelmäßig in den ägyptischen TV-Sendern der Salafisten auf. Besonders viel Aufsehen erhielt er, als er das Gesicht einer Frau mit einer Vagina verglich und damit die Notwendigkeit der Verschleierung begründete. Er ruft gelegentlich zum Dschihad auf und ist überzeugt, dass Muslime die Ungläubigen als Sklaven halten dürfen und dass jeder, der den Propheten beleidigt, getötet werden muss – auch dann, wenn er sich dafür entschuldigt. Seine Anhänger nennen ihn den »Löwen der Sunna«, des Kompendiums der überlieferten Worte und Taten des Propheten, die den Gläubigen als Richtschnur für die korrekte, muslimische Lebensweise gilt. In Deutschland wird so jemand wie er Hassprediger genannt.

Dort war er sogar auch schon, zum Predigen. Jedenfalls taucht sein Name in Berichten des deutschen Verfassungsschutzes auf. Im Mai und Juni 2010 soll er bei sechs Großveranstaltungen vor jeweils tausend Leuten aufgetreten sein. Im Mai 2012 kam der nunmehr fünfundfünfzigjährige Mann noch einmal nach Deutschland, dieses Mal aber aus privaten Gründen. Er ist Diabetiker und war gesundheitlich in großer Sorge: Sein linkes Bein musste amputiert werden.

In den Dörfern, die an Kafr el-Scheich grenzen, gibt Abu Ishak el-Huweini spezielle Privatkurse, die mit einem Empfehlungsschreiben auch von ausländischen Studenten besucht werden können. Ich hatte einmal einen jungen Salafisten aus London in meinem Arabischkurs, der an so einer Schulung teilgenommen hatte. Er schwärmte uns vor, wie er mit seinen Brüdern auf dem Boden der Moschee gesessen und stundenlang dem *muallim*, dem

obersten Gelehrten und Meister, zugehört habe. »Das war wie zu
Zeiten des Propheten«, sagte er, »das war ein wunderbares Gefühl.«

So ein Gefühl empfinde ich in Kafr el-Scheich jedenfalls nicht.
Die Stadt tut auch wirklich nichts dafür, dass sie gefällt. Ich spaziere weiter durch die Straßen und komme an einem Laden vorbei, in dem man in Salz eingelegten Hering kaufen kann, den
fasich, den die Ägypter zum Frühlingsfest essen. Kafr el-Scheich
ist einer der Hauptproduzenten dieser Fische, die eine regelrechte Herausforderung für den Magen eines Ausländers sind. Ich betrete das Geschäft und unterhalte mich mit Sehad, dem Besitzer,
über den Fisch. Dann versuche ich es noch einmal. Ich frage nach
Mohammed Atta. Er kann mit dem Namen nichts anfangen, wie
vermutlich die meisten hier. In Ägypten heißt jeder zweite Mann
Mohammed, und Atta ist ein Allerweltsname. Er bedeutet Gabe
oder Geschenk.

Also reden wir über die Stimmung in der Stadt. »Die Islamisten machen Ärger«, sagt Sehad erregt. »Die spielen sich auf, ich
sag' dir, schlimmer als das Mubarak-Regime sind die.« Das seien
Nazis. Er erzählt mir von dem Ärger, den es neulich gab. Ein paar
junge Aktivisten hätten den Bürgermeister bei einer öffentlichen
Rede gestört und ausgepfiffen, am 4. November 2012, dem Feiertag Kafr el-Scheichs, an dem jährlich daran erinnert wird, dass die
Franzosen 1956 endgültig aus dem Land vertrieben wurden. »Der
Bürgermeister befahl daraufhin, ein Rudel scharfer, abgerichteter
Hunde auf die jungen Leute loszulassen«, sagt er. Fast ein Dut-
zend Aktivisten seien verletzt worden.

Ich möchte von ihm wissen, wie der Bürgermeister heißt.

»Saad el-Husseini, aber pass' auf, der Mann ist gefährlich«, sagt
Sehad. Der Bürgermeister vertrete die Rechtsmeinung, dass Frau-
en und Christen nicht Präsident werden dürfen. »Der hat ein Di-
plom in der islamischen Scharia und ist Mitglied im Führungsstab
der Muslimbrüder.«

Dass der Besitzer des Ladens mir das so offen erzählt, macht mich neugierig. Er ist kein Muslimbruder, das ist klar geworden, und auch kein Salafist, denn dafür sieht er zu nett aus und lacht zu oft. Er trägt einen Schnurrbart und keinen Bart, und die dunkle Baumwollhose streift fast den Boden. Ein Gebetsmal kann ich auch nicht erkennen. Das kann kein Fundamentalist sein.

»Warum also haben diese jungen Aktivisten den Bürgermeister stören wollen?«, frage ich.

»Wir sind Sozialisten«, antwortet er.

Er zeigt auf das Plakat eines nicht mehr ganz jungen Mannes, das in seinem Laden hängt, und den er unterstützt: Hamdin Sabahi. Der sei ein Nasserist, ein guter Mann, ein Mann des einfachen Volkes. Hamdin Sabahi stammt aus der Region und ist in armen Verhältnissen aufgewachsen. Später arbeitete er als Fischer. Nach der Revolution stieg der überzeugte Sozialist in die Politik ein und gründete die Partei Die Würde. Er ist wohl so etwas wie der Che Guevara Ägyptens.

Dass es in Kafr el-Scheich überhaupt Anhänger der Sozialisten gibt, überrascht mich. Denn die haben nach wie vor mit dem wohl schlimmsten Vorurteil überhaupt zu kämpfen: ungläubig zu sein.

»Das ist doch alles alte Propaganda!«, fährt mich Sehad an. Auch er sei ein gläubiger Muslim: »Aber ich halte nichts von islamischem Fundamentalismus.« Kafr el-Scheich sei früher, in den Siebziger- und Achtzigerjahren, ein Hort des linken Widerstands gewesen, gegen das Regime. Er erinnert sich noch an die Ereignisse im August 1983, als der Geheimdienst mehr als ein Dutzend Männer festnehmen ließ. »Denen ist vorgeworfen worden, das Regime von Mubarak stürzen zu wollen. Kannst du dir das vorstellen, das war zwanzig Jahre vor der Revolution.«

In einer offiziellen Verlautbarung wurden die Männer als Mitglieder einer »linksgerichteten terroristischen Organisation« bezeichnet, die sich auf »bewaffnete Operationen« vorbereitet hätten. Die Behörden fanden angeblich Waffen, Dynamit, Funkgeräte, Flugblätter und Anleitungen zum Bombenbau. Die staatliche Tageszeitung Al-Achbar kritisierte, man solle nicht verschweigen, dass es sich um Kommunisten handele.

Leute wie der Ladenbesitzer machen die Stadt ein bisschen sympathischer.

»Die Menschen hier haben noch kein Vertrauen in die Demokratie«, sagt er. »Das hat man ja bei den Wahlen gesehen.«

Sehads Schilderungen jedenfalls legen das nahe. Zuerst hatte wohl kaum jemand Lust, wählen zu gehen, weil die Bauern auf ihren Äckern und Feldern Wichtigeres zu tun hatten. Dann mobilisierten die Muslimbrüder ihre Mitglieder und schickten sie zu den Wahllokalen, um den Wählern Hilfe beim Ausfüllen des Zettels anzubieten.

»Die war natürlich keine, sondern schon eher ein fieser Trick, um ihrem Kandidaten zu Stimmen zu verhelfen. Die Hälfte der Leute hier kann doch noch immer nicht lesen und schreiben«, sagt Sehad.

Das alarmierte wiederum die Salafisten. Die strömten herbei und fingen prompt eine Rangelei an. »Für alle überraschend hat dann aber Hamdin Sabahi in unserem Wahlbezirk in der ersten Runde zwei Drittel der Stimmen geholt.« Er wurde demnach auch von vielen Religiösen gewählt. »Auch wenn wir uns im Alltag bekriegen«, sagt Sehad, »wir wollen am Ende doch, dass es einer von uns wird. Wir teilen doch alle die gleichen Probleme.« Landesweit hatte Hamdin Sabahi jedoch keine Chance und verfehlte als Drittplatzierter die Stichwahl.

Es gibt hier nichts mehr zu sehen für mich, kein Hotel, kein vernünftiges Café, kaum Musik, überall Bärte und zu viele Moscheen. In einer Stadt, die von Hasspredigern beherrscht wird, die sich mit Muslimbrüdern, Bauern, Sozialisten und Geheimdienstleuten streiten, in der ein Bürgermeister regiert, der Hunde auf Menschen loslässt, da sollten sich Ausländer, so lehrt die Erfahrung in Ägypten, nicht zu lange aufhalten.

Abends im Minibus, auf dem Weg zurück nach Alexandria, verabschiedet mich ein Straßenschild mit »Gottes Segen«. Nach einer Stunde ist mir übel, weil der junge Fahrer mit vollem Karacho durch die Dörfer rast und vor den Betonschwellen immer wieder abrupt abbremst. Die anderen Passagiere nervt das auch, und so bitten sie den Fahrer, etwas langsamer zu fahren.

»Was ist das Problem?«, giftet er. In diesem Land funktioniere nichts mehr, die Straßen seien kaputter denn je. Der Preis für Lebensmittel würde ständig steigen und der Wert des Lebens ständig sinken. »*Bi ruchs el-Turab*«, »den Preis von Staub«, das sei ein Menschenleben noch wert in diesem Land.

»Ich jedoch, Mohammed Mustafa el-Sajed, Präsident dieses kleinen Minibusses, kann dafür nichts«, sagt er – und rast weiter.

Kapitel

8

Schubra Kas

شبرا قاص

Wir haben bis jetzt für drei störrische Esel, eine Horde Schafe und einen alten Holzkarren angehalten, auf dem ein alter Mann mit einem Turban saß, der drei riesige Ballen Baumwolle auf seinem Anhänger transportierte. Es ist dreizehn Uhr, die Sonne brennt erbärmlich vom Himmel, und in einen Kanal des Nils pisst und scheißt seelenruhig eine Kuh. Daneben müht sich eine Benzinpumpe ab, das Wasser in ein Gemüsefeld zu befördern. Schwer vorstellbar, dass diese Brühe tatsächlich einmal in meinen Tomaten stecken wird.

Die alte, 225 Kilometer lange Straße von Alexandria nach Kairo, auf der wir unterwegs sind, schlängelt sich wie eine Krampfader durch die Dörfer des Nildeltas. Sie führt zur Ursprünglichkeit des menschlichen Lebens zurück. Die Menschen hausen unter selbst gedeckten Dächern aus Stroh. In großen Lehmhäusern, die ausse-

hen wie bunt bemalte Ostereier, züchten sie Tauben, die in Ägypten als Delikatesse gelten. Auf den Wiesen blöken, schnattern und
wiehern Tiere. Dass man an die Zitzen ihrer Kühe elektrische Va-
kuumpumpen klemmt, die den Euter leer saugen, ist für die Land-
wirte des Nildeltas so verrückt wie ein Flug zum Mond. In diesen
Landen arbeiten die Fellachen noch wie unsere Urgroßväter anno
dazumal, weshalb ihre Hände groß wie Teller sind und ihre Finger
den Umfang einer Kalbsleberwurst haben. An lila Kühe glauben
die Kinder hier mit Sicherheit nicht. Die meisten machen noch
in die Hose, wenn sie dem Vater zum ersten Mal beim Schächten
und Schlachten eines Rindes tatkräftig helfen.

  Die Straße heißt übersetzt »Landwirtschaftlicher Weg«, was
nicht nur treffend beschreibt, was es hier zu sehen gibt, sondern
sie auch zu einer der gefährlichsten Straßen des Landes macht.
Hier prallen regelmäßig Stoßdämpfer auf Schlagloch, Mensch
auf Tier, und am Ende gibt es eigentlich immer nur Verlierer. Ich
sitze in einem Minibus und bin unterwegs mit Abdallah, einem
Freund aus Alexandria, der Geld gesammelt hat für einen Mann,
den er alle paar Monate besucht und der durch harte Prüfungen
des Lebens gehen musste: Samy al-Laithy, Doktor der Ökonomie,
geboren am 28. Oktober 1956, alleinstehend, mittellos und von der
Hüfte abwärts gelähmt. Der US-Geheimdienst ließ Dr. Samy im
Dezember 2001 in Guantanamo Bay internieren, dem Folterknast
auf Kuba, weil die Amerikaner überzeugt waren, er wäre ein Terrorist. Fast vier qualvolle Jahre später hieß es dann in einer offiziellen Erklärung, dass er doch eher das ist, was er von sich immer behauptet hat: Ein Englischlehrer, der sich für Demokratie
einsetzt. Der Häftling Nummer 287 sei deshalb unschuldig und
werde nicht mehr als Feind der US-Armee eingestuft. Mit einem
Flugzeug schickten sie den mittlerweile schwerbehinderten Mann
anschließend dahin zurück, woher er stammt: nach Schubra Kas.

  Das Dorf liegt gut dreißig Kilometer südöstlich von Tanta,
der größten Stadt der Provinz el-Gharbija, wobei niemand genau

sagen kann, wie viele Menschen dort leben; Schätzungen gehen von 429 000 Personen aus. Tanta liegt am Nil und hat zwei Superlative zu bieten: die landesweit besten Süßigkeiten aus Erdnüssen und Honig sowie die höchste Hepatitis-C-Rate Ägyptens. Das Letztere ist besonders bitter in einem Land, in dem das Virus, das sich in der Leber einnistet und sie allmählich zerstört, sich wie ein Schnupfen von Nord bis Süd übertragen hat und Ägypten damit den weltweiten Spitzenplatz beschert. Das liegt daran, dass in Krankenhäusern die Spritzen mehrfach verwendet wurden und Friseure bis heute ihr Bartmesser nicht desinfizieren, sondern nur kurz unters Wasser halten.

Außerdem ist Tanta ein Pilgerort für die Anhänger des Sufismus, des mystischen Islam mit seinen tanzenden Derwischen und seiner geheimnisvollen, beruhigenden Musik. Jedes Jahr im Herbst pilgern bis zu zwei Millionen Menschen in die Stadt, um dem Ortsheiligen al-Badawi zu huldigen. Der marokkanische Prediger gründete hier im 13. Jahrhundert, als er auf der Rückreise vom Hadsch kurz haltmachte, einen Sufi-Orden. Sufis und Salafisten können sich nicht ausstehen. Es ist ein bisschen wie guter Bulle, böser Bulle, denn die Sufis tanzen und singen, was die Fundamentalisten gern landesweit auf den Index setzen würden.

Wir steigen in Tanta aus und nehmen ein Tuk-Tuk nach Schubra Kas. Arabische Popmusik dröhnt aus dem völlig übersteuerten Lautsprecher, den das vorlaute Milchgesicht am Steuer an die Hupe gedrahtet hat. Das Verbot der Kinderarbeit hat diese Region noch nicht erreicht. Der Auspuff qualmt und stinkt nach einem Benzin-Öl-Gemisch. Wir fahren im Jogging-Tempo an Bahngleisen vorbei und werden von einer schweren Diesellokomotive überholt. Die angekuppelten Waggons werden nur noch von Rost zusammengehalten, die Türen wurden herausgerissen, das Glas in den Fenstern ist zerschlagen. Der Zug ist ein Symbol für den Zustand des Landes. Er schleppt sich regelrecht

durch diese gestrige Gegend und pustet eine schwarze Wolke in
die Luft. Wir nähern uns ein paar Häusern.

»Siehst du den Mann da vorn im Rollstuhl, der am Straßenrand
steht?«, fragt mich Abdallah. »Das ist Dr. Samy.«

Behinderte Menschen sieht man in Ägypten äußerst selten.
Ihr Handicap, geistig oder körperlich, wird bis heute als eine
Strafe Gottes angesehen. Von ihren Eltern werden sie deshalb im
Keller weggesperrt, aus Angst vor dem Gerede der Leute. Darüber hinaus ist es vermutlich einfacher, sich mit einem Rollstuhl
auf einen Berg zu wuchten, als in Kairo, diesem Moloch mit seinen Abermillionen an Schlaglöchern, den viel zu hohen Bordstei-
nen und den kaputten Verkehrsampeln, eine gewöhnliche Straße
zu überqueren. Dr. Samy trägt eine weiße *galabeja,* das arabische
Männergewand, das wie ein langes Kleid vom Hals bis zu den
Fußknöcheln reicht. Sein längliches Gesicht ist faltig und mager,
was die Brille auf seiner Nase etwas kaschiert.

»Wer bist du?«, fragt mich der Mann auf Arabisch.

Er bekomme fast nie Besuch, aber sein Haus stehe jedem Gast
offen. Er bugsiert seinen Rollstuhl durch den zähen, lehmigen
Dreck, was ihm große Mühe bereitet, und zieht sich anschließend
über eine Rampe hoch zum Eingang. Wir stehen unter dem Vor-
dach aus Holz, das von Säulen getragen wird. Ein herrschaftliches
Anwesen muss dieses Haus einmal gewesen sein, mit seinen zwei
Stockwerken, die über eine Holztreppe verbunden sind. Heute
nässt es Schimmel und Dreck aus den Wänden, und an den wenigen
Tagen im Winter, wenn es in dieser staubigen Gegend regnet, tropft
das Wasser bis ins Wohnzimmer. Das Dach fault vor sich hin. Früher arbeitete hier ein Rechtsanwalt, wie ich auf einem Schild lese,
das verblichen und verstaubt neben der Eingangstür hängt.

»Mein verstorbener Vater«, sagt Dr. Samy, »Gott erbarme sich
seiner.«

In dem Raum, in dem früher Klienten empfangen wurden, brö-
ckelt der Putz von den Wänden, an der Decke surrt eine Neon-

röhre, die ihr kaltes Licht in den Raum gießt. Die Ledersessel sind abgewetzt, über der Tür hängt ein goldfarbener, handgeschriebener Vers aus dem Koran in einem Bilderrahmen aus Plastik.

Seine Schwägerin serviert auf einem silbernen Tablett schwarzen Tee mit Zucker. Sie kümmert sich um Dr. Samy und seine steinalte Mutter, die das Bett nicht mehr verlassen kann. Er entschuldigt sich. Er könne kein Essen auftischen, da er vergessen habe, welches zu bestellen. Er sei Vegetarier und brauche deshalb kein Fleisch. Gemüse könne er einem Gast nun ja wirklich nicht zumuten.

»In Wahrheit hat er kein Geld und schämt sich dafür«, murmelt mir Abdallah ins Ohr und holt aus einer Tüte das, was ihm seine Mutter in Alufolie eingepackt hat: orientalischen Reis mit Nüssen und Rosinen, Salate und eine frühmorgens gefischte Großkopfmeeräsche, mit Tomaten und Zwiebeln mariniert, die noch einmal für fünfzehn Minuten in den Ofen muss. Dr. Samys Hände zittern vor Hunger, alle fünf Minuten ruft er zu seiner Schwägerin in die Küche, ob es denn schon fertig sei.

»Möge Allah dich und deine Mutter reichlich belohnen«, sagt er zu Abdallah.

Der Mann, der vor mir sitzt, mit seinem frisch rasierten Gesicht, den kurz geschnittenen, angegrauten Haaren und den gepflegten Lehrerhänden, sieht nun wirklich nicht aus wie jemand, der jungen Mädchen die Schule abfackelt. Er spricht in reinstem, blumigem Hocharabisch. Seine sonst blassen, müden Augen strahlen. Dr. Samy bittet seine Schwägerin, sie möge noch einmal Tee bringen, obwohl mein Glas noch halb voll ist. Er ist aufgeregt. Er tut alles, damit wir nicht gehen.

»Erzähl' mir von dem Ort, aus dem du kommst«, bittet mich Dr. Samy.

Als ich ihm mein Dorf beschreibe, hoch in den Bergen Österreichs gelegen, ist er entzückt. Es gebe zwei Arten von Menschen, die besondere Eigenschaften hätten: die *ahl al-Sahara,* die in der

Wüste leben, und die *ahl al-Dschibaal,* die Menschen der Berge.
»Ich spüre an deinen Erzählungen, dass du zu den *al-Dschibaal*-
Menschen gehörst«, sagt er und gerät regelrecht ins Schwärmen:
»Ich habe die Berge immer geliebt und werde die Zeit nie verges-
sen, die ich im Grenzgebiet zwischen Pakistan und Afghanistan
verbracht habe, wo selbst die kleineren Berge mächtiger sind als
die höchsten Bergspitzen der Alpen und die Menschen es mit der
Gastfreundschaft noch ernst nehmen.«

Es war kurz vor seinem dreißigsten Geburtstag, als seine zwei
Jahrzehnte dauernde Odyssee begann, die ihn von einem kleinen
Dorf im Nildelta in das brandgefährliche Pakistan führte und weiter in die archaischen, vom Krieg zerstörten Dörfer Afghanistans.
Die ihn auf die andere Seite des Globus brachte, nach Kuba, wo
sein Leben zerstört wurde, und letztlich wieder dahin zurück, wo
er herkommt: Schubra Kas.

Begonnen hatte seine Reise im Sommer des Jahres 1986. Dr.
Samy fand einen Brief aus Pakistan in seinem Briefkasten. Es war
ein aufgeregtes Schreiben seiner Schwester, die ihn um Hilfe bat.
Es ging ihr gesundheitlich nicht gut. Sie war vor Jahren mit ihrem Mann nach Islamabad gezogen, der Hauptstadt Pakistans,
da er ein gut dotiertes Stipendium von seiner Universität bekommen hatte, um dort zu forschen und zu lehren. Das Geld für das
Ticket bekam Dr. Samy von seinem Schwager geschenkt. Damals
zogen viele Ägypter und Araber in diese Region in Südasien, um
gemeinsam mit ihren Glaubensbrüdern in Afghanistan gegen die
Sowjetunion zu kämpfen. Die Waffen und das Geld dazu erhielten die islamischen Gotteskrieger von den amerikanischen Ge-
heimdiensten, die damit der kränkelnden, russischen Supermacht
einen weiteren Sargnagel ins Gebälk hämmern wollten.

Dr. Samy hingegen, der kalte wie göttliche Kriege entschie-
den ablehnt, kümmerte sich um seine Schwester, schrieb sich an
der Universität ein und saß begeistert in den Vorlesungen seines Ökonomieprofessors. Nach seiner Promotion arbeitete er als

Lehrer für Englisch und Arabisch. Lobte in seinen Vorträgen die Vorzüge der Demokratie, pries die Freiheit des Westens und kritisierte lautstark, was in Ägypten politisch schief lief.

Viertausend Kilometer fern des Mubarak-Regimes, das in seiner Heimat ordentlich in Fahrt gekommen war, fühlte er sich auf sicherem Boden. Im Herbst des Jahres 1996, an einem Mittwochvormittag, ging er zur ägyptischen Botschaft, um einen neuen Reisepass zu beantragen.

»Dort wurden alle meine Dokumente eingezogen«, erzählt Dr. Samy. Man ließ ihm ausrichten, er bekomme keinen neuen Pass mehr. Der Arabischen Republik Ägypten habe er »großen Schaden« zugefügt. Deshalb verdiene er es nicht mehr, ein Bürger Ägyptens zu sein. »Wie ein Schuss ins Herz ist das für mich gewesen«, sagt Dr. Samy. »Als hätte mir jemand mein Leben, meine Träume und meinen Stolz mit bloßen Händen aus dem Leib gerissen.«

Der angesehene Lehrer war von nun an ein Staatenloser, ein Verdammter dieser Welt in einem verdammten Land, das nicht zur Ruhe kommen will. Der Lehrer sah in seiner Notlage keinen anderen Ausweg, als ins Nachbarland zu fliehen: nach Afghanistan. Deutlicher will er nicht werden.

»Darf ich mich entschuldigen?«, fragt Dr. Samy.

Er möchte beten. Es ist 16.36 Uhr an diesem Sonntag im August, die Luft flimmert, und diejenigen, die jetzt draußen in der unbarmherzigen Sonne zu Fuß gehen, sehen einen Schatten, der länger ist als sie selbst. Es ist das Zeichen, dass die Zeit gekommen ist für das dritte Gebet des Tages, das *asr.* Dr. Samy braucht täglich Hilfe bei der rituellen Waschung, besonders bei der Reinigung der Füße, ohne die seine Lobpreisungen nichtig wären.

»Für einen Mann aus einem ägyptischen Dorf ist es eine Demütigung, dass ihn eine Frau täglich ausziehen und waschen muss«, erklärt mir Abdallah.

In diesen Breiten sind die Rollen noch klar verteilt. Der Mann ist der Ernährer und die Frau eine Koch- und Gebärmaschine. Gleichberechtigung mag es vielleicht im Paradies geben. Nicht jedoch in Schubra Kas.

Als Dr. Samy nach einer halben Stunde zurückkommt, fragt er mich, ob ich denn schon einmal ein paar Verse im Koran gelesen habe. »Die Christen sind unsere nächsten Verwandten«, sagt er. Arabisch zu sprechen, die Sprache des Propheten Mohammeds, sei eine edle Gabe, die mit einem Auftrag verbunden sei: der Suche nach der Wahrheit. Er doziert über die Qualen des Teufels, die Wahl zwischen *dschanna* und *dschahannam,* Paradies und Hölle. Er zitiert aus der Sure Der Vergebende: »Diejenigen, welche das Buch und das, womit Wir Unsere Gesandten entsandten, leugnen, bald schon werden sie es erfahren. Wenn sie um ihren Nacken Ketten und Fesseln tragen und sie geschleift werden. In das siedende Wasser und dann in das Feuer geworfen werden.«

Dr. Samys Mahnbrief an mein Gewissen geht noch weiter: »Der Tag wird kommen, mein geschätzter Bruder, an dem Allah dich fragen wird, warum du seine Botschaft ignoriert hast.«

Es sind Sätze wie diese, die in Ägypten zum allgemeinen Sprachgebrauch gehören und die auf der anderen Seite des Atlantiks einen Polizeinotruf auslösen. Die amerikanischen Spione konnten nach dem 11. September 2001 die Abgründe der russischen Seele erklären, Arabisch aber war ihnen so vertraut wie Chinesisch und die islamische Kultur ein stilles Wasser. Plötzlich aber mussten die Experten des Kalten Krieges dem US-Präsidenten erklären, warum die Menschen in Arabien Gift und Galle spucken, wenn sie sein Foto sehen, und warum sie Genugtuung empfinden, wenn ein Terrorist mit einem Flugzeug in das Heiligtum der Nation fliegt.

So gesehen war Dr. Samy einfach zur falschen Zeit am falschen Ort. Die Geheimdienste wollten im Dezember 2001 herausgefunden haben, dass er ein Mitglied von al-Kaida ist, dass er in einer Koranschule der Taliban unterrichtet hatte und ein Got-

teskrieger aus Saudi-Arabien ihn für den Kampf in Kaschmir und
Tschetschenien rekrutiert hatte. Dr. Samy, der sich zu jener Zeit
mit Fundamentalisten über die korrekte Bartlänge stritt, vermu-
tet, dass die ägyptischen Behörden nach einem Weg suchten, ihn
bequem zu entsorgen.

»Die haben den Amerikanern falsche Informationen zuge-
spielt, damit die sich um mich kümmern«, sagt er.

Der 11. September sei ein Werk des Satans gewesen: »Das
hat die Welt verfinstert«, davon ist er überzeugt. Ein Tag, der
ihn »auf die Nachtseite des Lebens« stellte, »in den Kernschat-
ten des Glücks«. Im November 2001, als schwere Fluggeräte
über Kabul kreisten, wurde sein Haus in Afghanistan bombar-
diert. Herabstürzende Betonteile verletzten Dr. Samy schwer,
aus seinem Kopf rann Blut, in einem Krankenhaus in Kabul
nähten ihn die Ärzte wieder zusammen. Einer seiner Studenten
besuchte ihn tags darauf am Krankenbett und überbrachte ihm
eine Warnung: »Für die Soldaten der internationalen Streitkräfte sind die Araber hier wie dreckige Fliegen auf einem süßen
Stück Kuchen.« Er solle so schnell wie möglich die Stadt verlassen und in die unübersichtliche Bergwelt an der Grenze zu Pakistan fliehen.

»Ich hatte höllische Schmerzen, aber das war nichts im Ver-
gleich zu dem, was die Amerikaner den Arabern hier antun würden«, sagt Dr. Samy.

Auf einmal schlich sich das Gerücht von Zimmer zu Zimmer,
dass die Kampfflugzeuge auch Krankenhäuser angreifen würden.
Dr. Samy floh zu einem afghanischen Freund und fuhr mit ihm in
die Stadt Khost, 150 Kilometer südlich von Kabul.

»Die Menschen erzählten uns, einige Kämpfer der Taliban
hätten hier Zuflucht gefunden«, sagt er. Es würde also nicht mehr
lange dauern, bis Khost in Schutt und Asche gelegt wäre. Mit dem
Auto nahmen sie die Straße weiter in Richtung Nordosten, zum
Hindukusch-Gebirge, wo Dr. Samy Tage später schließlich auch

gefasst wurde: von pakistanischen Agenten, die ihn an die Amerikaner übergaben.

Was dann passierte, hat sich in seine Erinnerung für immer eingebrannt, die Stimmen, die Menschen, die Gerüche. Zuerst musste er einen blauen Overall anziehen, und man stülpte ihm eine blaue Tüte über den Kopf. Sie brachten ihn in ein Gefängnis, wo er eine Woche lang zu Themen befragt wurde, über die er beim bestem Willen keine Auskunft geben konnte. Was er im Trainingscamp al-Faruk gemacht habe, in dem die Topterroristen von al-Kaida ausgebildet wurden. Ob er es gut finde, was die Internationale Koalition in Afghanistan macht, und warum er die Vereinigten Staaten von Amerika verabscheue. Dann wurde er zurück nach Kabul gebracht, zu einem Flughafen, wo eine Militärmaschine bereits startklar war.

Ein Mann fesselte seine Hände und Füße und fixierte ihn an einem Sitz, verband seine Augen mit einem Stück Stoff und stopfte ihm Watte in die Ohren. Neben ihm saßen ein Dutzend Männer, die in der gleichen Situation waren wie er.

»Ich wusste nicht, was mit mir passierte«, sagt Dr. Samy. »Der knarrende, donnernde Lärm der Motoren hat sich angehört wie das Lachen des Satans. Ich habe mich gefühlt wie in einem lichtlosen Tunnel, der an beiden Eingängen verschüttet ist.«

Irgendwann auf dem 12 948 Kilometer langen Flug hat er dann angefangen, den Koran, den er als Kind auswendig gelernt hatte, still vor sich hin zu rezitieren. »Ich bewegte nur meine Lippen, denn wer redete, wurde geschlagen«, behauptet Dr. Samy. Er hatte gut die Hälfte der Suren durch, als das Flugzeug landete.

Kaum angekommen, musste er sich ausziehen und in einen orangefarbenen Overall schlüpfen. Über seinen Kopf zog jemand von hinten eine Tüte, in die zwei Löcher gestanzt waren, damit die Gefangenen nicht erstickten.

»Nur weil ein Soldat manchmal das Wort Guantanamo Bay erwähnte, wussten wir, wo wir sind«, sagt Dr. Samy.

An einer Bucht des Karibischen Meeres im Süden Kubas also, wo die Amerikaner ein Foltergefängnis hinstellen ließen, in dem gegen alles verstoßen wird, was das Land von Freiheit und Gerechtigkeit einst zum Vorbild der modernen Welt machte. Häftlinge, die Glück hatten und wie Dr. Samy recht milde in der Gefahrenskala eingestuft wurden, erhielten drei Mahlzeiten am Tag. In den Zellen stand ein Bett, es gab ein kleines Waschbecken und eine Toilette. Diejenigen hingegen, die auf der Liste von Amerikas Staatsfeinden ganz oben standen, hätten es in der Hölle wohl fast besser gehabt.

»Am schlimmsten waren diese sinnlosen Befragungen«, erinnert sich Dr. Samy, »diese menschenverachtenden Verhöre mit dem grellen Licht, bei denen ich geschlagen wurde, wenn ich versuchte, die Augen zu schließen.«

Dann bricht es aus ihm heraus: »Nackt haben mich die Wärter über den Asphalt gezogen und mir Gegenstände ins Rektum geschoben. Im Gefängniskrankenhaus warf mich ein Wärter auf den Boden. Mit vollem Körpereinsatz sprang er dann auf meinen Rücken.« Zwei seiner unteren Wirbel, L1 und L2, wurden dabei gebrochen.

»Eine Operation hätte mich vor dem Rollstuhl gerettet«, da ist sich Dr. Samy sicher. Bitten und Flehen halfen jedoch nichts. »Drei Jahre und zehn Monate hörten mir nur die Wände zu.«

Dr. Samy beginnt zu weinen, als er seine Geschichte erzählt. Es braucht viel, bis ein gestandener Mann, der in der arabischen Welt sozialisiert wurde, Tränen zeigt.

Seine Schwägerin serviert noch einmal Tee. Es ist Abend geworden, das Licht draußen ist schummrig.

»Ich habe im Sommer 1986 ein Ägypten verlassen, das es heute nicht mehr gibt«, sagt Dr. Samy.

Als er nach seiner Freilassung am 1. Oktober 2005, einem Samstag, zum ersten Mal wieder in seiner Heimat war, fiel ihm auf, dass die Menschen ihr Benehmen, ihre Tugenden verlo-

ren hatten und in einer primitiven Sprache redeten, die er teilweise nicht einmal verstehen konnte. Der Stolz, den ein Ägypter früher durch die Welt trug, ist »verkratzt und verwahrlost«,
der Humor nur noch ein »dummes Geschwätz«. Dr. Samy tut es
leid, dass sich sein Land in einem derart schändlichen Zustand
zeigt.

Ein ebenfalls freigelassener sudanesischer Mithäftling wurde
in Khartoum vom Präsidenten des Sudan höchstpersönlich empfangen. Die Ägypter hingegen kasernierten Dr. Samy vom Flughafen weg so lange in einem Krankenhaus in Kairo, bis sie sein Haus
in Schubra Kas verdrahtet hatten und genügend Mitarbeiter des
Geheimdienstes in das Kaff gezogen waren. Jede Woche ruft ihn
jemand unter einem Fantasienamen an, um zu überprüfen, ob Dr.
Samy zu Hause ist.

»Im Rollstuhl stelle ich in den Augen des Staates keine große
Gefahr dar«, sagt er. »Ansonsten hätten sie mich wohl in einem
dunklen Erdloch verenden lassen.«

Wie sollte er es aber auch hinausschaffen aus diesem verwahrlosten Haus und dieser Umgebung, in der stündlich ein Zug fast
direkt neben dem Haus vorbeirattert, so laut, dass man tatsächlich das Gespräch unterbrechen muss, da man sonst das eigene
Wort nicht mehr versteht. Der Mann hat buchstäblich alles im
Leben verloren: die Arbeit, das Geld, die Freunde, die Familie. Er
isst täglich Grünzeug und Bohnen und hat Schulden, weil er nicht
weiß, wie er das Internet bezahlen soll, sein einziger Zugang nach
draußen in die intellektuelle Welt. Finanzielle Unterstützung bekommt er von niemandem. Ein saudischer Geschäftsmann versprach ihm eine dringend notwendige Rückenoperation und wollte ihm auch eine Pilgertour nach Mekka spendieren, doch das
großspurige Interview im Fernsehen blieb wie so vieles ein leeres
Versprechen. Dr. Samy lebt von umgerechnet zwanzig Euro im
Monat, die Freunde und Familie spenden, und von Geschenken,
die Gäste wie Abdallah vorbeibringen.

Gerechtigkeit sei etwas, das zu groß für den menschlichen Verstand sei. Ihr Platz sei einzig und allein bei Gott. *Sulm* ist ein Wort, das er häufig benutzt, es heißt übersetzt: Unrecht. Von der Demokratie, die er einst lobte, will er nichts mehr wissen. Von Barack Obama, der die Folterhölle bis heute nicht geschlossen hat, auch nicht. Vor allem aber ist er von den Ägyptern und ihrer viel beschriebenen Großzügigkeit enttäuscht.

»Die Leute im Dorf dachten, die Amerikaner hätten mir zur Wiedergutmachung einen Koffer voller Geld überreicht«, sagt er. »Täglich haben Leute an meiner Tür geklingelt, die mir was verkaufen wollten, die mir Geschichten von unheilbar kranken Leuten erzählten und mir mit Nachdruck sagten, wie sehr sie mich vermisst hätten. Menschen, die noch nicht einmal geboren waren, als ich das Land verließ.«

»Weißt du, was mich besonders traurig macht?«, fragt mich Dr. Samy. In Guantanamo Bay hätten sie einen Hungerstreik begonnen, in der Hoffnung, dass ihnen dann vielleicht jemand zuhören würde. »Da waren wir in der bequemen Situation, Essen verweigern zu können, weil es das täglich gab«, sagt er. »In Ägypten aber muss ich jeden Tag um Essen kämpfen, hier gibt es nichts zu verweigern, hier würde ich ansonsten jämmerlich verhungern.«

Es gebe Tage, da übernehme der Hass sein Denken, Gelüste der Rache an jenen Menschen, die ihm das angetan haben. Auch Gedanken an Selbstmord. »Wenn es mir die Religion nicht strikt verbieten würde, wäre ich schon längst nicht mehr am Leben«, gesteht er. Denn im Islam ist die Selbsttötung ein direkter Weg in den Abgrund.

Der Einzige, der ihm neben Gott noch zur Seite steht, ist sein Bruder Hatem. Er ist eben aus Kairo zurückgekehrt und hat nun Feierabend. Er setzt sich zu uns an den Tisch und bedankt sich für den Fisch, den Abdallah mitgebracht hat.

Hatem erinnert sich noch gut an den Tag, als er in der Zeitung Al-Wafd die Überschrift las: »Ägypten verspricht gute Behandlung von Guantanamo-Häftling«. Darin stand der zynische Satz, dass die Amerikaner ihre Häftlinge nur ungern in Länder zurück-schicken, in denen ihnen Folter droht. Seit zwanzig Jahren hatte Hatem kein Lebenszeichen mehr von seinem Bruder Dr. Samy er-halten, er fuhr in die Redaktion der Zeitung und fragte nach mehr Details. Hatem arbeitete damals als Übersetzer für Französisch im Verteidigungsministerium und hatte sich ein kleines, beschei-denes Leben für sich und seine Familie aufgebaut. Einen Tag spä-ter wurde er gefeuert.

»Die haben auch mein Leben zerstört«, sagt er. »Egal, was mein Bruder getan hat, ich habe damit absolut nichts zu tun.«

Hatem bewarb sich für Jobs, aber einmal von der Staatssicher-heit gebrandmarkt, blieben die meisten Türen für ihn verschlos-sen. Er hält sich mit Hilfsarbeiten über Wasser und hat in Kairo begonnen, Jura zu studieren. Heute trägt er einen Bart und Hoch-wasserhosen, die Kleidung eines fundamentalistischen Muslims. Er hilft seinem Bruder nur, weil es der Koran ihm so gebietet.

Auf eine Entschuldigung aus Amerika wartet Dr. Samy bis heute. Er ließ Atteste einholen, die beweisen sollen, dass ihm in Guantanamo Bay das Rückgrat gebrochen wurde. Die Amerika-ner aber beharren darauf, dass seine Verletzungen am Rücken von einem früheren Autounfall stammen. Das Einzige, was er von ih-nen bekommen hat, ist ein klappriger Rollstuhl. Es ist derselbe, in dem er noch heute sitzt.

Fünf Tage später bekomme ich eine E-Mail von Dr. Samy, in der er sich für unseren sieben Stunden langen Besuch bedankt. Ich dürfe mich als Teil seiner Familie verstehen.

»Der Besuch war wie ein fruchtbringender Regen nach ei-ner langen Dürre, der meinen Garten zum Sprießen brachte«, schreibt Dr. Samy. Er werde gut darauf aufpassen, dass der Gar-ten nicht wieder verwelkt.

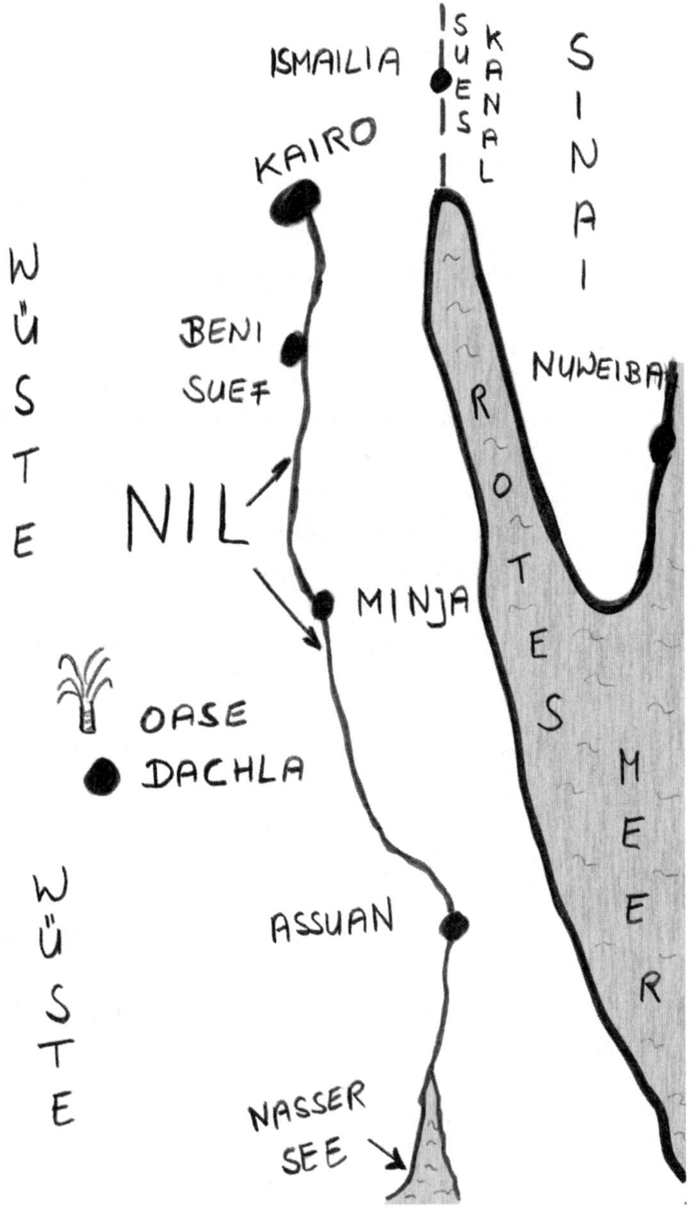
ISMAILIA
SUESKANAL
SINAI
KAIRO
WÜSTE
BENI SUEF
NUWEIBA
NIL
MINJA
ROTES MEER
OASE
DACHLA
WÜSTE
ASSUAN
NASSER SEE

SINAI UND OBERÄGYPTEN

Kapitel

9

Sakkara

سقارة

Unter dem Fenster, zwischen zwei verrosteten Eisenstangen, haben die Frauen ihre Wäsche auf einer Schnur aufgehängt, sie atmet den Staub und Dreck dieser achtspurigen Autobahn ein, die sich um Kairo wie eine Schlinge zieht. Die Wäsche ist vermutlich wieder schmutzig, noch bevor sie richtig trocken ist. Am Rand liegen zerfetzte Reifen herum, die der Hitze im Sommer nicht gewachsen waren oder einfach nur gnadenlos abgefahren wurden, bis sie platzten. Manche Autos sind auf dem Dach so vollgepackt mit Koffern, Baumwolle und Kisten, dass sie die doppelte Höhe haben und aussehen wie ein viel zu dickes, fahrendes Toastbrot. Auf einem dieser Gepäckberge sitzen sogar noch zwei Kinder, festgebunden mit einem Seil. Ständig rennen Menschen über diese Autobahn, um auf die andere Seite zu kommen. Fußgänger sind in diesem Land Desperados.

Ich bin um sieben Uhr morgens von Alexandria nach Kairo gefahren und dort in einen Minibus umgestiegen, in dem ich nun sitze. Ich möchte nach Sakkara, ins Umland von Kairo, wo die ältesten Pyramiden Ägyptens stehen. In Deutschland bräuchte ich für diese Strecke keine Dreiviertelstunde. Kairo aber ist an diesem Freitagvormittag lahmgelegt. Auf dem Tahrir-Platz demonstrieren Tausende Menschen. Sie wehren sich gegen die neue Übermacht der Muslimbrüder und der Salafisten. Der Verkehr kollabiert. Der Fahrer wollte deshalb möglichst schnell aus dem Zentrum heraus und fuhr auf die Umgehungsstraße.

Wir lassen uns von dieser anonymen, blechernen Masse treiben. Unser Toyota-Minibus kommt mir vor wie eine Heuschrecke, scheu, harmlos und unbedeutend, doch im Schwarm eine bedrohliche Macht. Wir sind eines der mehr als 250 000 Fahrzeuge, die täglich über die 110 Kilometer lange Umgehungsstraße mit ihren 150 schweren Betonbrücken donnern, rostige Ladas, protzige Geländewagen, stinkende Sattelschlepper und Pferdekutschen. Dazwischen drängeln sich dreiste, helmlose Motorradfahrer in einem Höllentempo nach vorn. Wie die Berliner Mauer teilt dieses Asphaltmonster ganze Häuserfluchten, als hätte jemand so unüberlegt wie ungerührt mit einem heißen Messer tief in die Haut Kairos geritzt.

Fast die Hälfte dieser el-Tarik el-Daira verläuft durch die Wüste, der Rest durch Brachland, ein paar Flecken Grün und hoffnungslose Tristesse. Präsident Mubarak wollte die Innenstadt von den vielen Staus erlösen und skizzierte 1985 den Plan für eine Autobahn, die um Kairo führen sollte. Insgesamt, also inklusive Korruption und persönlicher Bereicherung, verschlang das Projekt umgerechnet mehr als eine Milliarde Euro. Bis heute hat das Monster die Form eines Kopfhörers und nicht die eines Ringes. Die Straße ist an einer Stelle nur notdürftig verbunden. Denn ursprünglich sollte die Autobahn an den weltberühmten Pyramiden von Giseh entlang führen und damit mitten durchs Welt-

kulturerbe pflügen. Die schweren Bagger kamen ihm bedrohlich
nahe und gruben mit ihren Schaufeln Unmengen an Dreck und
antikem Material aus der Erde, das schnurstracks im Schredder
zerlegt wurde. Und was tiefer im Boden war, Gräber und Statuen,
das versiegelten die Walzen, die tonnenweise Teer in den Boden
pressten, vermutlich für die Ewigkeit.

Im Herbst 1994 schrieb der Korrespondent der britischen
Zeitung The Independent einen aufrührenden Artikel darüber.
Die UNESCO schlug Alarm und beschwor so ziemlich jeden Politiker, der international etwas zu sagen hatte, man solle den Ägyptern den Geldhahn zudrehen, wenn sie nicht sofort damit aufhör-
ten. Die Ägypter verstanden die Aufregung nicht und witterten,
wie meistens in solchen Fällen, eine Verschwörung gegen ihr
Land. Trotzdem ließ der Präsident die Maschinen letztlich stoppen. Die UN-Vertreter beschrieben das, was sie in Ägypten damals mit ansehen mussten, als Vandalismus. Für die Regierung in
Kairo war es Pragmatismus.

Die Regionen und Dörfer, die entlang dieser Umfahrungsauto-
bahn liegen, haben zwar einen offiziellen Namen, doch kaum ein
Ägypter hat jemals von ihnen gehört. Hier wohnen bitterarme Menschen, die von Oberägypten nach Kairo zogen, in der Hoffnung, es
dort besser zu haben. Touristen sind auf dieser Straße selten unterwegs. Sie sitzen höchstens im Taxi auf dem Weg zum Flughafen,
denn wenn in der Stadt nichts mehr geht, ist diese Autobahn die
schnellste Verbindung dorthin. Vor ein paar Jahren ließ das Militär deshalb eine kilometerlange Zufahrt zum neuen Terminal 3 bau-
en, die von Palmen und Laternen gesäumt ist. Wenigstens diejenigen, die sich ein Flugticket leisten können, sollen es schön haben.

Die Fahrt ist für mich eine soziologische Studie über den aktuellen Zustand des Landes: Der anonyme, hilflose Ägypter bekommt ein Gesicht. Ich verstehe jetzt besser, warum Ägypten bei
den weltweiten Statistiken, die Wohlstand, Gesundheit und Le-
bensqualität messen, häufig im letzten Viertel landet.

Der Blick aus dem Fenster macht mich ratlos und traurig,
aber auch neugierig. Ich fahre an dem Skelett einer Stadt entlang,
von Not und Abgasen zerfressen: Rohbau neben Rohbau. Einfache, hässliche Häuser aus gebrannten Ziegeln, über deren Dächer schwere Starkstromleitungen gezogen wurden, deren Surren
man wohl bis in die Wohnungen hört. Den reichen Leuten in der
Stadt soll schließlich nicht der Saft ausgehen. Die Gebäude, die
mehr an einen Menschenstall erinnern als an eine Behausung, haben nur wenige Fenster. Stattdessen haben die Besitzer Löcher in
die Mauern geschlagen, die mit Plastikfolie notdürftig zugeklebt
sind. In den schicken Gegenden Ägyptens haben die wohlhaben-
den Familien große Klimaanlagen an ihre Fassaden montieren lassen. Die Menschen in diesem Slum sind reich, wenn sie sich eine
Satellitenschüssel leisten können. Es gibt nicht viele davon.

Ich frage mich, was dieses Elendsviertel zusammenhält. Meine
Vermutung: Eine intakte Leitreligion, der Islam, bewahrt dieses
soziale Dynamit vor dem Hochgehen, allem Anschein nach. Die
Frauen, die ich draußen sehe, bedecken ihren Körper und ihr Gesicht mit schwarzem Stoff. Die Männer rollen grüne Matten aus
und werfen sich vor Gott nieder. Sie tragen lange Bärte. Daneben
spielen Kinder mit einem Ball und haben ein paar Müllsäcke in
U-Form nebeneinander gelegt; es soll vermutlich das Tor sein.

»*Allah!*«, brüllt plötzlich jemand im Minibus, »*fi hadsa!*«

Hadsa ist das arabische Wort für Unfall. Alle starren auf die
Gegenfahrbahn. Ein schwarzer BMW, auf dem noch ein altes,
deutsches Kennzeichen unter dem ägyptischen klebt, war vermutlich zu schnell unterwegs und hatte sich mehrere Male über-
schlagen: Aus dem Fond rinnt Blut. Um den Wagen herum stehen zwei Dutzend aufgeregte Menschen. Sie wollen helfen, aber
niemand weiß, wie es geht. Erste Hilfe lernt in diesem Land niemand. Der Krankenwagen hält auf unserer Seite, weil dort, wo der
Unfall passiert ist, nichts mehr geht. Es gibt keinen Pannenstrei-
fen, und Platz macht niemand gern. Die Sanitäter rennen mit der

Trage über die Autobahn, um zu den Verletzten zu kommen – und riskieren dabei ihr eigenes Leben.

»Das ist leider die traurige Realität«, sagt der Mann neben mir, der sich als Hossam vorstellt. Er ist oft auf dieser Straße unterwegs und kennt ihre Tücken: Nachts schalten die Leute nur ihr Standlicht ein, und die Fahrer stellen ihre Lkws auf der Fahrbahn ab, damit sie frühmorgens, wenn die Straße noch einigermaßen frei ist, schnell wegkommen. Die *schabab,* die lauten, jungen Männer, die mehr halbstark als erwachsen sind, leben auf dem Asphalt ihren Übermut aus. Sie packen das Auto voll mit Freunden, drehen die Musik auf und liefern sich illegale Wettrennen. »Manche hängen sich sogar aus dem Beifahrerfenster und halten sich grölend am Dach fest.« Ich habe das Gefühl, Hossam findet das sogar lustig.

»Damit tun wir uns in Deutschland schwer«, sage ich zu Hossam, »denn für uns ist das leichtsinnig, fahrlässig und verantwortungslos.« Ich lege nach: »Ich muss in Ägypten ständig hören, dass man nur dann stirbt, wenn Gott es bestimmt. Fakt ist aber, dass bei euch, in diesem religiösen Land viel mehr Menschen bei Unfällen sterben als in Europa.«

Hossam hört das nicht gerne und fällt mir ins Wort: »Das mag sein, aber warum es gerade diese eine Person trifft und nicht jemanden, der zur selben Zeit am selben Ort ist, das kannst du mir auch nicht erklären.« Denn das, glaubt er, sei eben die Allmacht Gottes.

Hossam ist ein Mann um die vierzig und hat es im Leben zu etwas gebracht. Er trägt einen dunklen Anzug und spricht das wohlgeformte Arabisch eines *musakaf,* wie die Intellektuellen in Ägypten genannt werden. Seit Jahren arbeitet er für eine Firma, die Klimaanlagen aus China importiert, »das ganz große Geschäft momentan«. Hossam will seinen Mitmenschen zeigen, dass er religiös ist und hat eine hölzerne Kette in der Hand, eine *sibha,* die mit ihren dreiunddreißig Perlen die neunundneunzig Namen

Allahs symbolisieren soll. Er spielt mit dieser Kette und schiebt
Perle für Perle zwischen Daumen und Zeigefinger durch. Dazu
bewegt er lautlos die Lippen. Der Mann reizt mich. Ich möchte
ihn provozieren.

»Wie fühlt man sich in einem Land, in dem sich die Mitbürger
aus Mülltonnen ernähren und deren kaputte Häuser aussehen, als
wäre ein Sturm über sie hinweggefegt?«

Hossam sagt, für ihn sei das normal.

»Müll macht die Menschen in Ägypten gleich«, erklärt er.
»Wer aus der Tür geht, ob arm oder reich, steht im stinkenden
Dreck.« Ich müsse etwas über die ägyptische Gesellschaft wissen:
Was zähle, das sei die Familie und das eigene Ich. »Das sagt dir
kein Ägypter so offen, doch das, was draußen passiert, das inter-
essiert hier niemanden.«

Er aber erzähle mir das, weil er ein guter Muslim sei und deshalb nicht lügen wolle. Die Wohnungen der Ägypter seien innen
sehr sauber. Die Menschen würden, je nach Einkommen, alles
tun, um es exquisit zu haben.

»Deshalb schmeißen die Leute den Müll sogar aus dem Fenster, denn Hauptsache, er ist nicht in der eigenen Wohnung.«

Für den Verputz des gemeinsamen Gebäudes aber wolle niemand bezahlen, für öffentliche Parkplätze auch nicht, und über
die Reparatur des Aufzugs werde so lange gestritten, bis derjenige, der ganz oben wohne, es nicht mehr aushalte, sich erbarme
und zähneknirschend den Großteil der Kosten übernehme.

»In solchen Gegenden wie hier«, sagt Hossam, »wo die Häuser
illegal hochgezogen wurden, hören die finanziellen Ausgaben spätestens an der Innenseite des Balkons auf.«

Und doch gibt es einige wenige Ausnahmen. Wir fahren an einem großen Haus vorbei, dessen Erker bunt angemalt ist. Etwas
verblasste Farbe in diesem grauen Alltag, die gut tut.

Hossam fragt mich, wohin ich fahren möchte.

»Zu den Pyramiden«, antworte ich, »aber nicht zu den drei

weltberühmten in Giseh. Ich möchte diejenigen in Sakkara besuchen.«

Sakkara, dreißig Kilometer südlich von Kairo, am Westufer des Nils: Vor fast fünftausend Jahren war der Ort gewissermaßen der Friedhof von Memphis, der Hauptstadt des Alten Ägypten.

»Wieso willst du da hin?«, fragt mich Hossam erstaunt.

Er ist einer derjenigen Ägypter, denen schon als Kind eingetrichtert wurde, dass alles mit dem Koran beginnt und endet. Hossam hat noch keine einzige pharaonische Stätte besucht. »Für uns Muslime sind diese Steinhaufen eine Warnung, dass es vor dem Islam schlimme Zeiten gab, als der Unglaube noch die Menschen vergiftete«, sagt er. Diese Zeiten dürften niemals wiederkommen. Die Pyramiden seien für ihn deshalb eine Art Mahnmal, das »Auschwitz für die Ägypter«. Ich solle da besser nicht hingehen: »Das verwirrt dich nur.«

Ich rufe dem Fahrer zu, er solle anhalten. Um nach Sakkara zu kommen, muss ich noch einmal umsteigen. Ich nehme den nächsten Minibus, der mich für den Preis eines ägyptischen Tees mitnimmt. Es sind nur noch wenige Kilometer. Wir fahren entlang eines stinkenden Kanals. Er ist das Einzige, was noch an das dampfende Kairo hinter mir erinnert. Die Gegend bekommt plötzlich Luft und Weite. Es grünt und blüht wie auf einer Postkarte, die ein altes, vergessenes Land zeigt. Ein Bauer reißt Rüben aus einem Acker und schneidet mit einem riesigen, rostigen Messer den Blumenkohl. In der Ferne sehe ich Mangobäume und Dattelpalmen.

Sakkara ist nicht nur das größte archäologische Buddelfeld Ägyptens, sondern auch der Name einer armen, unbedeutenden Ortschaft. Dort steige ich aus. Den meisten der 31 112 Bewohner ist es peinlich, dass eine ägyptische Biermarke (Sakara) nach ihrem Ort benannt wurde. Hier gibt es nämlich keinen Alkohol, und wenn ich danach frage, höre ich meistens: »Sakara? Das ist irgend so eine Firma.«

Frisches Blut rinnt über den angepressten Dreck der Straße. Ein Metzger hat eben ein Schaf geschlachtet. Die Leute sprechen kein Englisch. In den Reiseführern wird das Dorf übergangen und höchstens mit einer Warnung versehen: Wer dort abends weg möchte, finde womöglich weder Bus noch Taxi. Entweder, die Menschen wissen nicht, dass Touristen Geld bringen. Oder Touristen sind hier nicht erwünscht. Dem Ortsbild nach vermute ich, dass den Leuten ihre Traditionen wichtiger sind als das Geld.

Ich laufe das letzte Stück zu den Pyramiden zu Fuß, mehr als einen Kilometer durch eine sonderbare Landschaft, eine Mischung aus fruchtbarem Land und Wüste. Ab und zu fährt ein Pick-up an mir vorbei, und der Fahrer fragt, ob er mich mitnehmen soll; Wanderer sind hier selten. Das alte Sakkara mit den pharaonischen Relikten liegt auf einer Anhöhe westlich des Nils. Die Alten Ägypter glaubten, dass die Sonne nach ihrem täglichen Untergang weiter zu Osiris in die Unterwelt reist und dann wieder, frühmorgens, auf der anderen Seite des Nils hochkommt wie frisch geboren. Also packten sie ihre Toten da hin, wo das Leben endet: auf die Westseite des Flusses.

Das Areal der Pyramiden ist weiträumig abgesperrt. Beim Eingang sitzen drei Sicherheitsleute. Sie sehen gelangweilt aus. Es ist wohl gerade nicht viel los; eine Nebenwirkung der Revolution. Die Touristen warten ab, bis sich das Land beruhigt hat. Die Männer wollen meinen Reisepass sehen und schreiben meine Herkunft auf. Sie wollen wissen, in welchem Hotel ich wohne. Das alte Regime, das vor der Revolution alles und jeden überwachte, lebt noch immer weiter. Ich kaufe mir eine Eintrittskarte, sechzig ägyptische Pfund, für deren Preis ich in Berlin ins Kino gehen könnte. Doch damit bin ich mit den Ausgaben für meinen Besuch erst am Anfang.

Überall da, wo Urlaubsgäste hinkommen, stehen in Ägypten Leute herum, die einen regelrecht ausnehmen wollen, belästigen und bedrängen und einen fast bis ins Hotelzimmer verfolgen.

Sie geben sich als offizielle Tourguides aus, wollen einen kostenlos zu den Grabstätten führen und werden am Ende sogar hand-
greiflich, um an ihr gefordertes Trinkgeld zu kommen. Die Preise
in ägyptischen Pfund, die als Lockmittel dienen, werden allerorten schließlich zu US-Dollar. Ein Bekannter aus New York erleb-
te einen wahren Alptraum. Er buchte für sich und seine Freundin
eine Kameltour bei den Pyramiden in Giseh. Der Touristenführer wollte ihnen den »besten Ort« für einen »romantischen Sonnenuntergang« zeigen. Sie ritten immer tiefer in die Wüste, eine
halbe Stunde lang – bis der Führer plötzlich zweihundert Dollar
verlangte. Er erpresste sie regelrecht: »Geld her, oder ihr bleibt
hier.« Seine Freundin begann zu heulen, war dem Kollaps nahe
und wollte nur noch nach Hause. Am Ende einigten sie sich auf
einhundert Dollar.

Auch in Sakkara bleibe ich davon nicht verschont. Kaum habe
ich meine Kamera ausgepackt, eilt plötzlich ein Uniformierter
auf mich zu und sagt, das sei *mamnua*, verboten. Ich kenne diese
Situationen nur allzu gut. In diesem Land kann alles *mamnua* sein:
das Sitzen im Gras in einem öffentlichen Park, das Warten vor einem Café, der Kauf eines Zugtickets. Es sei denn, man gibt ein
Bakschisch. Das Wort stammt ursprünglich aus dem Persischen
und heißt Geschenk. So manche Ägypter haben daraus eine Le-
benseinstellung gemacht.

Kaum habe ich dafür bezahlt, dass ich ein paar Bilder machen
kann, folgt mir ein anderer Mann und schwört »bei Gott und seinem Propheten Mohammed«, dass ich diese Stätten nur mit einem »staatlichen Führer« betreten darf, also mit ihm. Diskutieren
hilft nichts. Ich gebe mich geschlagen und werde mit Abdo zwei
Stunden lang durch die Gegend laufen.

Abdo hat Archäologie studiert und arbeitet in der staatlichen
Antiquitätenverwaltung. Das könnte zumindest vom Alter her
sogar hinkommen, denn Abdo trägt einen Ehering am Finger und
hat eine Halbglatze auf dem Kopf. Da die umgerechnet hundert-

fünfzig Euro, die er im Monat für seine Arbeit bekommt, hinten und vorne nicht reichen, führt er an seinen zwei freien Tagen in der Woche Touristen durch die Nekropole. Von mir will er dreißig Euro haben. Nach längerem Verhandeln kriegt er die Hälfte – und ist zufrieden.

Abdo erzählt mir die Geschichte von Sakkara im Schnelldurchlauf: Aufstieg um 3000 vor Christus, endgültiger Niedergang, als das Römische Reich zerfiel. Siebzehn Pyramiden habe man bislang auf dem Gelände gefunden und mindestens 1,2 Millionen tote, mumifizierte Hunde.

Ich frage nach: »Hunde?«

»Ja, hier lag der größte Tierfriedhof Ägyptens«, sagt Abdo. »Die meisten einbalsamierten Kadaver stammen aus der Zeit der Ptolemäer, einer makedonisch-griechischen Dynastie, die nach dem Tod von Alexander dem Großen in Ägypten herrschte. Doch auch schon die Pharaonen haben sich mit Tieren bestatten lassen.«

Als Beweis zählt er mir die ägyptischen Götter auf. Der Totengott Anubis hatte einen Hundekopf. Horus, einer der wichtigsten Götter überhaupt und heute das Firmenlogo von Egypt Air, wurde als Falke dargestellt. Thot, der Herrscher über das Wissen, erschien in Gestalt eines Ibis, jenes einem Storch ähnlichen Vogels mit langen Beinen, und dann gab es noch Sobek, den Herrscher über das Wasser, der den Kopf eines Krokodils hatte. Die Tiere wurden vermutlich Anubis geopfert. Der älteste Fund reicht 4500 Jahre zurück. Die Archäologen fanden in der Erde auch Halsbänder und eine Art Hundeleine. Auf manche war sogar der Name des Tieres gemalt. Auf einem stand angeblich sogar ›Nichtsnutz‹. Abdo findet das komisch.

Die Grabstätten in Sakkara sind Teil eines großen Areals, das sich zu jener Zeit auf siebzig Kilometern Länge ausdehnte. Es beginnt im Norden, wo die unvollendete Pyramide von Abu Rawasch liegt, und erstreckt sich bis zu den Orten Giseh, Abu Sir und Sakkara, wo die meisten Ruhestätten gefunden wurden. Am

Ende der gigantischen Friedhofsanlage, in Meidum, steht die erste, geometrisch echte Pyramide, die ohne Treppenstufen ausgekommen ist. Von der Spitze ist nichts mehr übrig, weshalb sie die Araber früher Lügenpyramide nannten.

Abdo nennt mir seine Theorie, wie es dazu kam. »Immer wieder haben sich die Leute bei den Grabstätten bedient und die Steine zum Häuserbau genommen«, sagt er. Heute aber sei das natürlich nicht mehr erlaubt. Er erzählt mir von den Partys und Veranstaltungen, die gelegentlich bei den Pyramiden stattfinden.

»Je nach Standort muss man umgerechnet eintausend Euro bezahlen, damit man keinen Ärger kriegt und die Genehmigungen im Ernstfall vorzeigen kann. Jedes Zelt kostet extra: gut zweitausend Euro. Die Leute können hier tun, was sie wollen, meditieren oder Alkohol trinken«, sagt er und grinst. »Das ist alles statthaft, solange sie zahlen.«

Die meisten Touristen, die Sakkara besuchen, kommen aber aus einem anderen Grund. Sie wollen die Pyramide des Pharaos Djoser besichtigen, so wie ich. Der Herrscher ist zwar nur wenigen namentlich bekannt, doch gilt seine Ruhestätte als älteste Pyramide der Welt, errichtet im dritten Jahrtausend vor Christus, in der sogenannten dritten Dynastie. Sechs riesige Stufen führen zur ursprünglich zweiundsechzig Meter hohen Spitze. Baumeister dieses antiken Meisterwerks war Imhotep, der erste Universalgelehrte der Menschheit, der später von den Ägyptern als Gottheit verehrt wurde.

Ich stehe vor einem riesigen Gerüst aus Holz und Metall, das die Pyramide umhüllt wie eine dicke Zahnspange. Wilde Hunde streunen auf dem Gelände umher; sie sehen hungrig aus. Ich darf nicht einmal in die Nähe der Pyramide. Abdo erzählt mir, dass die Djoser-Pyramide im Oktober 1992 beim schweren Kairoer Erdbeben arg beschädigt wurde. Kairo entging damals nur knapp einer Katastrophe: 560 Menschen ließen damals unter den Betontrümmern der eingestürzten Häuser ihr Leben, 30 000 Familien wurden obdachlos. Das Epizentrum lag in der Gegend um Sakkara.

Neunzehn Jahre später, im Sommer 2011, wurde eine britische Spezialfirma eingeflogen, da es Hinweise gab, die Djoser-Pyramide könnte einstürzen. Sie brachten elf große Airbags im Inneren des Bauwerks an und bliesen sie auf, um die Statik zu stabilisieren. Ursprünglich waren sie entwickelt worden, um Sprengsätze in Afghanistan zu entschärfen. Im Anschluss zogen die Experten dicke Stäbe aus Stahl in die Wände ein, die ansonsten für etwas völlig anderes eingesetzt werden: um Druckwellen bei Bombenexplosionen abzufangen. Mir hilft das alles wenig. Ich stehe vor einer eingewickelten Pyramide, die ich nicht betreten kann.

Ich unterhalte mich mit Abdo über das schwierige Verhältnis zwischen den ausländischen Forschern und den Ägyptern.

»Bis zu neunzig Prozent der Schätze sind noch im Boden vergraben«, sagt er. »Das lockt die westlichen Wissenschaftler.«

Derzeit sind sechsundzwanzig internationale Archäologen mit ihren Teams in der Gegend. Auch der Louvre in Paris hat eine Gruppe von Archäologen entsandt. Gegraben wird vor allem im Winter, denn im Sommer bringt die Sonne die Haut zum Rösten.

Bis 1983 galt in Ägypten die Vorschrift, dass die Archäologen die Hälfte ihrer Funde mitnehmen durften, was oft ausgenutzt wurde. So schaffte es die Nofretete, die vielleicht kostbarste weibliche Büste der Welt, ins Ägyptische Museum in Berlin und ist heute eine der Hauptattraktionen im Neuen Museum. Die Darstellung der Ehefrau des Pharaos Echnaton war 1912 von einem deutschen Archäologen in Tell el-Amarna ausgegraben worden.

»Der Finder hatte sie mit Schlamm präpariert, sodass sie kaputt und wertlos aussah«, behauptet Abdo. »Dann hat er der ägyptischen Altertümerverwaltung vorgegaukelt, es handele sich zwar um ein kaputtes, wertloses Stück, aber er wolle es trotzdem als Erinnerung mitnehmen.«

Die Deutschen sehen das freilich anders. Die Fundstücke seien anhand von Fotos und Stichproben gerecht aufgeteilt worden, wie damals üblich fünfzig zu fünfzig. Da der ägyptische Inspektor die Schönheit und Einzigartigkeit der Büste nicht erkannt habe, stehe sie heute in Berlin – und nicht in Kairo. Kunsthändler schätzen ihren Wert auf 390 Millionen US-Dollar.

Erst Jahre später fanden die Ägypter heraus, welchen Schatz sie da hergegeben hatten. Sie änderten das Gesetz. Heute darf nichts mehr aus dem Land, und die Archäologen müssen genauestens Bericht über ihre Funde erstatten, zuallererst auf Arabisch, denn zu oft ist es vorgekommen, dass die Ägypter von den Grabungen aus der ausländischen Presse erfahren mussten. Wer sich nicht an die Regeln hält, wird geradewegs aus dem Land geworfen.

Doch nicht nur die ausländischen Forscher sind hier ungern gesehen.

»Viele Bewohner in Sakkara fühlen sich vom Kult um die Pharaonen bedroht«, erklärt Abdo.

Das sehen viele Ägypter ähnlich. Für sie ist das *anch*-Symbol, das für ewiges Leben steht und fast auf jedem ägyptischen Souvenir zu sehen ist, aufgrund seiner Form ein christliches Kreuz. Alle paar Monate ruft ein fanatischer Scheich die Ägypter auf, die Pyramiden, diese »Symbole der Ungläubigen«, zu sprengen. Oder, wie an Weihnachten 2011 ein Salafist forderte, sie zumindest mit Wachs zu übergießen und damit zu verhüllen. Abdo schüttelt den Kopf und will beschwichtigen: »Das werden wir nicht erlauben.« Niemand komme hier ohne Genehmigung rein. Ich erzähle ihm von Afghanistan, wo Fundamentalisten die wertvollen Buddha-Statuen gesprengt haben. Er denkt kurz darüber nach.

»Das ägyptische Militär würde die Pyramiden verteidigen«, sagt Abdo, »die wissen, was zu tun wäre.«

Ich habe nach zwei Stunden alles gesehen, denn die meisten Sehenswürdigkeiten werden gerade renoviert, sind abgesperrt oder aus irgendwelchen Gründen *mamnua*. In der Gegend um Sakkara gibt es keine guten Hotels und kaum Restaurants oder Cafés.

»Viele Menschen hier sind ungebildet und lehnen jeden Fortschritt ab«, ärgert sich Abdo, denn er sieht im Tourismus ein großes Potenzial. »Die jungen Leute aber machen das, was ihre Väter taten und arbeiten in der Landwirtschaft«, sagt er.

Vor Kurzem hatte ich einen Beitrag im ägyptischen Staatsfernsehen gesehen. Es ging um die Landwirtschaft entlang des Nils und wie man aus den fruchtbaren Äckern Geld machen kann. Die Journalisten hatten ein Unternehmen in el-Badraschin vorgestellt, das ist ein Nachbarort von Sakkara, und auffallend gelobt. Ich frage Abdo danach. »Ja, die Firma heißt Green Egypt«, antwortet er. »Der Chef soll wohl einen BMW fahren.« Das sei nicht weit von hier.

Da ich schon in der Gegend bin und keine Lust habe, in einem der wenigen Touristencafés einen völlig überteuerten Kaffee zu trinken, beschließe ich, nach el-Badraschin zu fahren. Nur wie? Die Taxis, die vor den Pyramiden warten, verlangen astronomische Preise, und die Minibusse fahren nicht dorthin, wo die Firma ist. Ich bitte einen Bauern auf einem Eselskarren, mich ein Stück auf seinem Anhänger mitzunehmen. Er will zehn Pfund, ein bisschen mehr als einen Euro. Es ist ein guter Deal.

Ein sandiger Weg führt vorbei an Dattelpalmen und Gewächshäusern. Wir trotten durch die einsame Landschaft. Manchmal werden wir von weißen Lieferwagen überholt, die es eilig haben. Sie sind im Auftrag des Unternehmens Green Egypt unterwegs. Auf dem Emblem ist zu lesen, dass die Firma erstklassigen Service für internationale Kunden garantiert. Es kann also nicht mehr weit sein. Ich verabschiede mich vom Bauern und laufe das letzte Stück zu Fuß.

Eine Pforte mit einem Metalltor schützt den Eingang des Gebäudes. Die Sicherheitsleute befragen mich misstrauisch und rufen den Chef. Er heißt Scherif Attia und komme sofort, wie er ausrichten lässt. Er begrüßt mich mit einem festen Händedruck. Ausländer werden in den ärmeren und einfacheren Gegenden Ägyptens hofiert wie Staatsgäste. Natürlich könne ich seine Firma sehen. Er lädt mich zu einem Glas Tee ein und bittet mich, ein

Formular auszufüllen, in das ich eintragen muss, ob ich ein Pflaster trage und ob ich an Diarrhö, Bronchitis oder Typhus leide. Dann muss ich mir die Hände desinfizieren, eine grüne Kopfhaube und einen weißen Mantel anziehen, wie sie auch in deutschen Laboren verwendet werden.

Es ist ein großer Kontrast zu den Bauern, die keinen Kilometer entfernt mit den bloßen Händen die Knollen ausgraben, deren WC die Natur ist und denen es gut täte, eine Maske zu tragen, sprühen sie doch die hochgiftigen Pestizide ungeschützt auf ihre Pflanzen. In Scherifs Hallen, groß wie ein Tennisplatz, werden zweiunddreißig Obst- und Gemüsesorten gewaschen, zerhackt und verpackt, bevor sie in alle Welt verschickt werden: nach Großbritannien, Deutschland, Österreich und senkrecht über den Kontinent, nach Südafrika. Je nach Ernte und Auftragslage stehen bis zu dreihundert Arbeiter an den Förderbändern. Die meisten von ihnen sind junge Mädchen mit Kopftüchern. Sie werden von vierzig Männern überwacht, die darauf achten sollen, dass auch schnell gearbeitet wird.

Ich möchte ein Foto machen. Scherif bittet um Rücksicht, denn: »Einige sehen einfach zu jung aus, du verstehst.« Rechtlich sei Kinderarbeit kein Problem, da das ägyptische Gesetz eine Ausnahme für landwirtschaftliche Unternehmen mache, beteuert er jedenfalls.

Die Aufpasser notieren sich jedes Detail. Jedes Messer wird stündlich gewechselt und hat eine Nummer, die im weiteren Verarbeitungsprozess codiert weitergegeben wird.

»Falls die Bohnen nicht richtig geschnitten sind, weiß ich sehr schnell, wer den Fehler gemacht hat«, erläutert Scherif.

So, wie er das sagt, klingt das wie eine Drohung. Die Frauen, die am Fließband das Gemüse putzen und schneiden, verdienen umgerechnet eineinhalb Euro pro Tag und arbeiten sieben Tage in der Woche. Nur so kommen sie auf das Monatseinkommen von nicht einmal fünfzig Euro. Geld, das zusammen mit dem Lohn des Mannes für Wohnung, Essen, Arzt und Schule reichen muss.

»Ich bin der viertgrößte Exporteur Ägyptens in dieser Branche«, sagt Scherif voller Stolz. »Ich denke amerikanisch und fühle muslimisch, ich bete fünfmal am Tag, das gibt mir Kraft.« Er zeigt mit seiner Hand in die fruchtbare Ebene: »Dort drüben habe ich Land gekauft, keine fünfhundert Meter von hier. Dort lasse ich eine Villa bauen, für meine Familie.«

Scherif ist ein abgebrühter Geschäftsmann. Man hört aus seinen Worten nicht heraus, ob er gerade über Kartoffeln redet oder über Menschen. Es geht immer nur um Zahlen.

Eselskarren und Holzpflüge seien die Symbole des alten Ägypten. Er aber stehe für das neue Ägypten. Weizen, Zitrusfrüchte oder Kartoffeln brächten Umsatz, aber kein Geld.

»Im vergangenen Jahr habe ich zehn Millionen Euro erlöst, zwölfmal mehr als noch vor fünf Jahren. Ich habe Früchte, mit denen ich fünfzig Prozent Gewinn mache«, sagt Scherif. Die Ware wird, kaum gepflückt und geerntet, mit Lastwagen angeliefert, denn »Frische ist das Geheimnis für den Erfolg«. Damit das auch alles reibungslos funktioniert, hat er Verträge mit Bauern im gesamten Land geschlossen, von Assuan im Süden bis nach Alexandria am Mittelmeer.

»Ich handele mit Früchten, die hier niemand kennt und niemand isst, für die es oft nicht einmal ein arabisches Wort gibt«, erläutert er stolz. Er lässt birnenförmige, aprikosenfarbene Moschuskürbisse anpflanzen, Brokkoli mit feinsten Röschen und *sugar snaps* (Zuckerschoten), zart-süße Erbsen, mit deren Produktion er kaum nachkommt.

»Drei bis vier neue Produkte pro Jahr muss ich in mein Portfolio aufnehmen, damit ich konkurrenzfähig bleibe. In dieser Branche schenkt man sich nichts. Bald wird Ägypten mit Kenia im globalen Obst- und Gemüsewettbewerb stehen. Die armen Länder Afrikas haben das Geldverdienen entdeckt und bauen das an, was schnell Bares bringt, und nicht das, was die Menschen im Land brauchen«, erklärt Scherif. Sie seien Teil der Globalisierung und würden nun das machen, was die Unternehmen im Westen schon immer gemacht hätten. »Wenn wir nur Weizen anbauen würden, blieben wir für immer ein armes Land.«

Das größte Problem sei, dass die Qualität in Ägypten oftmals nicht stimmt. »Die armen Leute in meinem Land essen Bohnenbrei, doch die Bohnen kommen aus China, Äthiopien und Australien«, sagt er. Ägypten baue zwar Bohnen an, nur seien diese oft mit Pestiziden verunreinigt, es fehle an Maschinen, um sie zu reinigen. »Die heimischen Bohnen können nicht für den menschlichen Verzehr verkauft werden. Also werden sie an Tiere verfüttert«, sagt Scherif. »Und die Bauern, denen selbst das zu teuer ist, geben ihren Tieren spottbillige Wachstumshormone. Das ist eine wahre Katastrophe.«

Scherif sieht Ägypten in einem gefährlichen Strudel, der das Land elendig nach unten zieht. Er legt dies der Politik der vergangenen fünfzig Jahre zur Last, denn die habe Land und Leute verarmen lassen.

»Die Menschen können sich schon lange kein Fleisch mehr leisten und essen deshalb mehr Nudeln und Reis, weshalb dafür die Preise steigen. Irgendwann wird ihnen dann auch das zu teuer. Am Ende reicht das Geld nur noch für subventioniertes Brot«, befürchtet Scherif. »Und dann wird das Land explodieren.«

Auf dem Weg zurück laufe ich an einem großen Weizenfeld vorbei. Ein Bauer sitzt am Straßenrand und zieht an seiner selbst gebastelten Wasserpfeife, der süßliche Duft von Apfeltabak liegt in der Luft. Er stellt sich mit Jehija el-Tochi vor, ein Vater von zwei Söhnen und drei Töchtern, der mit seinen neunundfünfzig Jahren noch jeden Tag von sechs Uhr früh bis zum Sonnenuntergang arbeitet. Er bewirtschaftet fünf Hektar Land. Ein halber Hektar davon gehört ihm, und eine Kuh. Zehn Arbeiter beschäftigt er auf seinen Feldern. Sein einziges Hilfsmittel ist ein Pflug

aus Holz. Auf dem lokalen Markt verkauft er Zwiebeln und weißen Käse, den seine Frau, auf dem Boden sitzend, in einer großen
Plastikschüssel anbietet.

»Die Arbeit lohnt sich kaum noch«, jammert Jehija. »Allein die
Kuh kostet mich vierundzwanzig Pfund pro Tag, weil die Futter-
mittel so teuer geworden sind. Es hat sogar schon einige Monate
gegeben, in denen das Geld gerade für die Löhne meiner Arbeiter gereicht hat.«

Jehija baut hauptsächlich Weizen an, den er an die Regierung
verkauft. »Ich habe nie überlegt, etwas anderes anzubauen. Gott
sagt mir, dass die Menschen Weizen brauchen«, sagt er. »Gib mir
ein Land und ich baue dort Getreide an.«

Er würde gern ein paar Hektar mehr pachten, doch er findet
keine Landbesitzer. In der Ferne blickt Jehija auf die grauen Be-
tonblöcke, die von Kairo ins Grüne drängen, in sein Revier. »Die
Bauern verkaufen ihren Boden an die Immobilienleute, weil sie
das Geld wollen«, erklärt er. »Und die Immobilienleute errichten Wohnblöcke, weil wir zu viele Menschen haben.« Am Ende
sei das Land dann voll mit Häusern. Jehija befürchtet das Aller-
schlimmste: »Wir werden alle zusammen verhungern, weil niemand an den Weizen gedacht hat.«

Er schaut mich ratlos an, in der Hoffnung, dass ich darauf eine
Antwort habe.

Kapitel

10

Ismailia

الإسماعيلية

Ich sehne mich nach einer heißen Tasse Kaffee und einem guten Frühstück, denn mein Herz schlägt immer noch zu schnell. Schließlich wäre ich vor zwei Stunden beinahe in einem ägyptischen Militärgefängnis gelandet. Ich war in Kairo und wollte von dort weiter nach Ismailia, wo ich vorhatte, einen guten Freund zu treffen. Busse und Minibusse hätte es genügend gegeben. Ich aber wollte mit der Bahn über Sues fahren, weil ich dachte, das sei reizvoller, als stundenlang im Stau zu stehen. Außerdem könnte ich mehr von Land und Leuten sehen. Doch ich hatte nicht mit dieser alten Frau gerechnet, die mir schräg gegenüber saß und mich die ganze Zeit beobachtete.

Die Bahnstrecke ist etwas weniger als hundertfünfzig Kilometer lang, und ich nahm einen Zug, in dem das einfache Volk saß und der jeden Komfort vermissen ließ. Der Waggon in der dritten

Klasse hatte keine Türen mehr und kaputte Fenster, die Sitze waren aus hartem, abgesessenem Plastik und am Boden mit rostigem Eisen verankert. Die Luft war stickig und roch nach Schweiß und Zigarettenrauch. Es waren viel zu viele Menschen in diesem Zug. Einige Männer klammerten sich draußen an das Zugende und riskierten ihr Leben für ein paar ägyptische Pfund, die sie auf diese Weise sparen konnten.

Je weiter wir in Richtung des Sueskanals gondelten, der berühmten Wasserstraße zwischen dem Roten Meer und dem Mittelmeer, desto mehr veränderte sich die Gegend. Ab und zu fuhren wir an einer einsamen Baracke vorbei. Dann wieder an kalten Hochhaussiedlungen mit Einschusslöchern an den grauen Fassaden, die überwuchert waren mit Strom- und Fernsehkabeln. Meistens aber blickte ich auf Stacheldraht, Wachtürme, Verbotsschilder und Öde. Es ist sensibles Gebiet. In diesem Sand führten die Ägypter Krieg gegen Israel, Panzer rollten auf und Bomben fielen, 1956 im Sueskrieg, 1967 im Sechstagekrieg und zuletzt im Oktober 1973.

Von Haltestelle zu Haltestelle stiegen immer mehr Soldaten zu. Die alte Frau aber, die mich von Anfang an beobachtet hatte, saß mir noch immer gegenüber. Sie trug ein wallendes Gewand und hatte drei riesige Tüten mit Obst und Gemüse bei sich. Ihre Augen musterten mich genau. Sobald ich sie hingegen anschaute, drehte sie ihren Kopf blitzschnell zur Seite. Sie registrierte jede Bewegung: Wie ich neugierig aus dem Fenster sah. Auf meinem Handy tippte. In meinem Wörterbuch blätterte. Das ging seit mehr als einer Stunde so.

Ich hatte das Gefühl, die Frau ist angespannt und wartet auf etwas. Sie sah sich noch einmal im Waggon um. Dann rief sie plötzlich: »*Gassus! Gassus!*« – »Ein Spion! Ein Spion!«

Ein Offizier, der vor sich hingedöst hatte, wurde hellhörig. Er war ein groß gewachsener, wuchtiger Mann in einer schäbigen grün-beigen Tarnuniform, mit verstaubten, ausgetretenen Stie-

feln. Er sah wichtig aus, wie der Chef der Kompanie. Er kam auf
mich zu und setzte sich neben mich. Ägyptischen Soldaten ist es
eigentlich untersagt, mit Ausländern zu sprechen; es sei denn, die
Sicherheit der Nation ist bedroht. Das war nun offenbar der Fall.
Er sprach mich auf Arabisch an.

»Willkommen. Wie heißt du? Wo willst du hin?«

Ich machte einen Fehler: Ich antwortete auf Arabisch.

Jetzt wurde es unangenehm. Der Offizier schaute mich streng
an und befragte mich wie in einem Verhör. Ich hörte, wie er über
Funk seinem Chef durchgab, er habe womöglich einen israelischen Spion gefasst. Er wolle ihn am nächsten Bahnhof übergeben. Seiner Stimme nach zu urteilen, sah er in mir einen großen
Fang, seine Beförderung, vielleicht schon ein großes Büro, endlich ein Auto. In Ägypten werden Spione hart bestraft und enden
jahrelang im Kerker. Wer einen fasst, ist ein Held.

Die Lage drohte zu eskalieren. Der Offizier gab seinen Soldaten ein Handzeichen, sie kamen und umzingelten mich, Flucht: unmöglich. Er konfiszierte meinen Pass, den er aber nicht lesen konnte. Er blätterte ihn hastig durch, von hinten nach vorne, Arabisch
wird von rechts nach links geschrieben. Dann starrte er auf mein
Foto. In modernen EU-Pässen steht zwar in zwanzig Sprachen, aus
welchem Land der Reisende stammt, nicht jedoch auf Arabisch. Er
reichte meinen Pass an seine Soldaten weiter, bis sich jemand fand,
der mit den lateinischen Buchstaben etwas anfangen konnte.

»*Austria*«, sagte der Offizier schließlich, »welcher Kontinent
ist das?«

Europa half ihm nicht viel weiter. Ich sagte ihm das arabische
Wort für Österreich: »*El-Nimsa*«.

Er lehnte sich zurück. Seine Augenbrauen entspannten sich.

»*Ahsan nas!*«, lächelte er, »die besten Menschen«.

Dass ich Österreicher bin, war mein Glück. Denn mit Österreich verbinden die meisten Ägypter etwas Gutes: »Nächte der
Fröhlichkeit in Wien«. Ein altes, berühmtes Liebeslied der sy-

risch-drusischen Sängerin Asmahan, die als Kind nach Ägypten kam. Das Lied beschreibt Wien als den Garten Eden. »Lass' dein Herz in der Luft schwimmen«, singt sie, und »du vergisst das ganze Universum.«

»Österreich, ist das ein großes Land?«, fragte der Offizier nun neugierig. »Wie viele Einwohner?«

»Weniger als die Hälfte Kairos«, antwortete ich.

Er lachte erleichtert, gab mir den Pass zurück und bot mir eine Zigarette an. Ägypter hören es gern, wenn ihr Land größer, besser oder reicher ist als andere Länder. Ich war selten so erleichtert. Die alte Frau schaute kein einziges Mal mehr in meine Richtung. Sie stieg an der nächsten Haltestelle aus.

Nun, eben in Ismailia angekommen, zittern mir noch ein bisschen die Knie. Ich habe ein flaues Gefühl im Magen. Kaffee, denke ich. Schräg gegenüber dem Bahnhof sehe ich ein rosafarbenes, koloniales Gebäude aus dem 19. Jahrhundert, das New Palace Hotel. Die Fassade müsste dringend einmal geschrubbt werden. Neben dem Eingang ist ein klappriges Fahrrad an einem Eisentor angekettet. Es stammt wohl aus der Zeit, als die Gangschaltung noch nicht erfunden war und hat einen Platten. Ich gehe hinein und frage nach Frühstück.

An der Rezeption sitzt ein alter Mann und schaut auf einen flimmernden Röhrenfernseher. Das Staatsfernsehen zeigt schöne Bilder vom Nil. Der Mann hat eine dunkelbraune Hautfarbe, graue Haare und einen grauen Schnauzer. Er trägt ein blaues Hemd und darüber einen blauen Pullunder. Im Unterkiefer fehlen ihm die Schneidezähne, und ein Auge scheint fast blind zu sein, es ist milchig. An der Decke baumelt ein Gerät, das Mücken mit Strom tötet. Hinter ihm, an der Wand, hängen fünf Uhren aus Plastik nebeneinander. Sie zeigen die Uhrzeiten von Mekka, London, Tokio, Kairo und New York.

»Es tut mir leid«, sagt Abu Bakr, der Rezeptionist, »aber Frühstück gibt es hier nur für Gäste.«

Ich vermute, dass es keine Gäste gibt und die Küche deshalb geschlossen hat. Abu Bakr will sich mit mir unterhalten. Er bietet mir Tee an. Vor mehr als zwanzig Jahren zog er mit seiner Familie aus dem Sudan nach Ismailia, wo er Arbeit suchte und fand.

»Als ich damals ankam, haben die Gehirne der Ägypter noch gearbeitet«, sagt Abu Bakr. »Die Menschen haben nachgedacht und klug diskutiert. Das hat mir imponiert.«

Über die Jahre jedoch musste er mit ansehen, wie aus der Mutter der Welt, wie die Ägypter ihr Land stolz nennen, ein »geistiges Entwicklungsland« wurde. Er erzählt mir von der letzten Freitagspredigt in seiner Moschee.

»Der Imam hat eine Geschichte des Propheten rezitiert. In der ging es darum, dass Mohammed keine Zwiebeln gegessen habe, weil sie Mundgeruch machen. Das ist das geistige Niveau in Ägypten, auf dem wir angekommen sind«, sagt Abu Bakr. »Wir reden über Zwiebeln, während die Menschen leiden und verkommen.«

Abu Bakr fühlt sich an seine Vergangenheit erinnert. Im Sudan hatte er in den Achtzigerjahren selbst miterlebt, wie sein Land intellektuell ausgedünnt und schlussendlich in blutigen Bürgerkriegen endete. Religiöse Führer injizierten dem Sudan im Herbst 1983 die Scharia und wollten das Land frei machen von internationalen Schulen, Bier und persönlicher Freiheit. »In den sudanesischen Medien wurde täglich darüber berichtet, wem die Hand abgehackt wurde«, erinnert er sich. Er wirkt für einen Moment traurig.

»Warum bist du denn ausgerechnet nach Ismailia gezogen?«, frage ich ihn verwundert, »hier wurde doch im März 1928 die mächtige Muslimbruderschaft gegründet.«

Deren Mitglieder zeigen sich in Ägypten derzeit betont nett und pragmatisch. Doch haben sie, und so steht es in ihren Schriften und Programmen, ähnliche Ideen und Ideale wie die religiösen Fundamentalisten in Abu Bakrs Heimat. Ich habe das Gefühl, er weiß nicht, worüber ich rede. Ich mache es konkreter:

»Hassan al-Banna, der Gründer der Muslimbruderschaft, hat doch mehrere Jahre hier in der Stadt gelebt und gepredigt.«

Abu Bakr sieht jetzt richtig entsetzt aus. »Al-Banna liegt hier begraben?«, fragt er.

»Nein«, antworte ich, »aber er zog in jungen Jahren als Grundschullehrer nach Ismailia.«

Dort fand er all das vor, was er verabscheute: christliche Missionare, britische Offiziere, leichte Mädchen, fremde Sprachen und Freizügigkeit. Also ging er in die großen Kaffeehäuser und wetterte dagegen, schuf eigenhändig eine Moschee und eine Koranschule. Es war der Beginn des politischen Islam.

Abu Bakr entschuldigt sich kurz. Er geht in den Nebenraum und spricht aufgeregt mit dem Hoteldirektor. Ich höre nur »*ich-wan*«, das arabische Wort für die Muslimbrüder und »al-Banna«. Kurze Zeit später kommt er zurück.

»Ja, du hast Recht, Hassan al-Banna hat hier irgendwo neben dem Bahnhof gewohnt«, sagt er. Ich solle da aber besser nicht hingehen. »Die Islamisten sind nicht gut, die machen nur Ärger.«

Ismailia, die Stadt, in der heute dreihunderttausend Menschen leben, heißt so, wie sie heißt, weil sie 1862 vom damaligen Vizekönig Ismail Pascha gegründet wurde. Sie liegt auf halber Strecke des 162 Kilometer langen Sueskanals, der im 19. Jahrhundert mit Muskelkraft in den Boden gegraben wurde. Früher hatte die Stadt den Ruf, ein Ort der Schönheit und Verzauberung zu sein. Heute ist Ismailia allenfalls ein wenig verschlafen. Viele Kaffeehäuser und Geschäfte öffnen nicht vor der Mittagszeit, die Autofahrer hupen nur in Notfällen, was ungewöhnlich ist in Ägypten, und die Spazierwege sind überdurchschnittlich sauber.

Ich spaziere durch die Stadt. Die Eisenbahnlinie trennt die Stadt in eine nördliche Hälfte mit hingeklotzten Hochhäusern, die mit saudischen Geldern finanziert wurden, und in eine südliche mit mehrsprachigen Straßennamen, wo die Reichen in jenen gepflegten Villen residieren, die von Europäern einst gebaut und bewohnt wurden. Es sind ungewöhnliche Häuser, die nicht so recht in dieses Land passen: Spitzdächer mit Schindeln, Fachwerk an der Fassade, gepflegte Balkone aus Holz und Blumen im Garten.

In deren Nachbarschaft steht das historische Museum. Ausgestellt sind einige pharaonische und koptische Relikte sowie ein Mosaik aus der Römerzeit, das den Triumphzug des Dionysos zeigt, der später zum Gott des Weines, der Freude, der Fruchtbarkeit und der Ekstase erhoben wurde. Zur Bewegung der Muslimbrüder aber, deren Aufstieg in dieser Stadt begann und die in der Zeit nach dem Sturz von Hosni Mubarak das Land übernahm, findet sich: nichts.

Ich laufe an einer hohen Statue zu Ehren von Präsident Anwar el-Sadat vorbei, der in den Kriegen gegen Israel zwar ziemlich unterging, in der ägyptischen Lesart aber ein »Held von Krieg und Frieden« ist. An einer Mauer sind auf Kacheln gemalte Kampfflugzeuge zu sehen, ein Panzer, auf dem »Allah« geschrieben steht und eine Gruppe ägyptischer Soldaten, die auf einen flehenden israelischen Soldaten zielen, der neben einem toten Kameraden kniet. Unübersehbar ist auch die protzige, meterhohe Statue eines Mannes in Unterhose am Stadtrand, der seine Muskeln zeigt. Er wurde vor den Eingang eines Sportzentrums gestellt, das von hohen Mauern geschützt ist; ich vermute etwas Militärisches. Muslimbrüder jedenfalls würden sich nie in Unterhosen abbilden lassen. Ohnehin sind lebensechte Statuen und Bildnisse im Islam nicht erlaubt.

Früher, vor der Revolution im Januar 2011, hätte mich in Ägypten schon die Frage nach Hassan al-Banna arg in die Bredouille gebracht. Doch auch heute, nach dem Spionagevorwurf im Zug, bin ich vorsichtig, mit wem ich darüber rede. Ich bin Ausländer, und mir ist nicht nach einem weiteren Verhör. Denn die Muslimbruderschaft war in Ägypten jahrzehntelang als terroristische Vereinigung verboten. Am 12. Februar 1949 wurde ihr Führer al-Banna erschossen, als er in Kairo auf ein Taxi wartete. Es heißt,

König Faruk höchstpersönlich habe zwei Killer auf ihn angesetzt. Später, 1954, versuchten die Muslimbrüder wiederum, den Präsidenten Gamal Abd el-Nasser in Alexandria zu ermorden. Die Muslimbruderschaft wurde zum Staatsfeind. Ihren Kampf, den Dschihad, plante sie von nun an im Untergrund weiter.

Deshalb sind in ihrer Geburtsstadt bis heute alle Spuren ihrer Vergangenheit beseitigt: Das 180 Quadratmeter große Gemeindezentrum gibt es nicht mehr, das sie in der heutigen Saad-Saghlul-Straße aufgebaut und nach dem Berg Hira benannt hatten, jenem Ort in Saudi-Arabien, an dem der Prophet im Jahr 610 seine erste Offenbarung erhalten haben soll. Das Haus lag da wie ein Stachel im Fleisch der westlichen Mächte, inmitten der Kaffeehäuser und Bars, die von ausländischen Soldaten und Arbeitern bevölkert wurden. Auch an die Schule, in der kleine Kinder mit dem Koran das Lesen und Schreiben lernten, erinnert nichts mehr. Das Einzige, was noch steht, ist die erste Moschee der Bruderschaft, denn auf die hatte ein alter Mann, Hagg Chaled, jahrzehntelang gut aufgepasst. Sie liegt gut zwanzig Kilometer südlich von Ismailia im heruntergekommenen Städtchen Abu Suir. Vor Kurzem wurde sie komplett renoviert, ein unscheinbarer Bau ist es geworden. Sie erhielt den neuen Namen al-Rahma, die Barmherzigkeit.

Ich bin in einer Stunde mit meinem Freund Amr verabredet. Er war früher Mitglied der Muslimbruderschaft und hätte für den göttlichen Auftrag auch sein Leben geopfert, wenn es die Situation erfordert hätte. Er war also ein völlig normales, aktives Mitglied. Amr ist jemand, der in einer Stunde mehr redet als andere am ganzen Tag. Unsere Treffen laufen immer so ab, dass wir uns über seine und meine Familie sowie deren Befinden austauschen, dann zuerst bei der Politik landen und schließlich bei der Religion. Kennengelernt haben wir uns in Alexandria. Amr arbeitete nach dem Studium als Ingenieur bei einer Baufirma am Mittelmeer. Vor einem Jahr, kurz nach seinem siebenundzwanzigsten Geburtstag, fand er seine große Liebe in der Stadt, in der er aufgewachsen war, in Ismailia, heiratete und zog zurück in sein altes, neues Leben.

Ich habe noch ein bisschen Zeit bis zu unserer Verabredung. Ich flaniere durch die Stadt. Sie macht sich gerade hübsch für den Fastenmonat Ramadan, der in ein paar Tagen beginnen wird. Überall in den Straßen und Gassen hängen die *fanus* (Laternen) aus Kupfer und Glas, die eine Art Christbaum für Muslime sind. Die Ägypter mögen alles, was funkelt, glitzert und blinkt. Die modernen *fanus,* die in China produziert werden, sagen auf Knopfdruck sogar »*Allahu akbar*«, »Gott ist groß«, wobei das rollende »R« des Arabischen nicht so richtig rüberkommt.

Im Thebes, einer Konditorei, in der ich einen frisch gepressten Mangosaft trinke, liegen auf dem Tresen Berge von *kahk,* den leckeren Keksen, eine mit Puderzucker bestreute Kalorienbombe aus Nüssen, eine Spezialität im Ramadan. Während des Fastenmonats versetzt sich das Land tagsüber in den Tiefschlaf. Kaum jemand arbeitet. Die Menschen dösen und darben und sind aggressiver, obwohl sie sich eigentlich gerade in dieser Zeit von ihrer besten Seite zeigen sollten. Alle warten auf den Sonnenuntergang, das Fastenbrechen, wenn die Familie vor dem Fernseher zusammenkommt, sich Unmengen an leckerem Essen in die Mägen schiebt und zusammen Seifenopern schaut, die sogenannten *musalsalat.* Mehr als fünfzig dieser Serien finden sich während des Fastenmonats in den Programmen der ägyptischen Fernsehsender. Der Gesamtwert der Produktionen erreichte 2012 eine Rekordsumme: über eine Milliarde ägyptische Pfund.

Die Themen haben meistens wenig Besinnliches: Mord und Totschlag, Vergewaltigungen, Korruption. Ein Straßenfeger war die Geschichte »*Firqit Nagi Atallah*«: Ein Mitarbeiter der ägyptischen Botschaft in Tel Aviv, gespielt vom ägyptischen Superstar Adel Imam, wird aus dem Land geworfen. Also beschließt er, mit ein paar dubiosen Gestalten die größte Bank Israels auszurauben. Im Nachbarland wurde diese Serie sehr kritisch gesehen. Die is-

raelische Regierung ließ nach der ersten Ausstrahlung über ihren
Sprecher verlautbaren, die Produktion ziele darauf ab, »zum Hass
gegen Israel anzustiften«.

Mein Telefon klingelt. Es ist Amr. Er fragt, wo ich bleibe. Amr
ist einer der ganz wenigen Ägypter, die gelegentlich zu früh zu einer Verabredung erscheinen, denn in Ägypten gilt es als Beleidigung, pünktlich zu sein. Wir treffen uns im Strandklub der Sues-
kanal-Verwaltung. Der Eintritt ist nach ägyptischen Maßstäben
teuer: zwanzig Pfund, umgerechnet zweieinhalb Euro. Auf dem
Ticket steht, dass man den Klub »weder mit einer *galabeja* noch
mit einem Pyjama und keinesfalls mit Tieren« betreten darf. Wir
essen Joghurt mit frischen Früchten und schauen den Schiffen zu,
die sich durch den Kanal schieben. Sie sind so nah, dass sie bedrohlich wirken.

Amr trägt kein Gebetsmal auf der Stirn, das ist mittlerweile in
Ägypten bemerkenswert. Vor allem auch deshalb, weil er schon
als kleiner Junge einzelne Suren wie ein Muttertagsgedicht auswendig aufsagen konnte. Er hat also früh angefangen. Es begann
damit, dass seine Tante ihn zu einem Treffen der Muslimbrüder mitnahm. Er war damals fünf. Dort schubste sie ihn zu den
Männern hinüber, unter einem Vorhang hindurch, der den Kontakt der Geschlechter verhindern sollte. Es gab ein spezielles Programm für die Jungs, die in der Organisation Löwenkinder genannt werden, und eines für die Mädchen, die *sarat,* das arabische
Wort für Blume oder Blüte. Als er älter wurde, las Amr die Bücher, die jeder Muslimbruder lesen muss: »Muslimisches Benehmen« von al-Ghasali und eine Schrift von Ali Laban, die in den
Kern der Ideologie vordringt, deren Ziel letztlich die islamische
Weltkugel ist, auf der die Menschen von Alaska bis Australien
nach den Gesetzen Allahs leben.

Im Winter verteilte Amr Decken an die Armen, am islamischen Opferfest frisches Fleisch. Wenn er wusste, dass jemand
die Rechnung für einen Arzt nicht bezahlen konnte, informier-

te er den lokalen Führer. Auf dem Campus der Universität bereitete er mit seinen Glaubensbrüdern politische Aktionen vor, zum Beispiel den ›Affen‹: nichts hören, nichts sehen, nichts sagen. Sie wollten den Leuten damit mitteilen, dass sie nicht mehr wegschauen, sondern endlich aufwachen sollen. Die Transparente dazu schmuggelten Frauen unter ihrer Kleidung hinein. Denn unter dem Regime von Mubarak durchsuchten Mitarbeiter der Staatssicherheit jeden einzelnen Rucksack auf verdächtiges Material.

Es war ein Leben im Verborgenen und Verbotenen. Mubarak ließ die Muslimbrüder jagen wie lästige Fliegen und im Zweifel auch für immer verschwinden.

»Bei unseren Treffen nahmen wir den Akku aus dem Handy und wickelten ihn sicherheitshalber auch noch in eine Aluminiumfolie, damit uns ja niemand abhören kann«, erzählt Amr.

Den Klebstoff für die Plakate mischte er mit seinen Vertrauten im Keller. Die eigene Rezeptur war günstiger und haltbarer. Die Herstellung eines Eimers kostete gerade einmal zwei ägyptische Pfund. Das Rezept für den Kleister kann er noch immer auswendig.

»Mit einem hohlen Besenstiel rührt man Wasser und Mehl zusammen. Dann bläst man immer mal wieder durch den Stiel und rührt und rührt, bis die Masse dicker wird. Am Ende fügt man die Chemikalie KOH hinzu, auch bekannt als Ätzkali. Poster aus dem Jahr 2005 hängen zum Teil bis heute noch an der Wand«, sagt Amr. Er wirkt ein bisschen stolz, als er das berichtet.

Zum Plakatieren bildeten sie Dreierteams: Einer hielt, einer klebte, einer schob Wache. Einmal wurde Amr von einem Zivilpolizisten erwischt. Der Mann hielt ihn an Gürtel und Nacken fest und wollte ihn festnehmen. Da sprang der Erfahrenste in der Gruppe herbei und redete auf den Polizisten ein. Der ließ Amr für einen Moment los und der Muslimbruder zischte: »Renn’! Renn’!«

Der gemeinschaftliche Traum vom Paradies, der Kampf gegen den übermächtigen Gegner, das schweißte die Gruppe nicht nur zusammen und machte sie stark. Es machte sie auch »ungeheuer schlagkräftig«, wie Amr es nennt. Vor gut zwei Jahren aber kam er ins Grübeln.

»Ich schämte mich für meinen Bruder, wenn er mit Freunden Musik hörte und fluchte«, erzählt er. »Und ich schämte mich, wenn die Muslimbrüder mich mit einer Frau sprechen sahen. Das kann doch nicht sein, dass ich mich für meine Familie oder ganz normale Dinge schäme, habe ich gedacht.«

Der Druck wurde von Jahr zu Jahr größer. »Du wirst ständig geprüft«, sagt Amr. »Du denkst, du bist Mitglied und bist es nicht.« Erst nach der Universität bekomme man die ersten Entscheidungsbefugnisse. Amr erinnert sich noch gut daran, wie er zu einem wichtigen Treffen eingeladen wurde. »Bis jetzt hat die Muslimbruderschaft dich getragen«, sagte man ihm damals. »Jetzt ist es an der Zeit, dass du sie trägst.« Amr beschloss kurze Zeit später, die Muslimbrüder zu verlassen. Auf Facebook wurde die Zahl der Freunde schlagartig geringer. »Die meisten aber grüßen mich noch.«

Wir sitzen unter einem Sonnenschirm aus Holz, die hohen Mauern des sauberen Strandklubs schotten alles ab, was am Zahnschmelz des Landes nagt: die grellen Lautsprecher an den Moscheen, aus denen zuweilen religiöser Fanatismus dröhnt, die zerbröckelnde Infrastruktur, der Dreck und die Frustration der Menschen. Wir schauen auf das Ufer gegenüber, dort gibt es ein großes Mosaikbild, das die Kapitäne mit »*Welcome to Egypt*« begrüßt. Unverschleierte junge Frauen sitzen unter den Schatten spendenden Bäumen, deren Stämme mit weißer Farbe angepinselt wurden. Kleine Mädchen essen frische Waffeln und spielen im Gras. Die Jungs sind von den überwältigenden Schiffen fasziniert und löchern ihre Väter mit Fragen. Die Stimmung ist fröhlich und entspannt. Sie hat etwas von Sonntagnachmittag in Deutschland.

»Vermisst du denn irgendetwas aus deinem alten Leben?«, frage ich Amr.

»Die Gemeinschaft, ja«, sagt er.

Auch seien es schließlich die Muslimbrüder gewesen, die Hos-
ni Mubarak gestürzt hätten. Die westlichen Medien aber lobten
Facebook und Twitter und sahen darin die treibenden Kräfte der
Revolution. Sie interviewten junge, gut ausgebildete Leute, die
auf die Straße gingen und fließend Englisch sprachen. Das regt
Amr auf.

»Wenn du jeden davon im Land einsammelst, kannst du vielleicht die Hälfte des Tahrir-Platzes füllen«, meint er. »Das sind
nicht mehr als hundertfünfzigtausend Leute. Damit stürzt du
kein Regime.«

Es gibt keine offizielle Zahl, aber seriöse Schätzungen gehen
davon aus, dass die Muslimbruderschaft in Ägypten weit mehr als
eine Million Mitglieder hat. Im Ernstfall weiß jeder Anhänger,
was zu tun ist. Die Alarmkette funktioniert nach dem Schnee-
ballprinzip: Ein Befehl kommt von oben. Dann gehen Schritt für
Schritt die ersten Mitglieder hinaus und klopfen an die Türen der
anderen Mitglieder, die wiederum auch genau wissen, was zu tun
ist und den Befehl nach unten weitergeben.

»In wenigen Minuten konnten wir einige Hundert Menschen
mobilisieren«, sagt Amr.

Heute, nach dem Sturz des Regimes, das alles und jeden abhören ließ, haben sie es leichter und verschicken SMS.

Für den Showdown mit dem Regime hatten die Muslimbrüder sogar eine eigene Nahkampftruppe aufgebaut, eine Mischung aus Schläger und Kampfsportlern. Die Idee dazu hatte
der heutige Drahtzieher der Bruderschaft, Chairat el-Schatir,
ein Ingenieur, der es mit Luxusmöbeln zum Millionär gebracht
hat und trotz seines angehenden Rentenalters beim Nachwuchs
als Reformer und Unterstützer der Jugend gilt. Im Dezember
2006 ließ er an der altehrwürdigen al-Azhar-Universität in Kai-

ro eine martialische Show vom Feinsten abhalten. Seine Kadertruppe trat in schwarzer Kampfkleidung auf. Schatir wurde kurz darauf ins Gefängnis gesperrt. Amr sagt, die Muslimbrüder würden sich heute als Opfer aufspielen. »Dabei sind sie neben Polizei und Militär die einzige Organisation im Land, die Kampfverbände hat.«

Ich verabschiede mich von meinem Freund und gehe in die Stadt. Ich laufe an einem kleinen Seitenkanal entlang. Es gibt Schattenspender aus Holz, unter denen man gemütlich sitzen kann, und mehrere Brücken. Es beginnt allmählich zu dämmern, die Lichter gehen an und füllen den Spazierweg mit gelbem Licht. Ich lande im George's, dem einzigen, geöffneten Laden, in dem es Bier gibt. Verdunkeltes Glas lässt keine Blicke von außen zu. Ich muss durch zwei Türen und stehe vor einem langen Tresen aus Mahagoniholz. An der Wand stehen Dutzende Flaschen mit Alkohol. Der Barmann sieht aus, als wäre er einem Film der Fünfzigerjahre entschlüpft. Er lässt deutsche Schlager und französische Chansons laufen. Eine Flasche ägyptisches Stella-Bier kostet so viel wie andernorts ein reichhaltiges Mittagessen für eine vierköpfige Familie. Ich bin der einzige Gast.

»Nicht viel los hier«, sage ich zum Barmann.

Er schiebt mir ein paar Nüsse rüber.

»Gibt ja auch keine Ausländer mehr«, antwortet er melancholisch. »Während der Kriege mit Israel war die Stadt voll mit ausländischen Soldaten, später mit Beobachtern der Vereinten Nationen, und jetzt gibt es nur noch Fundamentalisten und ein großes Elektrizitätswerk. Wer soll da noch abends einen trinken?«, fragt er mich.

Er öffnet mir ungefragt eine weitere Flasche Bier, dann noch eine und eine letzte, ich bin sein Tagesumsatz.

Es ist spät. Ich nehme mir nun doch ein Zimmer im New Palace Hotel und unterhalte mich noch ein wenig mit Abu Bakr, dem Sudanesen an der Rezeption.

»Noch heute lernen die Kinder in der Schule, dass Ägypten das reichste und großartigste Land der Welt ist und die Ägypter die nettesten, großzügigsten und tapfersten Menschen der Welt sind«, sagt er. Über die traurige Wirklichkeit werde nicht geredet. »Es sind immer die anderen Schuld, die Ausländer, Israel, der Westen, das ist eine ägyptische Krankheit.« Er habe manchmal das Gefühl, dass die Ägypter es bevorzugen, mit der Lüge zu leben, denn sie tue nicht so weh wie die Wahrheit.

»Weißt du, wie Ägypten in den vergangenen fünfzig Jahren funktioniert hat?«, fragt er und antwortet gleich selbst – mit einem Witz: »Als Gamal Abd el-Nasser in den Fünfzigerjahren Präsident wurde, hat er einen Vizepräsidenten gesucht, der dümmer war als er, damit dieser ihm keine Probleme machen und seine Macht nicht gefährden konnte. Also wählte er Anwar el-Sadat. Als Nasser starb, wurde Sadat dann Präsident und wollte einen Vizepräsidenten, der noch dümmer war als er. Also wählte er Hosni Mubarak. Mubarak wartete dann fast dreißig Jahre lang, bis er einen Vizepräsidenten ernannte, weil er keinen finden konnte in Ägypten, der dümmer war als er«, lacht Abu Bakr.

Mohammed Mursi schließlich, der Muslimbruder, hat das Amt des Vize nun gleich ganz abgeschafft.

Am nächsten Morgen fahre ich zurück nach Alexandria. Aber nicht mit dem Zug. An der Haltestelle, da, wo die Minibusse losfahren, gibt es Marktstände, die Militärmützen und alte Militärgürtel verkaufen. Zwei Dutzend Soldaten stehen an einem Kiosk herum und rauchen Zigaretten. Ich hoffe, dass niemand dabei ist, der gestern in meinem Waggon war und mich wiedererkennt. Die Rekruten fahren mit einem großen Linienbus nach Kairo. Auf den Minibus warten jetzt nur noch schwitzende Bauern und füllige Männer in Anzügen.

Kapitel

11

Nuweiba

نويبع

Da also sollen die Gesetze vom Himmel gefallen sein. Gefallen auf eine Felsschulter dieser herben, leblosen Geröllhaufen hinter mir, wo Moses etwas mit dem Allmächtigen zu besprechen hatte. Warum bitte ausgerechnet da? Bis heute sind die Berge des Sinai selbst für erfahrene Alpinisten eine Quälerei. Im Sommer ist das Gestein heiß wie eine Bratpfanne; im Winter ist es schlüpfrig und der Wind unbarmherzig kalt. Es gibt hier nur wenige gesicherte Wege und so gut wie kein trinkbares Wasser. Warum also zerrte Gott den Moses ausgerechnet da hoch? Die Steintafel mit den Zehn Geboten hätte er auch an einen Strand werfen können.

»Auf dem Berg bist du näher bei Gott«, sagt man in den Alpen, und das gilt wohl auch hier. Diese spröden, rosa- bis aprikosenfarbenen Gesteinsklötze am Roten Meer berauschen meine Fantasie. Ich denke automatisch an die Welt am ersten Schöpfungstag, den Prolog des Alten Testaments, Genesis: »Am Anfang schuf Gott Himmel und Erde, und die Erde war wüst und leer« (1. Mose 1,2). So sieht das hier noch immer aus.

Ich sitze am Strand von Nuweiba. Vor mir liegt Saudi-Arabien in Sichtweite. Die Küste dort drüben ist menschenleer und lichtlos in der Nacht; die Scheichs verdienen genug mit ihrem Öl und wollen keine Fremden. Dazwischen gluckst das Rote Meer, das Moses geteilt haben soll, Exodus, sein zweites Buch, in dem Gott ihm befahl: »Du aber hebe deinen Stab auf und recke deine Hand aus über das Meer und teile es voneinander« (2. Mose 14, 16). Hat hier also tatsächlich jene dreitausend Jahre alte Beziehung mit Gott begonnen, die ein auserwähltes Volk begründete, Michelangelo zu Höchsttaten inspirierte und der Welt unsäglich viel Leid und Liebe brachte?

Michael Reichert ist das egal. Seit dem Frühstück treibt ihn etwas ganz anderes an: Seine Bio-Kläranlage muss dringend gereinigt werden. Bei der kräftigen Sonne, die jetzt, Ende Mai, schon vormittags die Haut ansengt, ist das eine fast biblische Prüfung.

Seit zwei Tagen erhole ich mich in seinem Urlaubscamp, das er zehn Kilometer nördlich der Stadt Nuweiba aufgebaut hat: fünfzehn Bungalows und sieben Hütten aus Bambus. Alle mit Blick auf das Meer, das keine zwanzig Meter entfernt ist. Der Privatstrand ist vierhundert Meter lang und verläuft entlang eines Korallenriffs. Strom gibt es stundenweise. Die zwei sauberen Toiletten und Duschen teilen sich die Gäste gemeinschaftlich, die sich tagsüber, wenn die Sonne zu unbarmherzig wird, unter den *arischa* treffen, den mit Stroh überdachten Schattenspendern.

»Hast du gut geschlafen?«, fragt mich Michael.

»Die Mücken«, antworte ich nur, »diese verdammten Mistviecher.«

Ich hatte gestern Nacht vergessen, das Moskitonetz ordentlich anzubringen, was wiederum am Alkohol lag.

»Kommt ja wieder eine neue Nacht heute«, sagt er, »die wird bestimmt besser.«

Mein Gesicht sieht zerbeult aus. Trotz der kurzen Nacht fühle ich mich sehr entspannt. Sogar richtig erholt.

Dieser Platz am Meer aus Stein und Kieselstein, den von hinten treppenartige, meterhohe Felsen schützen, ist der Traum der Aussteiger und Konsumverweigerer. Eine Reha-Station für Neurotiker, die endlich zur Ruhe kommen wollen. Die meisten Gäste sind von diesem Verzicht auf alles, was unsere moderne Welt bequem macht, zunächst begeistert. Sie spüren die Katharsis, die Geist und Seele entschlackt, die ihren Körper reinigt. Eine Woche lang hält man das auch gut aus, vor allem, weil man weiß, dass man bald wieder in ein Flugzeug steigen kann und sein altes Leben zurück hat. Wo es fließend heißes und kaltes Wasser gibt, Licht, wenn man Licht braucht, und man in Restaurants geht, in denen von der Karte bestellt wird und man nicht nur das kriegt, was der Fischer heute vorbeigebracht hat.

Michael aber ist gekommen, um zu bleiben. Er hat sich in diese Einsamkeit verliebt. Er lebt hier mit seiner vierzehn Jahre jüngeren Frau Ricarda, einer gelernten Bewegungstherapeutin, und seiner Tochter Roxy, die mittlerweile erwachsen ist. Sie spricht fließend Arabisch und verbrachte die Liebeskummer- und Pickelzeit mit ihren Beduinenfreundinnen unter dem Bambuszelt, Tee trinkend.

Wenn ich Michael zuhöre, habe ich nicht das Gefühl, dass vor mir ein angehender Rentner steht. Er ist zwar gerade sechzig Jahre alt geworden, und die Haut im Gesicht ist etwas faltig. Durch die gesunde Bräunung aber sieht er sehr frisch und erholt aus, zufrieden und glücklich. Michael hat die Statur eines Bleistifts. Tagsüber verdrängt die Hitze den Hunger, und die tägliche Arbeit im Camp verbraucht viel Energie. Meistens trägt er ein luftiges Beduinenhemd, auch mal eine Baumwollhose, doch keine Jeans. Die taugen nichts in diesem schwülen und heißen Klima und kleben nur an den Beinen. Es gibt Tage wie heute, an denen er

seine grauen, fülligen Haare nach hinten kämmt. Mit seiner eckigen Brille sieht Michael dann aus wie ein verrückter Professor.

Ich begleite ihn zu seinem selbst entworfenen Wassersystem,
das aus einer Pumpe, einem riesigen Vorratsbehälter und, weit genug weg, aus einem Loch für die biologische Kläranlage besteht.
Die schwarzen Leitungen verlaufen sichtbar im Freien. Die Sonne macht hier kostenlos das, was zu Hause eine teure Gasheizung
übernimmt.

»Man muss sich hier aber nach der Natur richten«, sagt Michael.

Im Sommer sind die Duschen tagsüber kochend heiß, und es
ist unmöglich, sich nach zehn Uhr morgens oder vor zehn Uhr
abends zu duschen. Die Welt dreht sich im Sinai anders: Es ist
tatsächlich kaltes Wasser, das in manchen Monaten zum Luxus
wird. Er erzählt mir von den Anfängen seines Camps, von seinen Erinnerungen an damals, als er im Frühjahr 2004 auf diesem
Strand stand.

»Ich habe mit sechs Leuten sechs Wochen lang mit Meißel und
Hammer gearbeitet, um mir eine Bambushütte zu bauen«, sagt Michael. »Der Boden hier ist blanker Stein, und Bagger gibt es nicht.«

Moses war hier, aber der kam auf Befehl Gottes. Michael will
hier für immer leben. Er kam freiwillig und begann ein Dasein in
Einsamkeit und frei von Jahreszeiten, denn hier scheint wirklich
immer die Sonne. Die Magie der Landschaft sei einzigartig, diese Farben der Berge.

»Aus deutscher Sicht sind das Geröllhaufen«, sagt er. »Aber die
haben eine innere Power, diese Felsen.«

Er redet ein bisschen wie ein Alltagsphilosoph, vielleicht wird
man auch so in dieser Gegend, in der sich schon so mancher Mann
zum Propheten berufen fühlte. Nur über sein früheres Leben redet Michael nicht gern. Sein Geld verdiente er damit, dass er andere zum Lachen brachte. Das funktioniert bis heute am einfachs-
ten, wenn man sich selbst zum Idioten macht, dann amüsiert sich

das Publikum und die Zuhörer gehen mit dem guten Gefühl nach Hause, dass es noch dümmere Menschen gibt.

Michael wusste sehr genau, was Deutsche lustig finden. Gemocht hat er diesen Humor nie besonders. Er nannte sich Jürgen Pawlaczek und brachte es in den Neunzigerjahren sogar zu einer kleinen Berühmtheit: als vertrottelter Keyboarder von Atze Schröder, der Kunstfigur mit Dauerwelle und Fliegerbrille. Es war die Zeit der Alleinunterhalter, der Comedians, wie sie genannt wurden, Leute, die in Vereinshäusern und auf Kleinkunstbühnen ihr Geld verdienten und, falls sie Glück hatten, ins Privatfernsehen geholt wurden. Michael verdiente damals mehrere Tausend Mark im Monat – und fühlte sich unglücklich. Der Stress, immer lustig zu sein, der Druck, immer neue Einfälle haben zu müssen, nagte an ihm. Heute kommt er in guten Monaten auf ein paar hundert Euro.

Eine gute Bekannte hatte mir von Michaels Camp erzählt. Ich brauchte ein paar Tage Auszeit und suchte einen Ort, an dem es keine Lautsprecher gibt. Ich stieg in einen Minibus in Alexandria ein, fuhr nach Kairo und von dort weiter auf den Sinai. Eine sechsstündige Fahrt lag vor mir, auf der ich anfangs nichts anderes sah als in Sand und Dreck gerieselte Langeweile. Die Fahrt führte durch einen Tunnel, der auf der anderen Seite des Sueskanals endet, entlang verödeter Dörfer, die wohl nie richtig am Leben waren, vorbei an den Checkpoints der Polizei. Dann aber, gut zwei Stunden vor dem Ziel, wurde die Landschaft bizarr. Das erzhaltige, silbergraue Gestein, harter Gneis und Granit, wechselte sich mit rotbraunen, kupferhaltigen Schichten ab. Dazwischen sah ich dunkle Adern in den Felswänden, die wohl Überbleibsel von mächtigen Vulkanausbrüchen sind. Die Straße selbst war schon ein Erlebnis. Sie wurde abschnittsweise mitten durch die Berge gesprengt. Und dann kam das Meer.

Der Sinai verbindet Afrika und Asien und ist flächenmäßig ein bisschen kleiner als Bayern. Er sieht auf der Landkarte aus wie

eine breite Pfeilspitze. Israelische Truppen hielten dieses Filet-
stück seit dem Sommer 1967 besetzt, nachdem sie die ägyptische
Luftwaffe im Sechs-Tage-Krieg zerbröselt hatten. Die Halbinsel ist strategisch von enormer Wichtigkeit. Wer sie beherrscht,
kontrolliert den 162 Kilometer langen Sueskanal. Durchschnitt-
lich fahren sechzig Schiffe täglich durch die künstliche Wasserstraße, die von eineinhalb Millionen Arbeitern innerhalb von
zehn Jahren gegraben und im November 1869 eröffnet wurde. In
zwölf bis sechzehn Stunden werden die schweren Schiffe, die mit
Waren und Öl beladen sind, von der Stadt Sues am Roten Meer
nach Port Said ans Mittelmeer geschleust. Die Europäer sparen sich damit die Fahrt rund um Afrika. Für die Ägypter ist der
Kanal ein Geldautomat. Die Einnahmen aus den Gebühren, be-
trächtliche fünf Milliarden Euro jährlich, machen rund vier Prozent des ägyptischen Volkseinkommens aus.

Im Spätsommer 1978 war der damalige ägyptische Präsident
Sadat in einer geheimen Mission unterwegs und reiste nach Thur-
mont, einem verschlafenen Nest im US-Bundesstaat Maryland.
Dort traf er in Camp David, dem offiziellen Feriensitz der US-
Präsidenten, den israelischen Ministerpräsidenten Menachem
Begin zu Verhandlungen. Sadat wollte Frieden schließen, doch
nur unter einer Bedingung: Israel gibt den Sinai zurück. Die Is-
raelis willigten letztlich ein, 1982 zogen die letzten Truppen ab.

Mehr als 1,3 Millionen Menschen leben heute auf der Halbinsel. Ihre Vorfahren waren Nomaden, die sich aus dem damals
bitterarmen Saudi-Arabien, dem Jemen und Syrien nach Ägypten
aufmachten, in der Hoffnung, es dort besser zu haben. Der Norden der Halbinsel ist flach und wenig reizvoll. Ausgetrocknet und
vom Tal el-Arisch durchfurcht, zieht sich die Landschaft nach
oben zur Hochebene Tih, ein Name, der Reisende warnen soll.
Tih ist das arabische Wort für: verirren. Es ist eine gefährliche
Gegend, das Auswärtige Amt rät von Fahrten über Land ab, besonders nachts, es gab hier schon Entführungen. Die Gegend hat

sich in den vergangenen Jahren sehr verändert. Der größte Ort, Arisch, war früher ein beliebter Badeort. Doch seit der Revolution haben die islamischen Fundamentalisten die Stadt übernommen. Ein Mann mit einem grauen Bart, der bis zum Bauchnabel reicht, urteilt bei Rechtsstreitigkeiten in einem Scharia-Gericht. Die Polizisten sind in Arisch dermaßen verhasst, dass sie um ihr Leben fürchten müssen. Sie tragen zu ihrem Schutz kugelsichere Westen.

Jahrelang wurden die Beduinen im Sinai von Mubaraks Regime benachteiligt. Das Einzige, was er ihnen spendierte, war eine Pipeline, die ägyptisches Gas nach Israel transportierte. Sie wurde zeitweise beinahe wöchentlich mit Sprengstoff in die Luft gejagt. Überleben können die Beduinen bis heute nur mit dem Schmuggel von Marihuana, Waffen und anderen Dingen. Doch es sind nicht nur Kleinganoven und Banditen, die sich in der unwegsamen, von Tälern und Bergen durchsetzten Wüste verstecken. Einige Beduinen haben sich auf den Menschenhandel spezialisiert. Die Weltgesundheitsorganisation hat Ägypten sogar als »regionalen Knotenpunkt für Organhandel« bezeichnet. Die Flüchtlinge kommen zumeist aus Eritrea, dem Sudan und aus Äthiopien.

Geheimdienste haben herausgefunden, wie das System funktioniert. Die Flüchtlinge werden entführt, gefoltert und vergewaltigt, während ihre Verwandten am Telefon den Schreien zuhören müssen. Damit wollen die Beduinen ein Lösegeld zwischen 5000 und 40 000 US-Dollar erpressen. Fließt kein Bares, werden die Gefangenen an organisierte Banden in den Nordsinai verkauft. Dort sollen sie unter sklavenähnlichen Bedingungen leben. Ägyptische Ärzte entnehmen ihnen Leber und Nieren, manche überleben die Operation nicht. Der Preis für ein Organ liegt nach Recherchen des TV-Senders CNN bei 20 000 US-Dollar, verkauft wird an lokale Krankenhäuser.

Der Süden hingegen, wo Michael sein Camp aufgebaut hat, ist friedlicher und ruhiger. Dort liegen auch die Berge, deren Gipfel weit über zweitausend Meter hoch in den Himmel ragen. Selten sieht man noch Gazellen oder die gefürchtete Wüsten-Hornviper, deren Biss für den Menschen tödlich sein kann. An Hängen wächst gelegentlich Christusdorn und da, wo es feucht ist, gedeihen Königskerzen und Malven.

Im Süden liegt auch das Rote Meer. Hosni Mubarak ließ hier in den vergangenen zwanzig Jahren seine eigene Traumwelt errichten, mit dem Hauptort Scharm el-Scheich an der Südspitze, dem touristischen Vorzeigeort, wo Bier und Bikini nie ein Problem waren und der Präsident in seinem Palast den Staatsgästen ein orientalisches Märchen vorführte. Weit weg von diesem Trubel, an der Küste nordwärts, an deren Ende sich Ägypten, Israel und Jordanien am Golf von Akaba treffen, liegen jedoch kilometerlange, unberührte Strände. Einen davon besitzt Michael.

»Ich wollte schon immer ein Haus am Meer, morgens aufstehen und vor dem Frühstück ins Meer springen und den bunten Fischen einen guten Tag wünschen«, sagt er.

Dass es nicht die Karibik wurde und auch keine Bucht an der Andamanensee in Thailand, sondern ein Flecken in Ägypten, das wusste er schon, nachdem er 1993 zum ersten Mal hier war. Das groteske Kairo zog ihn in seinen Bann. Das Gewusel auf den Märkten, durch die der Geruch von orientalischen Gewürzen wehte. Die Straßen voll mit Autos, die hupten und sich bewegten wie nervöse Ameisen, in deren Haufen jemand getrampelt war. Er fuhr weiter in den Sinai, wo er auf Beduinen traf, die damals kaum Kontakt mit fremden Menschen hatten. Er lag faul am Strand herum, bewunderte den täglichen Untergang der Sonne und drehte sich zur Zigarette, was es dort zu drehen gab. Er wollte eigentlich nur noch eines: bleiben.

Vier Jahre später, in seinem deutschen Leben gefangen, fühlte er sich ausgebrannt. Er brauchte eine Auszeit, Aussteigen auf Zeit; das Wort Sabbatical kannten damals nur wenige. »Ich kaufte mir ein Wohnmobil und zog mit Frau und Kind monatelang von

Land zu Land«, erzählt er. Zuerst nach Italien und Griechenland,
von dort weiter über die Türkei nach Syrien, Jordanien und: Ägypten. Sie schlugen sich mit einem kleinen, zerfledderten Sprach-
führer durch und lebten von Erspartem. Dreißig Kilometer nördlich der Stadt Nuweiba stellte er seinen großen Wagen ab. »Es gab
dort nur zwei Beduinenfamilien und sudanesische Gastarbeiter,
die am Strand ein kleines Restaurant betrieben«, erzählt er. Seine
Tochter schickte er in einen Kindergarten in einem nahe gelegenen Touristencamp. Er freundete sich mit den Beduinen an und
inhalierte die Ruhe und die Kraft der Natur. Das ging so Tag für
Tag, Woche für Woche, bis er nach acht Monaten nach Deutschland zurückkehrte – in sein altes Leben.

Im Frühjahr 2001 rief ihn ein Beduine an und sagte: »Ich hätte
da was für dich. Du hast einen Tag zum Überlegen.«

»Die Beduinen denken von heute bis morgen, die leben im
Hier und Jetzt«, sagt Michael.

So hatte er sie auch kennen- und schätzen gelernt. Einen Tag
später sagte er zu und war Mitbesitzer eines 65 000 Quadratmeter großen Areals aus Strand, Wüste und Berg.

»Ich dachte mir damals: Mit fünfzig fängst du jetzt also noch
einmal bei Null an«, erzählt Michael. »Ich weiß, das sagt man einfach so, aber es ist wirklich nie zu spät.«

Sie verkauften ihre Doppelhaushälfte bei Köln, verpackten ihr
nötigstes Hab und Gut in Kisten und ließen es verschiffen.

Michael fuhr mit dem neu gekauften Toyota-Jeep über Land
nach Kairo und suchte dort auf den orientalischen Märkten nach
Geschirr, Besteck, Matratzen und Kissen. Mit Hilfe der Beduinen und seines ägyptischen Freundes und Partners Saleh baute er seinen Traum auf: ein Beduinencamp. Strom liefert seither
ein Honda-Benzingenerator. Er kaufte sich ein großes Fass, einen
Anhänger, dann einen Trecker.

»Es gab hier in dieser Gegend absolut keinerlei Infrastruktur«,
erinnert er sich. »Du guckst raus aufs Meer und weißt: So sieht

no man's land aus.« Unverbraucht wie ein frisch geschlüpftes Land, das man gerade entdeckt hat.

Das Rote Meer beginnt am Bab al-Mandab, dem Tor der Tränen, einer siebenundzwanzig Kilometer breiten Meerenge zwischen dem Jemen und Dschibuti. Somalische Piraten machen diesen Flaschenhals seit Jahren zu einem der gefährlichsten Orte der Welt. Vor gut fünfundzwanzig Millionen Jahren trennte sich die afrikanische von der asiatischen Kontinentalplatte. Der entstandene Riss füllte sich mit Meerwasser und ist in etwa so groß wie die Schweiz. Übrig blieb dann ein riesengroßer, eingefasster See, der sich auf 2240 Kilometern in Richtung Norden aufbläht, bis zu 2600 Meter tief ist und da endet, wo der Mensch ihn mit dem Mittelmeer verbunden hat: am Sueskanal.

Warum das Rote Meer so genannt wird, ist bis heute nicht eindeutig geklärt. Bislang nahm man an, dass ein Cyanobakterium, eine Blaualge, namens *Trichodesmium erythraeum* der Namensgeber sei. Es benutzt für die Fotosynthese einen seltenen Wirkstoff, der das Wasser rötlich-orange schimmern und damit das Meer optisch zu einer Tomatensuppe werden lässt. Das ist aber nur an wenigen Tagen so, denn das Meer blitzt und spiegelt in einer Farbe, die zwischen Blau und Türkis liegt. Wissenschaftler fanden aber auch heraus, dass die Himmelsrichtungen früher nach Farben benannt wurden. Für das persische Volk der Achämeniden, die im fünften Jahrhundert vor Christus ein Großreich erobert hatten, das von Afghanistan über die Türkei bis nach Ägypten reichte, lag das Schwarze Meer im Norden, der durch die schwarze Farbe symbolisiert wurde. Im Süden lag nach dieser Logik das Rote Meer.

Michael war dann doch schnell in der ägyptischen Realität angekommen. Bevor es auf seiner Baustelle richtig losging, kamen ständig Beamte vorbei, die irgendwelche Genehmigungen sehen wollten. Am Ende löste es sein Partner Saleh so, wie man in Ägypten solche Probleme löst: mit guten Kontakten, netten Worten und ein wenig Geld.

Erst im April 2004 standen die ersten Hütten am Strand. Michael überlegte zusammen mit seiner Frau, wie sie ihr Camp nennen sollen. Am Ende einigten sie sich auf Rock Sea, die Worte für Felsen und Meer, ein Name, der so klingt wie der ihrer Tochter, Roxy. Die Bungalows sind 12,5 Quadratmeter groß, zwei Schichten aus Bambus und Schilf schützen sie vor dem Wind. Das Dach ist mit Palmenblättern gedeckt, der Boden besteht aus Steinen und Fliesen. Es gibt sogar Strom, allerdings nur, wenn der Generator läuft. Die einfachen Bambushütten vermieten Michael und seine Frau Ricarda für nicht einmal zehn Euro die Nacht. Wer mehr Komfort möchte und in einen Bungalow einzieht, muss fünf Euro mehr bezahlen. Ricarda kocht, wenn der Koch aus dem Sudan gerade nicht kann, und schaut, dass die verträumten Häuschen auch mit Touristen gefüllt sind. Sie gibt Frauen, die allein in Ägypten unterwegs sind, einen Rabatt.

»Ich weiß, wie anstrengend Ägypten als Reiseland sein kann. Bei uns wird garantiert niemand angebaggert«, sagt sie.

Das Alte Testament und der Koran sind in Landschaften wie jenen des Sinai entstanden. Ihre Geschichten sind nicht unbedingt das, was wir kleinen Kindern zum Einschlafen vorlesen würden, zu brutal und fürchterlich sind sie. Prägt die Landschaft also die menschliche Natur und den Charakter?

»Vergiss nicht, dass wir von einer anderen Zeit sprechen«, sagt Michael. »Es mag vielleicht noch so aussehen wie zu Moses' Zeiten, aber ich habe hier ein Handy, ein Auto und wäre in weniger als einer Stunde in einer Disco.« Er schaue aber abends lieber den friedlichen Krebsen und Leuchtfischen zu, die sich jede Nacht hier beobachten lassen.

Michael braucht jetzt einen Kaffee und etwas zu essen. Ich begleite ihn. Wir gehen in die Cafeteria, wo mir Ricarda ein verspätetes Frühstück zubereitet hat: türkischer Kaffee, Bohnenbrei, selbst gebackenes Fladenbrot und *schakschuka,* dieses würzige Rührei, das im Kupferpfännchen gebraten wird, mit Tomaten, Pfeffer, Koriander und Zwiebeln. Für Michael ist das nicht die erste Mahlzeit heute.

»Ich stehe sehr früh auf, um sechs Uhr ist es hier schon hell«, sagt er. »Wir sind doch schon recht nah am Äquator, zwischen Sommer und Winter ändert sich nicht viel.«

Alles, was der Mensch brauche, habe er hier: ein Bett, ein Haus aus Lehm, einfache Möbel, den Strand vor der Tür. Sie leben gewollt reduziert. Sie hocken auf Kissen und essen an niedrigen Tischen bei Kerzenschein, haben sich zwei Hunde zugelegt und vier Katzen. Und dann bestaunen sie jeden Tag das gleiche Bild, und es wird nie langweilig: im Osten das Meer und den Sonnenaufgang, im Westen die Berge.

»Wir brauchen echt nicht viel für unser Glück«, sagt er. Wenn die Sonne gut steht, vormittags, wenn das Meer am schönsten ist, dann sieht man im Wasser bis zu zwanzig Meter tief. Dann geht Michael schnorcheln. Das Rote Meer ist ein Paradies für Taucher. Tausende von bunten Fischen leben hier, grüne Salatkorallen, knallrote Seesterne, Anemonen und gelbe Mollusken. Michael nennt das seinen Vorgarten.

Ich bin ein Bergmensch und habe mit der Hitze ein Problem. Michael aber versichert mir, dass der Körper sich anpasst. »Du musst ihm nur etwas Zeit geben. Außerdem liegt die Temperatur selbst am heißesten Tag höchstens bei gefühlten vierzig Grad.«

In Kairo ist das anders, das weiß auch Michael. Im Sommer, unter einer großen Smogglocke, ist die Luft in der Stadt bleischwer und riecht verbrannt. Und im Winter ist es dort in den Wohnungen unangenehm kühl. »Die haben ja keine Heizungen.« Dazu kommt, dass im Sinai nur selten Regen fällt, von November bis April tröpfelt es hier keine zehnmal vom Himmel. »Dieses Wetter heizt das Meer auf«, sagt Michael. »Die Wassertemperatur fällt selten unter zwanzig Grad und steigt im September auf bis zu siebenundzwanzig Grad!«

Paradiesisch hört sich das alles an, doch wird die Natur der
Berge durch ein heftiges Gewitter gereizt, dann kann sie auch ihre
üble Laune zeigen. Dann ist es im Sinai plötzlich sehr rau und un-
gemütlich. Im November 1994 starb eine britische Touristin zwischen den Orten Taba und Nuweiba, nicht weit vom Camp, als
sie von einer Geröll- und Steinlawine erfasst und ins Meer gespült
wurde. Zwei ihrer Mitreisenden wurden verletzt. In diesem mit
Beton versiegelten Land, das einen steinigen Boden hat, der kein
Wasser aufnehmen kann, reicht ein starkes Gewitter aus, um eine
Katastrophe auszulösen.

Auch Ausflüge in die Berge, die für einen Europäer verlockend
sind, können sehr gefährlich sein. Ein Bekannter unternahm mit
ein paar Freunden im Sommer eine Tour durch die Berge des Sinai. Sie hatten zu wenig Wasser dabei: nur fünf statt der empfoh-
lenen acht Liter, pro Person. Als er in einer schattigen Ecke eine
Pfütze sah, nahm er in der Not einen Schluck daraus. Ein fataler
Fehler, denn im staubtrockenen Sinai ist das wenige Wasser oft
abgestanden und voller gefährlicher Keime.

»Mir wurde schnell übel, und ich bekam Krämpfe im Magen«,
erzählte er mir. Seine Begleiter schleppten ihn zu einem Beduinendorf. »Dort gab mir jemand, der sich als Arzt vorstellte, eine
Kräutermixtur zum Trinken.« Er trank sie aus und fiel in Ohn-
macht. »Eine gefühlte halbe Stunde später wachte ich wieder auf,
und alles war gut.«

Es ist Nachmittag, ich gehe schnorcheln. Michael hatte recht.
Ich sehe Fische, die aussehen wie im Zeichentrickfilm »Findet
Nemo«. Das Wasser verdunstet schnell, weshalb es sehr salzig ist:
Messungen ergaben einen Salzgehalt von bis zu vier Prozent. Es
hat Schwimmbadtemperatur, selbst bis in die Tiefen des Meeres,
was für Wissenschaftler eine Erklärung dafür ist, dass es diesen
Reichtum an Korallen gibt, denn die mögen es gern warm. Abends
wickle ich mich unter einem Beduinenzelt bei der Cafeteria in
eine Decke ein. In einer Kupferkanne über dem Feuer brodelt das

Teewasser. Ein Beduine mit Turban reitet auf einem Kamel am Zelt vorbei. Er will den Schmuck verkaufen, den seine Frau hergestellt hat. Er fragt mich, ob ich auf dem Kamel reiten wolle, gegen Geld, natürlich. Als ich ablehne, zieht er genervt weiter.

Michael setzt sich zu mir. »Beduinen sind nicht in der Lage, einem geregelten Job nachzugehen«, sagt er. »Ohne sie aber geht im Sinai gar nichts. Sie sind eine Schattenmacht und wachen über das Grundbuch und ausländische Investoren. Die stutzen jeden, der hier einfällt und glaubt, er könne schnell zu Geld kommen.«

Auch Michael musste das lernen und sich dem Lebensstil der Beduinen anpassen. »Die Geschwindigkeit des Lebens, die in Deutschland vorgegeben wird, ist hier gedrosselt. Man merkt, es geht auch anders«, sagt er und kommt ins Sinnieren: »Am Meer hörst du nur noch den eigenen Pulsschlag.«

Das hört sich fast zu perfekt an. Ich hake nach: »Hast du nie überlegt, wieder zurück nach Deutschland zu gehen?«

Michael schüttelt den Kopf. »Ich finde hier das, was ich für mein Leben brauche«, sagt er. Wenn er nicht selbst kochen will, besucht er seinen Freund Hani, der auf einer Anhöhe ein schickes Restaurant mit einer Poolbar betreibt: »Dort kann ich die Dekadenz erleben und erkennen, dass ich sie nicht wirklich brauche.« Ich glaube ihm.

Und doch hat es auch einen traurigen Moment gegeben, einen Moment, in dem er nicht gewusst hat, ob es das jetzt schon gewesen ist.

Kaum hatte Michael sein Camp aufgebaut, sprengten Terroristen im Oktober 2004 das Hilton im benachbarten Ort Taba in die Luft. Und in Sichtweite seines Camps, in Nuweiba, gingen ebenfalls zwei Bomben hoch, insgesamt starben vierunddreißig Menschen. Er lag damals an seinem Strand und hörte einen dumpfen Knall. So, als hätte »jemand einen Luftballon mit Wasser gefüllt und ihn dann auf den Boden geworfen«. Kein Jahr später, im Juli 2005, explodierten mehrere Bomben in Scharm el-

Scheich und töteten achtundachtzig Menschen. Der Tourismus brach völlig ein.

Bis heute weiß niemand genau, wer hinter den Anschlägen steckte. Waren es die Beduinen, die von den betrunkenen und halbnackten Urlaubern die Nase voll hatten? Schließlich verdienen nur einige wenige Unternehmer mit den Touristen Geld. War es der Hass auf Israel? Der Sinai war Schauplatz eines grausamen Krieges. Später feierten die Politiker beider Länder den Friedensschluss, international gab es Applaus, doch das Volk rumorte. Der Hass ist bis heute nicht gewichen; die meisten Ägypter würden den Vertrag am liebsten sofort zerreißen. Das hielt Israelis, denen ihr eigenes Land zu teuer ist, aber nicht davon ab, an der ägyptischen Küste Urlaub zu machen. Heute meiden sie die Gegend.

Ein Freund aus Hamburg, der unmittelbar vor den Explosionen in Taba Urlaub machte, fand jedenfalls am Tag der Anschläge keinen Taxifahrer, der ihn an die israelische Grenze fahren wollte. »Die sagten mir alle: heute nicht«, erzählte er mir später. »Eine komische Stimmung lag über dem Land. Ich bin mir heute ziemlich sicher, dass die Beduinen im Vorfeld von dem Anschlag wussten.« Also ging mein Bekannter zu Fuß zur Grenze, die Taba und das israelische Eilat trennt. Er hörte plötzlich einen ohrenbetäubenden Knall und wurde von einer Druckwelle nach hinten geboxt. Danach fand er sich auf einem Betonträger des völlig zerstörten Hilton wieder, mit ein paar Kratzern und einem leichten Schock. Er hatte großes Glück.

Die Leute im Sinai verdrängen das Thema, denn der finanzielle Schock, den die Region nach den Explosionen erlitt, quälte sie noch jahrelang. »Sie haben verstanden, dass es ohne das Geld der Touristen nicht geht«, sagt Michael.

Das sehen aber nicht alle so. Im Mai 2012 entführten bewaffnete Beduinen zwei US-Amerikanerinnen in der Nähe von Nuweiba. Sie zwangen sie aus einem Auto und verschleppten die Touristinnen in die Berge. Sie wollten damit die Regierung erpressen und forderten, dass Mitglieder ihres Clans, die wegen des Verdachts auf Drogenschmuggel im Gefängnis saßen, freigelassen werden. In die Verhandlungen schalteten sich sogar mächtige, lokale Scheichs ein. Außerdem, lautete eine ihrer Forderungen, müsse der ägyptische Film »*El-Maslaha*« (»Der Vorteil«) im Kino verboten werden. Darin geht es um einen Polizisten und seinen Kampf mit einer rivalisierenden Drogenbande im Sinai. Der Plot soll auf einer wahren Geschichte beruhen. »Dieser Film ist eine Beleidigung unserer Bewohner«, empörten sich die Entführer.

Die Regierung wollte den Vorfall möglichst schnell aus der Welt schaffen. Zu viele andere Touristen könnten davon erfahren und verschreckt werden. Sie gab nach.

Die Amerikanerinnen kamen nach wenigen Stunden frei und wurden mit einem dicken Blumenstrauß empfangen. Der Gouverneur der Provinz bedankte sich anschließend bei den Beduinen für die gute Zusammenarbeit und versprach ihnen, sich persönlich um ihre andere Forderung zu kümmern. Der Film lief, so oder so, eh nur noch ein paar Tage.

Kapitel

12

Beni Suef

بني سويف

»**K**omm, wir machen jetzt ein Spiel«, sagt der Mann neben mir im Minibus. »Du nennst mir ein ägyptisches Produkt, und ich beweise dir, dass da Korruption drin steckt.«

Wir sind eben durch ein trostloses Dorf gefahren, eine gute Stunde südlich von Kairo. Die Menschen draußen dösen im Schatten, die Sonne brennt mit Maximalstärke, es ist vierzehn Uhr und Juli. Ich habe noch eine gute Stunde vor mir, bis ich in Beni Suef ankomme. Vielleicht sind es auch zwei oder drei, so genau kann man das in Ägypten nie sagen. Ich spiele mit.

Ein Auto überholt uns. Ich zeige darauf.

»Das ist *made in Germany!*«, sagt der Mann.

Also das wäre mir neu, dass ein ausgebleichter, hellgrüner Peugeot 504, dessen Motor keucht und röchelt, aus Deutschland kommt.

»Nicht der Wagen, das Kennzeichen«, ereifert sich der Mann.
Er klärt mich auf: Vor ein paar Jahren hat der damalige Mi-
nisterpräsident Ahmed Nasif, »sein arabischer Name Nasif bedeutet übrigens sauber«, ein deutsches Kleinunternehmen beauf-
tragt, neun Millionen Nummernschilder zu erneuern. »Das war
natürlich völlig unnötig«, sagt der Mann, und hat die Ägypter umgerechnet mehr als zehn Millionen Euro gekostet, wie Journalisten später herausfanden. Die Ägypter witterten einen Korrup-
tionsskandal, schließlich gab es keine öffentliche Ausschreibung.
Der Minister begründete seinen Alleingang mit der »angespann-
ten Sicherheitslage« nach den Anschlägen am Roten Meer. »Wie
das beides zusammenhängt, Terrorismus und Schilder, hat damals
kein Ägypter verstanden«, sagt der Mann und lächelt verschmitzt.

Die Tomatenfelder neben uns, ein neuer Versuch.

»Sagt dir Jusuf Wali etwas?«, fragt er und legt sogleich nach:
»Der war Landwirtschaftsminister unter Mubarak und wird von
den Ägyptern eigentlich nur noch mit Krebs verbunden!«

Ich schaue ihn entsetzt an. Den Namen kannte ich tatsächlich. Der Minister hatte den Import von fast vierzig verbotenen
Pestizidmarken genehmigt und sich dafür ordentlich bezahlen
lassen. Und das, obwohl er damals schon wusste, dass sie schwer
krank machen. Das waren Zehntausende Tonnen giftiges Material, das die Bauern wie Blumenwasser über das Gemüse gossen. Die
Reporter, die den Skandal aufdeckten, wurden ins Gefängnis gesteckt und die Richter, wie unter Mubarak üblich, mit exquisiten
Grundstücken versorgt, damit sie dicht halten.

»Flugzeug«, sage ich.

»Nun, wo soll ich anfangen?«, antwortet der Mann.

Er erzählt mir von Ahmed Schafik, dem ehemaligen Minister für Luftfahrt, der für fünfhundert Millionen ägyptische Pfund
sechs Privatjets bestellte. »Die sollten angeblich für Geschäftsleute sein, die sich kein eigenes Flugzeug leisten können.« Ahmed
Schafik flog als Kampfpilot unter Mubaraks Kommando und soll

im Krieg 1973 zwei israelische Flugzeuge vom Himmel geholt haben. Damit war er ein Held und reif für eine Karriere an den Schaltstellen der Macht. Nach der Revolution wollte er seinem Mentor nachfolgen und hätte es sogar fast geschafft, Präsident zu werden. Bei der Stichwahl unterlag er nur knapp. Danach quollen die Korruptionsgerüchte wieder hoch, und er floh im Morgengrauen mitsamt seinen drei Töchtern und seinen Enkelkindern in einem Flugzeug nach Abu Dhabi.

Wir überholen einen Laster, auf dem Gasflaschen gestapelt sind. Der Mann wird plötzlich ernst.

»Erdgas ist das Symbol der Korruption überhaupt«, sagt er empört. Der Mann deutet auf die Fabrikschlote in der Ferne, in denen Ziegel gebrannt werden. Es sind Dutzende, vielleicht sogar Hunderte, die nebeneinander in die Höhe ragen und von Weitem aussehen wie ein langes Nagelbrett. Dunkle Staubwolken qualmen ungefiltert aus den Schloten. Das Gesicht meines Sitznachbarn verzieht sich vor Wut. »Die Umweltverschmutzung zerstört die Lungen der Ägypter. Es gibt aber noch ein viel größeres Problem: Diese korrupten Bosse kaufen auf dem Schwarzmarkt das subventionierte Gas, das für die Haushalte bestimmt ist! Die Polizisten werden geschmiert, damit sie wegschauen. Deshalb gibt es immer wieder einen Notstand an Gasflaschen.«

Die Ziegeleien kaufen die blauen, 12,5 Kilogramm schweren Behälter auf der Straße für den lächerlichen Preis von nicht einmal drei ägyptischen Pfund das Stück. Sie sparen damit viel Geld, denn das Gas für die Industrie ist um einiges teurer. Zwar bezieht mittlerweile jede vierte Familie das Erdgas über eine Leitung. Für die übrigen zwölf Millionen ägyptischen Haushalte aber sind die Flaschen überlebenswichtig. Die Frauen können sonst nicht kochen. Die tägliche warme Mahlzeit ist für die Familie das Symbol, dass es ihr gut geht. Kochen hat in Ägypten eben einen anderen Stellenwert als in Europa. »Wir essen mit der Zunge, ihr Europäer mit dem Auge«, sagt der Mann. »Wie das Essen aussieht, ist uns egal. Es muss vor allem üppig sein und satt machen.«

Ägypten hat nicht viele Bodenschätze, aber zumindest eine ordentliche Gasblase unter dem Sand, immerhin mehr als in jedem europäischen Land.

»Warum«, will ich von dem Mann wissen, »holt der Staat nicht einfach mehr aus der Erde?«

»Das tun wir doch!«, entgegnet er grimmig. »Aber wir verkaufen es zu einem Spottpreis nach Israel! Die decken dort vierzig Prozent ihres Bedarfs damit.«

Hussein Salem, ein ägyptischer Unternehmer und Intimus Mubaraks, in selbigem greisen Alter, erhielt über eine Firma die notwendigen Lizenzen für den Gashandel zum Freundschaftspreis. »Der soll zwei Milliarden US-Dollar damit verdient haben«, sagt der Mann. Und was noch schlimmer ist: »Dieser Verbrecher hat sich wohl auch an der größten Katastrophe Ägyptens bereichert.« Über eine dubiose Versicherung soll er am Untergang der Fähre »Al Salam Boccacio 98« verdient haben, die am 2. Februar 2006 im Roten Meer versank und mehr als tausend der tausendvierhundert Menschen in den Tod riss. »Ich kann mir nicht vorstellen, dass es einen korrupteren, gewissenloseren Menschen auf dieser Welt gibt.«

Noch während der Revolution machte sich Hussein Salem aus dem Staub und floh in seine Villa in einem spanischen Nobelort. Später wurde er dort festgenommen. »Ich bin gespannt, ob wir es schaffen werden, ihn vor ein ägyptisches Gericht zu stellen«, sagt der Mann. Hussein Salem hat einen spanischen Reisepass und behauptet, und da liegt er wohl gar nicht so falsch, dass ihn die Ägypter hängen wollen. Deshalb liefern ihn die Spanier nicht aus. »Europa achtet eben auf Menschenrechte und lebt seine Werte tatsächlich«, sagt er. Der Mann lächelt. Er hat seinen Humor wieder.

Ich bin in einer wenig vertrauten Gegend unterwegs, auf dem Weg in die Stadt Beni Suef, hundertzehn Kilometer südlich von

Kairo. Die Sonne gießt ihr Licht über die Dörfer, doch so viel Se-
rotonin kann mein Körper gar nicht produzieren, dass ich hier
Glück empfände. Es ist ein vergessener Flecken Ägyptens, den
höchstens derjenige streift, der in den Süden des Landes möchte und die Autobahn meidet. Deshalb gibt es in der Region, in
der immerhin 2,5 Millionen Menschen leben, tatsächlich nur ein
Zwei-Sterne-Hotel und fünf weitere Bruchbuden, die nicht einmal klassifiziert wurden. Der Landstrich zählt, gemäß der offiziellen ägyptischen Statistik, zu den bedürftigsten und elendigsten
des Landes: Mehr als jeder Dritte der jungen Generation kann
nicht lesen und schreiben. Jeder Fünfte nagt am Hungertuch, auf
dem Land ist es sogar jeder Zweite. Da die Bauern im Winter
kein Geld für das Erdgas haben, beheizen sie die Ställe der Hühner nicht. Jedes Jahr bricht deshalb die Vogelgrippe epidemisch
aus.

Mich treibt die Neugier in diese Region. Das hier ist nicht
das bunte, zum Baden schöne Sehnsuchtsland, das der Urlauber
kennt. Es ist vielmehr jenes erbärmliche Ägypten, das Mubarak
hinterlassen hat. Die kaputte Straße mit ihren Schlaglöchern, auf
der wir fahren, führt uns durch die Armut des Landes. In einem
Dorf steht ein ausgebranntes Auto; es hat etwas Symbolisches.
Die Häuser sind mit getrockneten Palmenblättern gedeckt. Am
Straßenrand sitzen alte Frauen stoisch vor riesigen Tonkrügen, in
denen Getränke gekühlt werden. Neben uns dümpelt ein künstli-
cher Kanal des Nils. Diese dreckige Brühe hält die Menschen und
ihr Vieh am Leben.

Wer hier lebt, wurde hier geboren und wird hier sterben. Man
kommt nicht freiwillig in diese Dörfer, um zu bleiben. Man will
weg. Durchfahren. Möglichst schnell. Aber das ist gar nicht so
einfach, denn wie überall in der ägyptischen Prärie wollen die Einheimischen eben genau dies verhindern. Sie wollen keine Durch-
reisenden, keine Raser, keine Unbekannten. Sie gossen deshalb bis zu zwanzig Zentimeter hohe Schwellen aus Beton in die

Wege. Jedes Mal, wenn der Fahrer vor einem solchen Hindernis abbremst, erlebe ich eine Folge ägyptischer Folklore.

Erste Schwelle: Ein dicker Mann in einer grauen *galabeja* hält einen kleinen Sack auf, als unser Minibus stehen bleibt. Er sammelt Spenden für die Renovierung der Dorfmoschee. Nächste Szene: Ein Polizist hält den Wagen an und nervt uns mit Fragen und Ausweiskontrollen, bis ihm der Fahrer etwas zusteckt. Dann, an Schwelle Nummer drei, die Szene, die von einem Mann handelt, der Zeitungen verkauft und Holzstäbe loswerden möchte, die er selber geschnitzt hat und die wohl als Gehhilfe für Alte und Kranke gedacht sind. Stopp Nummer vier ist mittlerweile eine Haltestelle für die Minibusse, wo die Fahrer zusammen eine Zigarette rauchen. An der nächsten Schwelle steht wieder ein Polizist. Es ist also wieder eine Zahlstelle.

Nach viel zu vielen weiteren Zwischenstopps ruft der Fahrer uns dann endlich »*Hamdilla assalama*« zu, »Lob sei Gott für die Unversehrtheit«, das sagt man in Ägypten, wenn man nach einer Reise gut angekommen ist. Es ist das Zeichen, dass die Passagiere das Geld für die Fahrt einsammeln und ihm übergeben sollen. Wir halten etwas außerhalb der Stadt Beni Suef. Das ist häufig so, denn die Fahrt in das verstopfte Zentrum dauert meistens länger als die gesamte Reise.

Auf den Laternen klebt eine zentimeterdicke Schicht aus Staub. »Sag', es gibt nur einen Gott!«, lese ich auf einer Mauer, draufgeschmiert mit schwarzer Farbe. Die Frauen, die fast allesamt aussehen wie dicke Ninjas in schwarzen Kampfmonturen, folgen ihren bärtigen Ehemännern wie Haustiere. Das also ist Beni Suef, eine Stadt mit 220 000 Einwohnern, die jedes Jahr am 15. März eines besonderen Ereignisses gedenkt: An jenem Samstag des Jahres 1919 zerstörten ein paar mutige Einheimische die Eisenbahnschienen der Region. Sie wollten damit die heraneilenden Züge zum Entgleisen bringen, in deren Waggons britische Soldaten saßen. Dutzende Menschen starben. Es war ein Schlüsselmoment des Aufstands, angeführt von Saad Saghlul, der Ägypten schlussendlich von den Kolonialmächten befreite.

In Beni Suef gibt es nicht einmal einen vernünftigen Supermarkt, keine funktionierenden Toiletten, und die Museen haben alle zu, weil sie angeblich renoviert werden. Zu meinem Erstaunen sehe ich einen Zoo, der in Laufweite von der Haltestelle der Minibusse liegt. Ich war noch nie in einem ägyptischen Tiergarten. Der Eingang liegt auf einem Areal gegenüber der Universität, geschützt von mannshohen Gitterstäben. Kaum habe ich den Zoo betreten, stehe ich vor einem Mann, der Zuckerwatte verkauft. Um ihn herum tollen aufgekratzte Kinder, das Geschäft läuft gut.

Unter einem Baum sitzt ein Mann und raucht eine Zigarette. Ob ich die Löwen sehen möchte, fragt er und stellt sich als Abd el-Rahman vor. Er sei der »Präsident des Löwenhauses«. Der Mann führt mich zu den winzigen Käfigen, in denen die Könige der Tiere darben, völlig apathisch, als wären sie ausgestopft, so stumpf und lethargisch ist ihr Blick. Abd el-Rahman freut sich wie die Kinder vorhin, die an der Zuckerwatte zupften. Ich bin der erste Ausländer, den er je in diesem Zoo gesehen hat. Er will mir etwas bieten. Er geht zu einem Löwen, der nahe am Gitter auf dem Boden liegt und brüllt ihm ins Ohr: »*Jalla, idhak, idhak!*«, »Lach!«

Der Löwe reagiert zunächst nicht.

»*Idhak!*«, brüllt Abd el-Rahman erneut.

Der Löwe öffnet seine müden Augen. Ich höre ein lahmes Röhren. Brüllen schafft er wohl nicht mehr.

Ich gehe weiter zum Schlangenhaus und sehe ägyptische Kobras, gefangen in winzigen Terrarien. Ein paar Jugendliche hämmern mit ihren Handys gegen die Scheibe, damit sich die Tiere aufbäumen. Die Schlangen züngeln und zischen und wollen sich wehren, doch das Glas trennt sie von den Jugendlichen, zum Glück. Im Freigelände suhlen sich Nilpferde und Krokodile in abgestandenem Wasser. Ein Pfleger nötigt mich regelrecht dazu, ein Nilpferd mit Süßkartoffeln zu füttern, indem ich ihm die

Knollen direkt in den Mund werfe. Die Affen in den stinkenden und schmutzigen Gehegen sehen nicht glücklicher aus. Wie auch die paar Wasservögel, deren Flügel verkümmert sind.

Der Zustand des Zoos macht mich traurig, aber auch wütend. Braucht diese Stadt, die nicht einmal genügend Geld für einigermaßen funktionierende Krankenhäuser und Schulen hat, ausgerechnet einen Zoo? »Tiere haben in Ägypten zwei Funktionen, sie arbeiten oder werden gegessen«, sagte mir einmal eine Tierschützerin in Kairo. Ein Zoo passt in keine der beiden Kategorien. Dass auch Tiere gut behandelt werden müssen, verstehen hier nur wenige. Wie soll das auch gehen in einem Land, in dem die meisten Menschen nicht einmal Rechte haben? Die Besucher erwarten wohl, dass sie von den Löwen, Affen und Schlangen unterhalten werden. Sie haben sonst ja auch nichts in der Stadt, um dem tristen Alltag für ein paar Stunden entfliehen zu können; keine Parks, keine netten Cafés, keine Spazierwege.

Ich hatte nie das Gefühl, dass die Ägypter besonders tierlieb sind. Pferde und Esel werden zur Arbeit geknechtet. Haustiere halten nur Reiche. Im Koran findet sich zwar keine Zeile, die Gewalt gegen Tiere rechtfertigt. Es gibt jedoch einige Sprüche des Propheten, die vor manchen Tieren warnen. So findet sich in den sogenannten Hadithen, die den Muslimen eine Gebrauchsanweisung für das Leben sind, der Hinweis: »Das Beten eines Muslim wird ungültig, wenn nah vor ihm eine Frau, ein Esel oder ein schwarzer Hund vorbeigehen.« Einmal soll Mohammed gar gemahnt haben, dass die Engel keine Wohnung betreten, in der es einen Hund gibt.

Hunde, so weiß es jedes ägyptische Kind, übertragen Tollwut. Deshalb befahl schon im 19. Jahrhundert der damalige Vizekönig Mohammed Ali Pascha, ein Schiff mit streunenden Kötern zu beladen und zu versenken. Noch heute glauben viele Ägypter im Süden des Landes an die Existenz des *silawa,* eines schwarzen, hundeähnlichen Säugetiers, das sich nächtens in Häuser schlei-

chen soll, um Babys zu fressen. Der Bürgermeister der Stadt Assuan ließ deshalb im November 2008 auf Verdacht 2300 streunende Hunde töten. Heute ist die Angst vor Hunden dermaßen tief
in die ägyptische Gesellschaft eingesickert, dass Eltern ihren Kindern am Mittagstisch drohen: »Wenn du dein Essen nicht aufisst,
dann hol' ich den Hund!«

Es ist später Nachmittag geworden, die Sonne lässt meinen Magen langsamer arbeiten, dafür steigt der Durst. Ich ma-
che mich auf die Suche nach einem Kaffeehaus. Hier beim Zoo
jedenfalls gibt es keines. Ein Taxi fährt mich in die Salah-Salem-
Straße, in die Hauptstraße, die zum Zentrum führt. Auf einem
Sockel thront unübersehbar ein ausgemusterter Kampfjet am
Straßenrand. Der Fahrer erklärt mir voller Stolz, dass in Beni Suef
die jungen Piloten der Luftwaffe trainieren. Auf den Hangars von
Nord bis Süd stünden mehr als zweihundert F16-Jets flugbereit.
Das ägyptische Militär ist im Nahen Osten und in Afrika eine re-
spektable Großmacht, daran labt sich das Selbstbewusstsein der
Ägypter. Dass ihnen ausgerechnet die missliebigen Amerikaner
die meisten Flugzeuge spendiert haben, weil die ägyptischen Generäle das befolgen, was der Westen will, verdrängen sie.

»Wenn einer der Piloten mal wieder die Schallmauer durch-
bricht, sind die Leute auf der Straße total verunsichert«, sagt der
Fahrer. »Die rufen aufgeregt bei den Behörden an, weil sie be-
fürchten, Israel greift mit Bomben an.«

Die wichtigen Bürgermeister, Minister und Wirtschaftsfüh-
rer, die unter Mubarak das Land steuerten, waren fast ausschließlich Absolventen der Militärakademie. Mubarak selbst war
Kampfpilot. Man könnte also sagen, dass Ägypten generalstabsmäßig ruiniert wurde. Generäle dulden keinen Widerspruch. Die
Ägypter bekamen über die Jahre zwei Dinge: Befehle und Beton.
Das Land verlor seine Architektur, seine Kreativität, seine Vi-
sionen und letztlich sein *damir,* der arabische Sammelbegriff für
Herz, Innerstes und Gewissen.

Oberbefehlshaber der militärischen Streitkräfte ist der ägyptische Präsident, das hat Mubarak in seinen Ansprachen an das
Volk immer wieder betont. So sah er sich auch selbst am liebsten, der Präsident und der Pilot, der Vater der Nation. Als Mubarak im März 2010 die Stadt Beni Suef besuchte, kamen bei ihm
deshalb die Erinnerungen hoch: wie er damals, als junger Pilot, in
Beni Suef stationiert war und zum Sportklub ging, um »meinen
täglichen Tee« zu trinken. »Der erste Luftschlag im Krieg 1973
gegen Israel startete von dieser Basis«, schwärmte er. Dann versprach er großzügig, der Stadt einen neuen Sportklub zu spendieren. Die Leute wussten, was sie von so einer Ankündigung zu halten hatten: nämlich nichts.

Ich steige beim Kaffeehaus Schaban el-Muslimin aus. Ein kleines Männercafé mit ein paar Hockern und Tischchen, auf einem
Regal an der Wand stehen ein Dutzend Wasserpfeifen. Ich bin
der einzige Gast und bestelle ein Glas Tee und eine Flasche Wasser. Der Inhaber ist ein gut ernährter Ägypter, der in der Mitte seines Lebens steht. Er ist neugierig. Er will wissen, ob ich Ägypten
mag, was mich in seine Stadt zieht und ob ich schon einmal richtiges, ägyptisches Essen bekommen habe. Er ist nett, aber zutiefst
misstrauisch. Er will sich aber offensichtlich mit mir unterhalten.

Er fragt mich, was ich von der Revolution halte und will von
mir wissen, wie ich Ägypten retten würde. Ich weiß nicht, wo ich
anfangen soll. Also sage ich: »Ich würde den Arbeitern bessere
Löhne zahlen, damit sie nicht nur einen Job haben, sondern auch
davon leben können. Zum Beispiel stehen doch in jedem Restaurant bis zu zehn Kellner rum, auch wenn kaum Gäste da sind.«

Der Mann schüttelt den Kopf. »Das funktioniert nicht«, sagt
er. »Jede Firma braucht sehr viele Mitarbeiter.« Das sei doch ganz
logisch, er erkläre mir jetzt mal warum.

»Ein paar Mitarbeiter müssen Ausschau halten, falls der Herr
Militärgeneral ins Restaurant kommt«, hebt er an.

»Der General?«, frage ich.

»Ja natürlich!«, antwortet der Mann. »Denn wenn nur wenige
Kellner da sind und der General nicht seinen gewohnten Service
bekommt, dann ist das Restaurant morgen zu.« Außerdem müssten die Chefs bedenken, dass ihre Kellner meistens Familienväter sind und deshalb oft krank werden. »Die Kinder bringen ständig irgendwelche Krankheiten von der Schule nach Hause, weil
die Klassenzimmer überfüllt sind«, sagt er. Und genau da liege das
Problem: »Weil zu Hause kein Geld für einen Arzt da ist, stecken
sie die ganze Familie an. Die Kellner bleiben dann krank zu Hause und fehlen bei der Arbeit. Auch dafür braucht man Ersatz. Und
dann kommen Sie und trinken ausgerechnet einen Tee an einem
Tag, an dem alle Kellner da sind, und glauben, da seien zu viele
Kellner!«

Und wie würde er sein Land wieder hochziehen, will ich von
dem Mann wissen.

Er überlegt kurz und sagt: »Das Handy verbieten!« Es gebe
mittlerweile mehr Telefone als Menschen in diesem Land. Die
Ägypter würden für das Handy mehr als vierzig Milliarden Pfund
jährlich ausgeben. »Die Mütter rufen ihre Töchter alle zwanzig Minuten an und fragen, wo sie gerade sind und wann sie endlich zurückkommen. Das ist doch völlig unnötig!«, sagt der Mann.
»Früher sind die gut erzogenen Töchter sowieso zu Hause geblieben.«

Am nächsten Tag, nach einer Nacht in einem schäbigen Hotel, suche ich nach Essen. Das Konzept eines europäischen Früh-
stücks gibt es hier nicht. In Beni Suef stehen die Verkäufer von
ful an der Straße und schöpfen im Akkord den heißen Bohnenbrei
aus ihren riesigen Kesseln. Die Ägypter essen möglichst viel davon. Der Brei füllt die Mägen nachhaltig und schmeckt lecker, ist
aber, besonders in Städten wie Beni Suef, oft nicht völlig frei von
Erregern, die den Darm tagelang ärgern können.

Ich suche deshalb nach einer Bäckerei und spaziere durch die
Gegend. Ich sehe eine alte Frau, die aus einer Gasse kommt und

eine Holzpalette mit Brot auf ihrem Kopf trägt. Hier bin ich also richtig. Doch kaum nähere ich mich der Bäckerei, hält mich ein Mann auf. Er möchte wissen, was ich hier will. Der Mann arbeitet für die ägyptische Regierung. Das kann ich schon auf den ersten Blick sehen. Regierungsleute tragen meistens eine schwarze, nicht ganz passgenaue Lederjacke, eine dunkle Baumwollhose und schwarze, etwas verstaubte Schuhe. Sie müssen sehr oft zum Frisör gehen, denn diese Leute haben eigentlich immer frisch geschnittene, sehr kurze Haare. Der Mann ist ein *mufattisch tamuin,* ein Inspektor, der sicherstellen soll, dass die staatlichen Versorgungsbetriebe nicht betrügen.

Ich sage ihm, dass ich Brot kaufen will.

»*Mamnua*«, sagt er, das dürfe ich hier nicht, ich solle gehen.

Diskutieren ist zwecklos, das sagt mir meine Erfahrung. Ich laufe einmal um den Block und warte, bis der Inspektor weg ist. Nach einer halben Stunde gehe ich wieder zum Bäcker und kaufe mir einen Berg heißer, frischer Fladen, das braune, gehaltvolle Brot der Armen, das es nur in Familiengrößen gibt.

Die staatlichen Bäckereien heißen in Ägypten *furn,* das arabische Wort für Ofen. Das beschreibt diese Bäckereien ziemlich gut, denn sie sind tatsächlich nicht viel mehr als ein Raum, in dem ein riesiger, gasbetriebener Ofen aus Metall steht. Durch ein kleines Gitterfenster werden die Brotscheiben an die Wartenden verkauft. Die 23 664 staatlichen Bäckereien halten die Menschen am Leben. Und doch konnten sie mit dem raschen Wachstum der Bevölkerung nicht mithalten, denn statistisch müssen sich in Ägypten 3380 Menschen eine Bäckerei teilen. Jedes Jahr sterben Dutzende Menschen in den Warteschlangen, sie prügeln sich, weil es nicht genügend Brot gibt.

Der Bäcker ist ein bulliger Mann aus dem einfachen Volk, das hört man an seiner Sprache und sieht man an seinen Armen und Händen, die ihr Leben lang Mehlsäcke schleppen mussten. Er stellt sich als Hassan Abd el-Salam vor. Täglich produziert er

18 000 Fladen, jeweils 130 Gramm schwer, und verkauft sie für
fünf Piaster das Stück, das ist weniger als ein Eurocent. Jeder Käu-
fer bekommt maximal zwanzig.

Hassan betreibt eine der 111 staatlichen Bäckereien in Beni
Suef. Deshalb bekommt er das Mehl zum Sonderpreis, den Fünf-
zig-Kilogramm-Sack für umgerechnet einen Euro. Brot ist in
Ägypten subventioniert und soll die Massen ruhig stellen. Das
kostet den ägyptischen Staat jährlich viel Geld, umgerechnet
2,5 Milliarden Euro, denn längst sind die Zeiten vorbei, als Ägypten als Kornkammer galt. Die ägyptischen Bauern ernten 7,4 Millionen Tonnen Weizen und damit genau die Hälfte des Bedarfs.
Den Rest der Körner holt der Staat teuer aus dem Ausland.

»Gab's vorhin Ärger mit dem Kontrolleur?«, frage ich Hassan
neugierig.

Er schaut mich etwas misstrauisch an und beschwichtigt:
»Ja, er warf mir vor, ich hätte das subventionierte Mehl auf dem
Schwarzmarkt verkauft.«

So etwas würde er aber nie machen, versichert er, auch wenn es
ein lukratives Geschäft wäre: Hassan bekäme dort den fünfund-
zwanzigfachen Preis. »Nun soll ich siebentausend Pfund Strafe
bezahlen und stehe unter permanenter, staatlicher Beobachtung«,
jammert er. »Diese Strafe jedenfalls kann ich in geschätzten hundert Jahren vielleicht bezahlen!«

Hassan rechnet mir vor, dass nach Abzug der Kosten für Gas
und Strom noch dreißig Pfund übrig bleiben, keine vier Euro.
»Wie soll ich damit die Löhne meiner Mitarbeiter bezahlen und
meine Familie ernähren?«

Niemand habe ihm bislang sagen können, wie das funktionieren solle. »Ich müsste tatsächlich betrügen, aber bei Gott, das verbietet mir die Religion. Die Regierung weiß, dass die Bäcker mo-
geln müssen, um überleben zu können. Doch wenn wir es dann
tun, werden wir bestraft. Das ist der Irrsinn in diesem Land«, sagt
der Bäcker. Er habe auf die Revolution gesetzt. »Die hat bislang

gar nichts gebracht. Außer, dass die Menschen noch weniger Geld haben und noch mehr Hunger.«

Ich solle mir das Land doch auf der Rückfahrt einmal genauer anschauen, rät mir der Bäcker. Früher habe es tolle Häuser gegeben. »Wenn du jetzt ein Gebäude mit einer schönen Fassade siehst, dann weißt du, dass das einer ausländischen Firma gehört, die dort ihre guten Mitarbeiter unterbringt«, sagt er. Der Rest des Landes sei »hoffnungslos verschandelt«.

Hassan fragt mich, ob mir denn nie die Mauern und Baracken aus weißen Ziegeln aufgefallen seien, die überall halbfertig im Land herumstehen.

»Doch«, antworte ich ihm, »aber ich habe mir nie etwas dabei gedacht.«

Die Logik dahinter ist jedenfalls nicht einfach zu durchschauen: Die halbfertigen Gebäude sind illegal errichtet. Die Menschen nehmen dafür absichtlich die weißen, ungebrannten Ziegel, weil sie billiger sind als die roten.

»Das ist ein Test, um zu schauen, ob jemand von der Behörde vorbeikommt, Geld verlangt oder gar den Abriss befiehlt«, sagt Hassan.

Wenn eine Weile nichts passiert, dann ist der Standort sicher. Erst dann wird mit roten Ziegeln ein richtiges Haus gebaut.

»Natürlich auch illegal«, sagt der Bäcker. »Aber so funktioniert es eben, das Land.«

Kapitel

13

Minja

المنيا

Vor ein paar Tagen las ich in einer Zeitung, dass jährlich mehr als siebzehntausend Kinder in Ägypten an Magen-Darm-Entzündungen sterben, weil sie das pure Wasser aus dem Nil trinken. Oder, vielleicht korrekter, trinken müssen, weil die Wasserleitungen noch nicht bis in ihre Dörfer führen und das Geld der Eltern für abgefüllte Flaschen aus dem Laden nicht reicht. An Nierenversagen siechen in diesem Land viermal so viele Menschen dahin als anderswo auf der Welt; die Erreger der Bilharziose, dieser gefürchteten Wurmkrankheit, fühlen sich im Nil besonders wohl. An all das will ich jetzt aber nicht denken. Es ist zu schön hier.

Ich sitze an der Corniche auf einer hölzernen Bank, Hamis und Mermaid liegen vor mir ruhend im Wasser, fest verankert am Ufer von Minja. Der Nil ist an dieser Stelle in Mittelägypten besonders kräftig und breit. Er ist mehr ein Strom als ein Fluss, zwischen den Ufern hat sogar eine unbewohnte Insel Platz. Im Park nebenan sprießt das Gras, die Bäume spenden wohltuenden Schatten und die Sonne macht an diesem Nachmittag im Februar genau das, was man von ihr in diesen Breiten erwartet: Sie wärmt.

Ein kleiner Junge kommt auf mich zu und fragt, ob ich eine Flasche Wasser haben möchte und eine Tüte Kartoffelchips. Sein Vater schickt ihn zu mir, ein fliegender Händler, der einen bunten Karren vor sich her schiebt. Darauf brüht er Teewasser in einer Blechkanne und hat einen Haufen *tirmis* gestapelt, goldgelbe Lupinensamen, die er mit Limettensaft würzt. Sie sind reich an Eiweiß, knackig und schmecken ein bisschen wie eine Mischung aus Erbsen und Erdnüssen.

Der Junge läuft weiter. Ich beobachte, wie er, keine fünfzig Meter entfernt, von einem älteren Mann in einer schwarzen Lederjacke angesprochen wird. Sie unterhalten sich. Der Mann kauft nichts. Dann kommt der Mann auf mich zu, setzt sich ungefragt neben mich und begrüßt mich in schlechtem Englisch: »*Welcome to Egypt.*«

Er stellt sich als Mahmud vor und fragt, in welchem Hotel ich logiere, wo ich heute gewesen sei und wann ich wieder abreise. Warum er das wissen wolle, entgegne ich. Ich hole ein Buch aus meiner Tasche und versuche, ihn zu ignorieren. Ich tue so, als würde ich lesen. Er will mir seine Telefonnummer geben, falls ich Hilfe bräuchte und möchte auch meine haben. In Ägypten wird man ständig nach der Handynummer gefragt, vor allem von jungen Männern. Sie terrorisieren einen später aus purer Langeweile mit belanglosen Anrufen, oft mitten in der Nacht. Der Mann in der Lederjacke aber lebt bestimmt schon seit mehr als einem halben Jahrhundert. Der plant etwas anderes. Er lässt nicht locker und fängt an, mich zu nerven. Ich gebe nach. Wir tauschen die Nummern aus. Er verschwindet daraufhin.

Freunde und Bekannte haben mich vor Minja und den umliegenden Dörfern gewarnt. Mein Professor empfahl mir, am besten gleich weiter ans Rote Meer zu fahren, denn ich könne mich in Minja nicht frei bewegen. Da seien überall Mitarbeiter des Geheimdienstes, und es gebe sowieso nichts zu sehen. »Sprich dort ja kein Arabisch und stell' dich immer dumm«, war sein Rat. Geradezu panisch reagierte ein koptischer Freund: »Dort lauern an jeder Straßenecke Islamisten, die Christen töten wollen. Schließlich stammt auch der Attentäter, der Präsident Sadat im Herbst 1981 erschoss, aus Mellawi, einem islamistischen Nest, keine sechzig Kilometer südlich der Stadt.« Dessen jüngerer Bruder wollte vierzehn Jahre später auch Hosni Mubarak bei einem Staatsbesuch in Äthiopien niederschießen, doch der Panzer der Präsidentenlimousine hielt den Kugeln stand. Und ich solle dort »ja nichts Ungekochtes essen«, riet mir ein Freund aus Deutschland am Telefon besorgt. Er erinnerte mich daran, dass der hochgefährliche Ehec-Erreger, der über Bockshornkleesamen nach Europa kam und im Frühjahr 2011 dreißig Deutsche ums Leben brachte, seinen Ursprung in einem Dorf bei Minja hatte.

Es gab aber auch Nachrichten, die auf eine Verbesserung der Lage hindeuteten und Lust auf einen Ausflug in diese Apokalypse machten: Im Sommer 2012 legte hier erstmals wieder ein Kreuzfahrtschiff an, das den Nil rauf und runter schippert. Bis dahin war dieser Abschnitt fast zwanzig Jahre lang eine absolute Tabuzone.

Dass mit dieser Stadt tatsächlich etwas nicht stimmt, habe ich schon bei meiner Anreise gemerkt. Ich nahm in Kairo einen Minibus und fuhr über die Dörfer, auf dem alten Weg, der eher an ein 250 Kilometer langes Waschbrett erinnert als an eine Straße. Kaum war ich in Minja angekommen, hielt ein Mann in einem weißen Auto an. Er hatte Mühe, seinen Körper aus dem Wagen zu wuchten. Kaum ausgestiegen, schob er sein Hemd in seine Baumwollhose. An seinem Ohr hing eine blau blinkende Freisprecheinrichtung für sein Handy.

»Hi, my friend«, sagte der Mann auf Englisch. Er wollte wissen, mit wem ich reise, den Namen meines Hotels, ob ich denn schon ein Rückfahrticket für den Zug habe. »Kairo ist doch für einen jungen Mann wie dich viel spannender«, riet er mir. Dann schob er sich zurück in sein Auto. Das Gerät an seinem Ohr blinkte. Der Mann telefonierte.

Minja trennt Unter- von Oberägypten und hat zu Recht den Ruf, die Braut des Nils zu sein. In der Stadt stehen gut erhaltene Villen, eine baukünstlerische Mischung aus Orientalismus und Neoklassizismus, entworfen von europäischen Architekten für die Bourgeoisie, die vor mehr als einhundert Jahren mit Baumwolle ihren Reichtum mehrte. Jeder Fünfte der 220 000 Einwohner folgt der Lehre von Jesus Christus. Das sind mehr als anderswo in Ägypten, und man sieht und spürt es auch. Es gibt viele Kirchen und Kreuze. Auffallend viele Frauen verstecken ihre Haare nicht. Mädchen tragen lange, dunkle Röcke und trotzen damit der ägyptischen, muslimischen Mode der engen Jeans und dem Kleid darüber, das bis zum Oberschenkel reicht. Sie beleben das Straßenbild und machen es abwechslungsreicher.

Viel zu tun aber, und da lag mein Professor schon richtig, gibt es hier tatsächlich nicht. Minja ist gerade einmal so groß, dass die Sehenswürdigkeiten für einen Tagesbummel reichen: im Osten die Nofretete-Statue vor einem mächtigen Felsabbruch, im Zentrum der Bahnhof und die Villa des Bürgermeisters, im Süden der quirlige Wochenmarkt. Das Einzige, was auffällt, sind die hohen Wachtürme, die immer wieder zwischen den Häusern aufragen. Den Bewohnern von Minja hat die langjährige Totalabstinenz von Touristen jedenfalls nicht geschadet. Sie sind sehr nett, höflich und respektvoll. Sie pflegen also all die positiven Eigenschaften, die man den Ägyptern nachsagt, die aber immer seltener werden. Minja hat den Ruhepuls eines verträumten Ortes.

Ich bummle durch die Stadt, vorbei an dem Polizeigebäude beim Bahnhof und dem großen an der Corniche, am Polizeiklub und den bewaffneten Beamten in der Nähe. Der Ort ist gesichert, als reise demnächst der US-Präsident an. Ich bin mir noch unschlüssig, ob das nötig oder unnötig ist. Gut oder schlecht. Ob ich gehen oder bleiben soll. Mein Handy klingelt.

»My friend, how are youuuuu?«

Ich kenne die Stimme. Es ist Mahmud, den ich im Park getroffen habe. Ob ich denn heute zurückfahre, will er wissen.

Ich bin kurz angebunden: »Nein, es gefällt mir gut hier. Nein, Hilfe brauche ich auch keine.«

Ich habe das Gefühl, das beunruhigt ihn.

Ich mag diese Stadt und suche mir ein Hotelzimmer. Ein unbedarfter Tourist könnte den Eindruck bekommen, Minja sei voll mit fremdenfeindlichen Menschen. »Zimmer? Nicht an Ausländer«, höre ich in den meisten Hotels. Beinahe entschuldigend schiebt ein Mitarbeiter einer Rezeption nach, ich solle das auf keinen Fall persönlich nehmen. »Wenn ein Ausländer bei mir übernachtet, geht plötzlich die halbe Polizeiwache ein und aus. Kein ägyptischer Gast will das.« Er empfiehlt mir das Horus, eine Vier-Sterne-Anlage, das Zimmer für umgerechnet dreißig Euro, etwas außerhalb der Stadt gelegen und ummauert wie der Palast eines Präsidenten.

Ich nehme ein Taxi, der Fahrer beobachtet mich argwöhnisch. Ich weiß nicht, ob ich mit ihm reden soll. Ich tue es nicht. Vielleicht sollte man künftig in die Reiseführer schreiben, dass paranoide Menschen diese Stadt besser nicht besuchen sollen. Denn man fühlt sich ein wenig wie in Nordkorea: ständig bewacht und beobachtet.

Der Eingang zum Horus-Areal hat die Form eines Triumphbogens. Auf ihm weht eine unverhältnismäßig hohe, ägyptische Flagge. Unter ihm ist ein alter Metalldetektor aufgestellt. Daneben sitzt ein Mann in einem Stuhl und hält ein Glas Tee in der Hand. Er trägt eine schwarze Lederjacke. Mittlerweile deute ich das als nichts Gutes. Ihm gegenüber hockt sein Chef auf einem abgewetzten Bürostuhl. Allein schon seine Uniform lässt ihn wichtig aussehen. Auf dem Pult vor ihm liegt eine aufgeschlagene Schreibmappe in Überformat.

Der Mann in der Lederjacke durchsucht meinen Rucksack. Sein Chef will meine Reservierung und mein Zugticket für die Weiterfahrt sehen. Er kann nur ein paar Brocken Englisch. »*No reservation, no room*«, sagt er.

Das Hotel sei ausgebucht. Ich sehe jedoch keinen einzigen Gast. Ich diskutiere mit ihm, aber er versteht mich nicht. Er notiert vorsichtshalber ein paar Daten aus meinem Reisepass. Ich möchte mit dem Direktor sprechen und zeige mit dem Finger auf den Hoteleingang. »Okay«, sagt er schließlich. Der Mann in der Lederjacke begleitet mich zur Rezeption.

Dort empfängt mich George, ein junger, schlanker Mitarbeiter, er trägt ein weißes Hemd und ein Jackett. George strahlt, als wäre ich ein König. Natürlich gebe es noch freie Zimmer, sagt er, ich könne mir sogar eines aussuchen. Das Horus ist eine Ferienanlage, die ein Dorf beherbergen könnte: 80 Zimmer, ein Restaurant für 200 Personen, ein Konferenzraum mit 450 Stühlen und eine Terrasse, auf der 400 Gäste Platz finden. Kleine Palmen stehen in der Gartenanlage, frisch gestutzte Hecken und Blumen. Damit auch ja niemand in die Zimmer schauen kann, sind die Fensterscheiben außen verspiegelt. Auf dem Bett liegen Handtücher, die zu einem Vogel geformt sind. Nicht ganz zufällig vermutlich, denn das Hotel ist nach einem wichtigen pharaonischen Gott benannt, dessen Symbol der Falke ist.

Abends nebeln die Mitarbeiter das gesamte Gelände mit Insektengift ein. Ich flüchte aus dem Zimmer und laufe zur Terrasse. Ein älteres, ägyptisches Ehepaar setzt sich an den Nebentisch. Wir nicken uns freundlich zu und tauschen ein paar Höflichkeiten aus. Sie laden mich an ihren Tisch ein.

Der Mann stellt sich als Ramis vor und redet sehr langsam, mit gepflegten Worten. Seine siebzig Jahre sieht man ihm nicht an. Er ist Christ und hat Minja nie verlassen. Seit der Apotheker in Rente ist, kommt er abends mit seiner Frau ab und zu in das Hotel, um ein Glas Rotwein zu trinken.

»Ist schon eine eigenartige Stadt«, sage ich.

Das Hotel ist ein Geisterhaus, dabei ist Minja eine gemütliche Stadt mit gemütlichen Menschen.

»Es ist traurig, dass Sie meine Heimat so sehen«, sagt Ramis. »Früher hat diese Stadt wie eine Rose geblüht, und jetzt ist davon nur noch ein verwelktes Blatt übrig. Die Ägypter sind im Herzen gute Menschen. Wir haben Gewalt und Terror immer abgelehnt«, sagt er. »Und dann passiert ausgerechnet uns das.«

Ich frage nach, ob er damit die Salafisten meine, die den Christen große Sorgen bereiten.

»Nein, nein«, erwidert er, »ich spreche von den Leuten, die vorher da waren, den Terroristen. Diesen von Hass besessenen Menschen, die sich in den Siebzigerjahren in dieser Gegend zusammentaten, um die Kopten zu vernichten und die Regierung zu stürzen. Sie nannten sich *al-Gamaa al-Islamija*.«

So ziemlich die meisten zivilisierten Staaten dieser Welt stufen die Islamische Gemeinschaft, so könnte man *al-Gamaa al-Islamija* übersetzen, als gewaltbereite Terroristen ein. Ihre Keimzelle wucherte zwischen den Städten Assiut und Minja. Ihr späterer spiritueller Führer und Ideengeber, der blinde Scheich Omar Abd el-Rahman, ein Diabetiker, Jahrgang 1938, gilt als Drahtzieher des Bombenanschlags auf das World Trade Center in New York im Februar 1993. Seitdem sitzt er in den USA im Gefängnis. Beim Tahrir-Platz in Kairo, wenige Meter neben der US-Botschaft, demonstriert täglich eine Handvoll seiner Anhänger und fordert seine Freilassung. Anfang der Neunzigerjahre begannen die Fundamentalisten mit ihrer Attacke gegen den ägyptischen Staat. Sie wollten ihn mit einer Mischung aus Bomben, Kugeln und religiöser Einschüchterung zu Fall bringen. Der blutigste Anschlag fand am 17. November 1997 statt: Vor dem Tempel der Königin Hatschepsut in Luxor exekutierte ein sechsköpfiges Killerkommando achtundfünfzig westliche Touristen. Einigen Opfern schnitten sie die Ohren und Nasen mit Messern ab, bevor sie ihnen in den Kopf schossen.

In Minja kontrollierten sie die Straßen und lieferten sich offene Schlachten mit der Polizei.

»Die suchten überall nach unzüchtigem Verhalten«, sagt Ramis. »Sie zwangen junge Männer zum Beten in die Moscheen, spuckten unverschleierte Mädchen an und verprügelten jeden, der nicht verheiratet war und Händchen hielt. Die Straßen waren leer gefegt wie im Bürgerkrieg.«

Im Schnitt wurde in Minja täglich ein Islamist getötet und an jedem zweiten Tag ein Polizist.

»Wir Christen haben jahrhundertelang mit den Muslimen gut zusammengelebt«, sagt Ramis betrübt. »Plötzlich aber waren wir für die wie Tiere.«

Seine Frau bestellt sich ein Glas Tee, und als Ramis sieht, wie seine Frau drei Stück Zucker hinein gibt, fragt er mich: »Wissen Sie, was Terror mit Zucker zu tun hat?« Er schaut mich neugierig an. »Die Terroristen flohen damals aus den Städten und operierten von den Feldern aus, in denen mannshoch das Zuckerrohr stand.« Ramis kramt in seinen Erinnerungen: »Das war ein undurchdringliches Dickicht, mehrere Tausend Hektar groß. Das war das perfekte Versteck in diesem Guerillakrieg. Also gab der Bürgermeister darauf den dummen Befehl, die Plantagen niederzubrennen.« Die Aktion wurde von der staatlichen Presse gelobt. Die Bauern aber standen danach vor dem Nichts. Statt einem Batzen Geld als Ausgleich bekamen sie den Befehl, von nun an kleinwüchsige Pflanzen anzubauen. »Das Angebot an Zucker brach im ganzen Land völlig zusammen«, erzählt Ramis. »Der Preis für eine Kilopackung verdoppelte sich fast.«

Dieser Kleinkrieg dauerte fünf lange Jahre, bis das Regime in den späten Neunzigerjahren mit gnadenloser Gewalt und einem

Heer von Spitzeln die Lage unter Kontrolle brachte. Mit dem traurigen Ergebnis, dass 1100 Menschen starben, 140 000 Verdächtige in Gefängnisse gesteckt wurden und eine Generation an friedlichen Ägyptern schwere Traumata erlitt. Später beendeten die Fundamentalisten offiziell ihren Kampf gegen den Staat. Einige von ihnen sitzen heute sogar im ägyptischen Parlament.

»Jetzt verstehen Sie vielleicht besser«, sagt Ramis, »warum aus Minja eine Polizeistadt wurde, in der es nur so vor Geheimdienstspitzeln wimmelt.«

Die vielen Angriffe und Anschläge der Terroristen haben die Urlauber verschreckt. Jeder getötete Ausländer war für das Regime eine Katastrophe. Also tat Mubarak alles, um Kairo, Luxor und das Rote Meer zu sichern – nicht jedoch Minja.

»Unsere Gegend machten sie einfach zur Sperrzone«, sagt Ramis.

»Aber jetzt, da Mubarak nicht mehr Präsident ist, müssten die vielen Spitzel doch auch weg sein«, entgegne ich.

Ramis nimmt mir meine Illusionen: »Die Revolution hat es bis hierher noch nicht geschafft.« Außerdem wären dann Millionen Ägypter über Nacht arbeitslos geworden. »Die arbeiten also weiter wie früher und sammeln und beobachten. Nur etwas zahmer sind sie geworden.«

Fast wirkt er, der gläubige Christ, ein wenig so, als sei er darüber erleichtert. »Ich kann Sie beruhigen«, sagt Ramis, »seit zehn Jahren ist es hier friedlich und sicher wie in kaum einem anderen Ort Ägyptens.«

Das alte System Mubaraks jedenfalls, das in Minja noch weiterlebt, ist ein unheimlicher Apparat, in dem Millionen von Daten, Beobachtungen und Notizen verarbeitet und gespeichert werden. Ägypter warnen mich immer wieder vor Gesprächen mit Taxifahrern, da jeder zweite angeblich für die Staatssicherheit schnüffelt. Ich nahm diese Warnungen früher nicht ernst. Erst, als ich im Kino den Film »678« sah, kam ich ins Grübeln. Darin fahndet ein Inspektor nach einer unbekannten Person, die in einem öffentlichen Bus einen Mann mit einem Messer verletzt hat. »Ich will in jedem Bus einen unserer Mitarbeiter haben«, befiehlt er seinem Adjutanten. Dieser antwortet etwas verdutzt: »Chef, weißt du denn nicht, wie viele Busse es in Kairo gibt?« »Nein«, antwortet der Inspektor, »aber ich weiß, wie viele Spitzel wir haben.«

Auch das, was eine Freundin aus Italien durchlitt, trug nicht zur Beruhigung bei. Sie hatte in Alexandria einen Ägypter kennengelernt und verliebte sich in ihn. Als seine Familie davon erfuhr, wollten seine Eltern über die Kontakte zum Geheimdienst allen Ernstes herausfinden, ob die Italienerin noch Jungfrau ist. »Die hatten eine Kopie meines Passes, wussten, wo ich wohne, wo ich arbeite, mit wem ich mich getroffen hatte«, erzählte sie. »Die haben mich monatelang total überwacht.« Vermutlich würde meine Akte, nach fast fünf Jahren in diesem Land, ein Buch füllen.

So richtig Respekt vor diesem Apparat bekam ich jedoch, als mir ein Lehrer, der an der Deutschen Schule unterrichtet, von einer Heimreise nach München erzählte. Er war auf dem Weg zum Flughafen in Alexandria, stand im Stau und befürchtete, seine Lufthansa-Maschine zu verpassen. »In meiner Panik wusste ich nicht, was ich machen sollte«, sagte er. »Also rief ich den Vater einer Schülerin an, der ein ranghoher Geheimdienstmann ist.« Dieser beruhigte ihn: Er kläre das sofort und rufe zurück. Fünf Minuten später kam die Antwort: »Das Flugzeug bleibt so lange am Boden, bis du am Flughafen bist.«

Am nächsten Morgen nach dem Frühstück frage ich an der Rezeption, was ich in Minja unternehmen könne. Der Hotel-Mitarbeiter empfiehlt die Kuppelgräber von Sawet el-Maijetin, einen der größten Friedhöfe des Landes, sieben Kilometer südlich der Stadt, dessen Tausende Gräber aussehen wie Bienenwaben. Alternativ könne ich mir aber auch das Dorf Amarna anschauen, die ehemalige Hauptstadt König Echnatons. Pharao Echnaton war es, der im 14. Jahrhundert vor Christus mit der damaligen Vielgötterei aufräumte. Für ihn gab es nur einen einzigen Gott: die Sonne. Er ist gewissermaßen der Urvater des heutigen Monotheismus, auch wenn das strenge Theologen nicht gern hören.

»Da möchte ich hin«, sage ich dem Mann an der Rezeption.

»Es tut mir leid, aber so kurzfristig kann ich das nicht garantieren.« Er schildert mir die Problematik: »Zwar drücken die Polizisten mal ein Auge zu, doch mal malträtierten sie Gäste regelrecht mit ihrer Bürokratie. Womöglich brauchen Sie sogar eine *tasrih,* eine behördliche Genehmigung. Und manchmal bestehen die Polizisten auf Begleitschutz. Dazu kommt dann noch, dass unsere hiesigen Taxifahrer Ausländer meiden und nur mitnehmen, wenn sie ordentlich Geld dafür bekommen. Das kann also kompliziert und teuer werden.«

Ich beschließe, dass ich einen guten, türkischen Kaffee und eine Wasserpfeife in der Stadt dem Stress mit ägyptischen Beamten vorziehe.

Ich gehe zum Ausgang.

»Ah, Sie müssen der Österreicher sein«, begrüßt mich ein bulliger Mann in Uniform unter dem Torbogen am Eingang, überraschenderweise auf Deutsch. Er wurde wohl über Nacht zum Hotel beordert, da die Sprachkenntnisse der anderen nicht ausreichen. Er stellt mir in ganz passablem Deutsch all die Fragen, die ich hier mindestens dreimal täglich beantworten muss, woher, wohin, wie lange denn noch.

»Wo haben Sie denn so gut Deutsch gelernt?«, frage ich ihn neugierig.

»Nun, ich habe in Hurghada gearbeitet und liebe deutsche Frauen.« Das ist der Standardsatz jedes Touristenführers. Ich will ihm das nicht so recht glauben.

»Zum Bahnhof möchte ich fahren«, sage ich ihm gehorsam, »und mir ein Ticket nach Kairo kaufen.«

Er scheint das gern zu hören. Minibusse sind offiziell für Ausländer tabu. Er nötigt mich regelrecht, in ein Taxi zu steigen, das er für mich anhält. Bevor er mir zum Abschied die Hand gibt, fällt ihm noch etwas ein: »Sag' mal, hast du einen Kugelschreiber?«

Ich krame in meinem Rucksack und finde ein Werbegeschenk von einer deutschen PR-Beratung. Er bittet mich, den Kuli als Geschenk behalten zu können.

»Wir Ägypter können keine Stifte bauen.«

Ich bin der einzige Ausländer im Bahnhofsgebäude. Am ersten Schalter sagt man mir, dass alle Tickets ausverkauft sind. Gegenüber bekomme ich zu hören, dass heute wegen eines Lokführerstreiks keine Züge fahren. Letzteres könnte stimmen. Ein Ägypter hatte mir einmal empfohlen, einfach in einen Zug zu steigen und dort eine Fahrkarte zu lösen. So weit komme ich aber nicht. Ich bin noch nicht auf dem Bahnsteig, da hält mich ein uniformierter Polizist auf und sagt nur »*no, no*«. Ich kann mir vorstellen, was er meint, und gehe genervt zum Busbahnhof. Dort bekomme ich schließlich eine Fahrkarte.

Kurz vor der Abfahrt klingelt mein Handy. Es ist Mahmud, der Mann aus dem Park.

»Bist du noch in Minja?«, fragt er. »Brauchst du Hilfe?«

Ich sage ihm, dass ich in fünf Minuten in einen Bus einsteigen werde. Er wünscht mir überschwänglich eine gute Reise. Von Mahmud habe ich nie mehr etwas gehört.

Kapitel

14

Dachla

الداخلة

Meine Ohren versuchen ständig, ein Geräusch einzufangen. Aber da ist nichts. Eine Stille, als hätte jemand den Lautstärkeregler ganz nach unten gedreht. Meine Augen kleben am nächtlichen Himmel und schicken ein Signal an mein Gehirn, dass dieses Sternenzelt ein Gespinst sein muss, eine Fata Morgana womöglich, schließlich stehe ich gerade in der Sahara. Es sieht jedenfalls so aus, als ob da oben jemand mit einem großen Pinsel reichlich weiße Farbe über die kohlrabenschwarze Nacht gespritzt hätte.

Ich fühle mich wie ein kleines Steinchen in diesem ockergelben, nicht enden wollenden Sandkasten. Märchenhaft und fabelhaft ist es hier, sodass ich mir gut vorstellen kann, dass ich nun tatsächlich in das Reich der Dschinn eingedrungen bin. Jener sagenumwobener Geister, die der islamischen Lehre nach nicht aus Lehm erschaffen wurden wie der Mensch, sondern aus Feuer.

Die Dämonen können zwischen Gut und Böse unterschei-
den und machen die Geschichten aus Tausendundeiner Nacht
erst richtig spannend. Der Leichen fressende *ghul* zum Beispiel
soll in der Wüste spuken, und sein feminines Pendant, die *ghula,*
soll Reisende in einen Hinterhalt locken, um sie anschließend mit
Haut und Haar zu verschlingen. Oder der in der Unterwelt herr-
schende *ifrit,* der bis zu sieben Köpfe, mächtige Hörner und Lö-
wenklauen haben soll und sich bevorzugt an Mördern rächt. Der
Koran beschreibt den *ifrit* als »Kraftprotz« unter den Dschinn. In
dieser verwunschenen Gegend werden Himmel und Hölle, Satan
und Gott fassbarer, zumindest, wenn man wie Fuli daran glaubt,
dass der Allmächtige diese Kulisse in sechs Tagen erschaffen hat.

Der Beduine führt mich seit drei Tagen durch die Wüste. Es
ist der Ort, der mich zur Ruhe bringt. Ich hatte zuvor in Alexandria großen Ärger: Der Nachbar über mir hatte einen Wasser-
schaden. In meinem Bad tropfte es von der Decke. Da es in diesem Land keine Versicherungen gibt und die Ägypter Meister
darin sind, die Schuld von sich zu weisen, suchte ich mir einen
Handwerker, der zwei Tage später auch tatsächlich kam und mit
einer Spachtel und etwas Gips vergeblich versuchte, das Tropfen
zu stoppen. Mein *bawab* half mir schließlich.

Danach packte ich meinen Rucksack und stieg in einen Minibus nach Kairo. Von dort fuhr ich auf einer Autobahn durch die
Wüste, 370 Kilometer weit, fünf nicht enden wollende Stunden
durch die Ödnis, bis ich die Oase Baharija erreichte, wo Fuli auf
mich wartete.

Fünfzig Jahre Leben, meist in der prallen Sonne, haben sich
in sein kantiges, schmales Gesicht eingebrannt, dessen Hautfarbe dunkler ist als der Wüstensand. Der dünne Schnauzbart ist
gut gepflegt. Seine leicht ergrauten, krausen Haare sind frisch geschnitten, so, als müsse er morgen beim Militär einrücken. Seine
Vorfahren waren Berber, die vor langer Zeit aus Marokko nach
Ägypten kamen. Er trägt die Kleidung der Wüste: Sandalen, eine

frisch gebügelte, dunkelgraue *galabeja* und einen rot-weiß karier-
ten Schal, den er sich eben um den Hals gebunden hat. Ihm steht
das; würde ich sein Outfit kopieren, sähe ich aus wie ein Idiot.

Fuli hatte an alles gedacht: Zelte, Decken, eine große, unge-
beizte Holzplatte, auf der das Essen serviert wird, einen Koch-
topf, eine Teekanne, zwei Kilo Datteln, einen Sack Orangen, einen Familienvorrat an Thunfischdosen, Kartoffeln, Tomaten,
Zwiebeln, Wasser und, für das Frühstück, Honig und Fladenbrot.
Nur an eines nicht, an genügend Aprikosenholz, das glüht wie
Kohle und das hier kaum zu finden ist. Für unser Essen reicht es
noch, »aber es wird eine kalte Nacht werden«, sagt er.

Laut den Koordinaten meines Handys liegt unser Zelt 27,23
Grad Nord und 28,30 Grad Ost, da, wo Ägypten auf nächtlichen
Satellitenaufnahmen ein schwarzer Fleck ist. Wir zelten an einem
menschenleeren Ort zwischen den Oasen Farafra und Dachla, ge-
legen in der Libyschen Wüste, die irritierenderweise so heißt, ob-
wohl sie sich größtenteils auf ägyptischem Boden erstreckt. Ein
Tropfen Wasser ist hier so selten wie Gold. Die Luft wird im
Sommer so heiß, dass sie Kerzenwachs zum Schmelzen brächte.
In diesem Flecken der Sahara hätte fast auf den Quadratkilome-
ter genau Deutschland Platz.

Das Sahnehäubchen ist die sogenannte Weiße Wüste, ein Na-
tionalpark, so groß wie das Ruhrgebiet. Hier stehen manns- bis
haushohe Formationen aus Kalkstein im Sand, die zu den Meis-
terwerken der Natur zählen. Vor sechzig Millionen Jahren hatte
sich das Meer zurückgezogen und einen Haufen Knochen hinterlassen, sterbliche Überreste von Haien und Walen, Korallen und
Muscheln. Diese Relikte, reich an Mineralstoffen, bildeten den
Nährgrund für die Kalkschicht, die über Jahrtausende von Jahren durch Wind und Wetter gehobelt, gedrechselt und vom Sand
geschliffen wurde. Die Natur betrieb hier in großem Stil das, was
ein Zahntechniker in seiner Praxis macht, der künstliche Kro-
nen, Brücken und Implantate modelliert. Übrig blieb ein in grel-

lem Kalk gemeißelter Rorschach-Test, bei dem die Probanden
ihrem Psychologen sagen müssen, was sie zu erkennen glauben:
Pilze und Pokale, Küken und Kamele und mit viel Fantasie sogar
die pharaonische Sphinx.

Wir sitzen am Feuer, eine Frühlingsnacht in der Wüste, und
ich friere wie im deutschen Winter. Ich streife mir eine dicke
Mütze über und Handschuhe aus Wolle. Der Himmel hat die
Hitze des Tages verzehrt, und von dem wenigen Holz, das noch
vor Kurzem prasselte, ist nicht mehr viel übrig. Fuli schenkt mir
ein Glas von seinem gebrühten Schwarztee ein, der von der Kon-
sistenz her fast als Sirup durchginge. Wir essen das, was wir schon
gestern und vorgestern aßen: einen deftigen Mischmasch aus
Thunfisch und Kartoffeln, dazu Zimtreis und Tomaten, die mit
einer Marinade aus Limonensaft gewürzt sind.

Das Feuer macht uns zu richtigen Männern, die sich minuten-
lang anschweigen. Jedes Wort ist wohl dosiert, denn es stört.

»Koreaner«, sagt Fuli plötzlich, »sind die dümmsten und zu-
gleich intelligentesten Menschen der Welt. Sie können die klügs-
ten Roboter bauen, aber sind unfähig, mit einer lästigen Fliege umzugehen.« Vor einer Woche saß ein Tourist aus Seoul in seinem
Geländewagen auf der Rückbank. Er trug eine weiße Maske auf
dem Gesicht wie nach einem Atomangriff. Als er anfing, ständig
mit der flachen Hand gegen die Fensterscheibe zu klopfen, fragte
Fuli, was los sei. Da sei eine Fliege und er bekomme sie nicht tot,
antwortete der Koreaner. »Ich zeigte ihm, wie er das Fenster öffnen kann, damit die Fliege hinausfliegt«, erzählt Fuli. Der Koreaner sei verblüfft gewesen.

Der Beduine zeigt mir mit seinem 160 PS starken Toyota Land-
cruiser die Weiße Wüste, das war so ausgemacht. Ich wäre lieber auf
einem Kamel geritten, wie Peter O'Toole im Heldenepos »Lawrence
von Arabien«, den Errungenschaften der Moderne trotzend, auf dem
Buckel die Arroganz des Menschen vergessend, sich voller Demut
vor der Natur verneigend. Aber Fuli riet mir gleich davon ab.

Kamele seien störrische Tiere und alles andere als gemütlich.
Touristen müssten im Schneidersitz auf dem Buckel sitzen, doch
das kann und traut sich niemand. »Also lassen sie die Beine hän-
gen und wundern sich, dass sie sich nach fünf Stunden taub anfühlen«, sagt er. Einheimische würden nur noch mit Kamelen durchs
Dorf reiten, damit die Touristen etwas zu fotografieren hätten.
»Du fährst ja auch nicht mehr mit der Kutsche durch Europa.«
      Mein Wüstentrip ist das, was eine blaue Piste für Skifahrer
ist. Ich habe in meinem österreichischen Alpendorf genügend
Touristen erlebt, die sich beim Frühstück großspurig Hals- und
Beinbruch wünschten und abends mit einer Oberschenkelfraktur
im Krankenhaus lagen. Ich kann Fuli also verstehen. Die Wüste
kann barbarischer sein als ein tief verschneiter Berg. In den Alpen
rettet mich ein Hubschrauber, wenn etwas schiefläuft. Hier lauern höchstens die Schakale.
      Die Nacht ist mondlos und deshalb stockfinster. Fuli zeigt mit
einem Finger auf den Sternenhimmel und murmelt etwas von der
Milchstraße, die ich hier sehen könne. Nur, wie sieht die aus? Ich
solle nach Norden schauen. Nur, wo ist Norden? In der endlosen
Weite der Wüste ist man so verloren wie auf hoher See. Fuli ver-
rät mir einen Trick, der im Dorf und in der Stadt funktioniert: Auf
der Nordhalbkugel zeige eine an einem Haus montierte Satellitenschüssel, immer in südliche Richtung. Nun leben wir hier aber
gerade so wie tausend Jahre vor dieser Erfindung. In der Nacht
greife er deshalb auf das Erbe der Nomaden zurück, die das per-
fektionierten, was die Heiligen Drei Könige auch schon gemacht
haben sollen: den Sternen folgen. Ich schau' zum Himmel. *Too
much information.* Ich bin verloren in diesem Meer aus Sternen.
      Der Mythos einer ruhigen Nacht in der Wüste wird nun,
nachdem wir uns schlafen gelegt haben, von blutdürstigen Stech-
mücken widerlegt. Sie sind hungrig und liefern sich mit den kleinen Fliegen im Zelt einen Wettbewerb, wer nerviger ist. Die einen surren mir grell ins Ohr und stechen mich in die Oberlippe.

Die anderen hüpfen nervös auf meinem Gesicht herum und kitzeln mich pausenlos mit ihren lästigen Fühlern. Ich kann nicht schlafen. Plötzlich höre ich ein Geräusch. Da ist jemand. Räuber? Die sollen nur den tiefen Süden des Landes durchstreifen, wo sich Ägypten dem Sudan und Libyen nähert. Skorpione? Fuli hat mir versichert, dass es die hier kaum gibt.

Ich steige aus meinem Zelt. Ein Wüstenfuchs leckt an einer Thunfischdose. Er ist kaum größer als eine Katze und hat riesige Ohren. Fuli liegt unter drei Decken begraben und schläft seelenruhig im Freien. Ich habe Hunger und esse Datteln. Fuli hatte mir gestern erzählt, die Dattelpalme sei im Koran zwanzigmal erwähnt. Im Ramadan reichen sich die Muslime nach Sonnenuntergang eine Dattel, um das Fasten zu brechen, so hatte es Mohammed, der Stifter des Islams, vorgemacht. Er soll seinen Anhängern damals gar den Rat gegeben haben: »Derjenige, der frühmorgens sieben Datteln isst, wird am Tag weder durch Gift, noch durch Magie beeinflusst werden.«

Ich bleibe fast die ganze Nacht wach.

Es ist jetzt 5.56 Uhr, Sonnenaufgang. Dafür bin ich schließlich auch hier. Dafür hat es sich auch gelohnt. Ich spüre regelrecht, wie jeder zarte Strahl meinen Körper wärmt. Die Natur macht sich hübsch für den Tag. Ich benutze mein Handy als einen Spiegel und stelle fest, dass ich wie ein Sechzehnjähriger nach einem Boxkampf aussehe. Die Lippen sind geschwollen und tun weh, auf meiner Haut sprießen rote Punkte: diese verfluchten Mücken.

Beim Frühstück erzählt mir Fuli, dass die Füchse kommen, weil sie gelernt haben, dass überall da, wo Menschen sind, etwas zu holen ist. »Die werden von Knochen und Essensresten angelockt«, sagt er und gibt offen zu: »Auch ich habe früher den Müll in den Sand geworfen. Das haben alle so gemacht.« Die Gäste aus dem Westen waren schockiert, sie beschwerten sich bei ihren Touranbietern, und so zog allmählich das grüne Bewusstsein in diese Region ein. »Die Touristen bringen Geld und wollen dafür

eine saubere Wüste. Es gibt sogar organisierte Putzaktionen, bei
denen ausländische Gäste freiwillig mitmachen.« Selbst die bio-
logisch abbaubaren Bananenschalen packt Fuli in eine Mülltüte
im Auto.

Ich bin froh, dass heute mein letzter Tag im Freien ist. Mein
Rücken sehnt sich nach einem Bett, meine Haut nach Seife und
meine spröden Lippen nach Melkfett. Nach dem Frühstück fahren wir zurück in die Zivilisation, in die bewohnten Gegenden der
Oase Dachla, in der sich mehr als hunderttausend Menschen und
1,5 Millionen Dattelpalmen ausgebreitet haben. Schon im Zeit-
alter des Pleistozäns, das vor etwa 2,6 Millionen Jahren begann,
war diese Region besiedelt, konnten Wissenschaftler belegen.
Und seitdem hat sich das Leben, so scheint es, nur in homöopa-
thischen Dosen an die Jetztzeit angepasst.

Elektrischen Strom haben die Dörfer erst seit wenigen Jahren. Wasser ist rar, und wenn es welches im Boden gibt, dann
ist es bis zu dreißigtausend Jahre alt und stammt aus einer Zeit,
als hier noch Regen fiel. Vor lauter Mineralien ist es rostbraun
und schwefelig und stinkt deshalb gelegentlich nach faulen Eiern. Nur wenige Hundert Meter von der Straße entfernt stehen
überall in Beton eingefasste Badewannen herum, in die das vierzig Grad heiße Wasser sprudelt. Vor allem nachts werden sie an-
gefahren, wenn die blassen Frauen in ihren Bikinis vor den einheimischen Spannern geschützt sind. Das Mineralwasser soll wie
Medizin wirken und Rheuma, Schuppenflechte und Neuroder-
mitis lindern können.

Fuli, der bei einem Großgrundbesitzer angestellt ist, spricht
gern von seinem Land. Zu groß ist der Bezug zur Landschaft, die
hier Knecht wie Bauer als ihr Eigentum betrachten. Wie man
hier an Grund und Boden komme, möchte ich von ihm wissen.
»Man kauft kein Land, man kauft Palmen«, erklärt Fuli. Die Bewohner der Oasen sind ehrlicher, höflicher, hilfsbereiter, freundlicher, langsamer, unkomplizierter und wohltuend leiser als die

Menschen in Kairo, die 690 Kilometer weiter nördlich leben. Sie pflegen und schätzen das Erbe ihrer Vorfahren und vertrauen ihm mehr als dem Internet.

In Kairo war Fuli erst dreimal. An seine erste Reise erinnert er sich noch gut. Er musste ein wichtiges Dokument bei einer Behörde abholen und ritt mit einem Kamel quer durch die Wüste. Zehn Tage hat er für die Strecke gebraucht. »Das war ein guter Schnitt«, sagt er. Erst seit den Siebzigerjahren gibt es in der Gegend eine asphaltierte Straße, und es dauerte noch gut ein Dutzend Jahre, bis ein paar wenige Menschen das Geld für ein Auto hatten. In den Oasen fährt man bis heute mit Eselskarren.

Auf der Fahrt erzählt er mir die Geschichte von Bertrand Piccard, einem verwegenen Abenteurer aus der Schweiz, der im Frühjahr 1999 einen Weltrekord aufstellte. Mit einem Heißluftballon umrundete er die Erde in einundzwanzig Tagen – am Stück, ohne jemals den Boden zu berühren, was vor ihm niemandem gelungen war. Für den Ort der Landung wählte der Pilot ausgerechnet die Oase Dachla aus. »Die Menschen hatten Angst, als sie von dem Ballon hörten und dachten, der greife ihre Häuser an«, sagt Fuli. »Die Polizei rückte an und versicherte, der Ballon sei keine Gefahr: Er dürfe unter keinen Umständen angegriffen werden.«

Mehr als hundert Journalisten und Fotografen aus aller Welt waren extra angereist. Die ägyptische Polizei ließ die Reporter zwar in die Oase fliegen. Aus ›Sicherheitsgründen‹ durften sie jedoch das Gebäude des kleinen Militärflughafens unter keinen Umständen verlassen. Stunden später, achtzig Kilometer entfernt, landete der Ballon einsam in der Wüste. Aus der geplanten Champagner-Sause wurde nichts. Es gab nicht einmal gute Fotos. Die Piloten mussten stattdessen neun Stunden lang in der Wüste ausharren, bis sie schließlich von einem Militärhubschrauber abgeholt wurden. Nicht nur der Schweizer Pilot, sondern sogar der ägyptische Präsident soll sich über das Debakel sehr geärgert haben. Einer seiner mächtigsten Chefredakteure schrieb einen Leit-

artikel und empörte sich: »Das war eine verschenkte goldene Ge-
legenheit für unser Land!«

Als Kind stellte ich mir eine Oase als einen einsamen Ort in
der Wüste vor, in dem es Palmen und einen See gibt, aus dem man
trinken kann. Nun stelle ich fest, dass sie vielmehr einem großen,
bunten Flickenteppich gleicht, der, wie in Dachla, aus mehr als einem Dutzend Dörfern besteht und einer großen Stadt, benannt
nach der pharaonischen Göttin Mut.

In den Dörfern haben die Einheimischen Schilder an den Straßenrand gestellt. Auf ihnen steht mahnend: »Vergiss Allah nicht!«
Im Abu Mahmud, einem der besten Restaurants der Gegend,
kann ein Vorhang mitten durch den Raum gezogen werden, um
bei Bedarf die Männer von den Frauen abzuschirmen. Dachla ist
nicht nur eine der schönsten Oasen Ägyptens, sondern auch eine
Oase des konservativen Islam.

Ich steige an einem namenlosen Ort aus, er liegt einige Kilometer von der Stadt Mut entfernt, von hier soll es nicht mehr weit
in das nächste Dorf sein. Ich verabschiede mich von Fuli, gebe
ihm ein ordentliches Trinkgeld und spaziere entlang der Hauptstraße, die mich in ihren Bann gezogen hat.

Häuschen aus Lehmziegeln säumen die Straße. Sie haben winzige Türen aus altem, dürrem Holz, weich abgerundete Mauern
und Dächer aus Stroh. Leider gibt es davon nicht mehr viele. Wie
überall in Ägypten werden sie von hässlichen, seelenlosen Beton-
bauten verdrängt. Frauen tragen tönerne Krüge auf dem Kopf
und transportieren damit Wasser. Auf den Feldern treibt ein
Mann gemächlich einen Ochsen vor dem Pflug aus Holz. Im Hintergrund türmt sich eine mächtige Sanddüne auf, auf deren Pla-
teau ein Hain aus Palmen wächst.

Der Felsabbruch in der Wüste, der sich wie eine lange Berg-
kette auftürmt, schimmert weiß bis rosa, weshalb diese Gegend
auch Rote Wüste genannt wird. Dieses Spiel der Farben ist so
intensiv, dass ich eine Luftspiegelung vermute, denn es ist hier

schon wieder viel zu heiß für einen Mitteleuropäer. Diese Kulisse
ist Stoff für ein morgenländisches Märchen. Der Orient, wie ich
ihn mir als Kind immer vorgestellt habe, nachdem ich die Abenteuer von Sindbad und Ali Baba gelesen hatte. »Vollkommenheit
entsteht offensichtlich nicht dann, wenn man nichts mehr hinzu-
zufügen hat, sondern wenn man nichts mehr wegnehmen kann«,
stellte der französische Autor Antoine de Saint-Exupéry völlig
zu Recht fest, als er in einem seiner Bücher über Perfektion und
Vollendung nachdachte.

Ein junger Mann ruft mir von einem Feld zu, das sprießt und
grünt, ich möge mal bitte kurz zu ihm herüberkommen. Er stellt
sich als Jusri vor, ein einundzwanzig Jahre junger Ackerbauer, der
den Hof seines alten, kranken Vaters übernommen hat. Jeder, der
mit Jusri verwandt oder verschwägert ist, hilft bei der Ernte mit
und pflückt Kleeblätter und Erbsen.

Er führt mich durch seine Felder.

Sein Stolz sind die zwei Kühe in einem Holzverschlag, die ge-
trocknetes Gras fressen und gehütet werden wie hilflose Babys.
Das Bewässerungssystem hat er selbst entwickelt. Kleine Erdka-
näle überfluten täglich den Boden. Das Wasser dazu holt er mit
einer Pumpe frisch aus der Tiefe und sammelt es in einem ausge-
klügelten Netz an Kanälen und Kanälchen. Morgens, mittags und
abends schiebt er mit einem Brett die Lehmdämme zur Seite, und
das Erdreich bekommt, was es an Flüssigkeit benötigt.

»Das ist mein Land«, sagt er. »Gott hat es uns geschenkt.«

Jusri ist kein Mann der großen Worte. Nachdem er mich zwei
Stunden lang durch die Felder und Äcker geführt hat, gibt er mir
eine Tüte seiner Ernte mit. Als ich mich verabschiede, fragt er, ob
er vielleicht mein Handy als Geschenk haben könne.

Das Örtchen el-Kasr, das ich besuchen möchte, passt in diese
verträumte, verschlafene Landschaft. Es ist ein Museumsdorf, das
so oft gerühmt wie zerstört wurde und heute eine gut erhaltene
Siedlung islamischer Eroberer darstellt. Erbaut wurde sie angeb-

lich auf einer römischen Festung und mit Steinen aus einem pharaonischen Tempel. Der älteste noch erhaltene Türbalken trägt eine Inschrift aus dem Jahr 1518. Ich frage nach dem Weg dorthin. »Nicht weit, eine halbe Stunde zu Fuß«, erhalte ich als Antwort.

Mohammed, ein greiser Mann, wacht über das beinahe ausgestorbene Dorf, das noch bis in die Siebzigerjahre des letzten Jahrhunderts bewohnt war. Heute finden hier jene hilflosen Menschen Zuflucht, die keine Familie mehr haben. Mohammed holt einen riesigen Bund an Schlüsseln und führt mich durch das Gemäuer. Stolz zeigt er mir die Olivenölpresse, die Kühlkammern aus Lehm und die Koranschule. Die Dutzende von eingravierten Koranversen, die Getreidemühle, das Belüftungssystem und die Toiletten, die es damals schon gegeben haben soll. Er liest mir die gravierten Wörter über den Türen vor, die besagen, ob hier ein Richter gewohnt hat oder doch jemand, der nicht wichtig ist.

An der Vorrichtung für den Galgen hält er inne.

»Hier wurden die Probleme noch an Ort und Stelle gelöst«, sagt er. »Wer in das Dorf wollte, musste zuerst an den Gehängten vorbei.« Er findet das offensichtlich gut.

In einer kleinen Gasse sehe ich starken Männern zu, die auf glühendes Eisen hämmern. Andere töpfern Nachschub für die eiförmigen Wasserkrüge, die es nur in dieser Gegend gibt. Mir ist nicht ganz klar, ob sie das extra für das Museumsdorf machen oder es einfach nur Alltag ist.

Das auffallendste und höchste Gebäude von el-Kasr ist die Moschee Nasr el-Din, die vermutlich im 11. Jahrhundert errichtet wurde. Ich steige auf das einundzwanzig Meter hohe Minarett. Die morsche Holztreppe knarrt und hat faustgroße Löcher. Der Aufgang ist eng und stickig, es riecht nach jahrhundertealtem Staub. In Deutschland wäre diese Moschee schon längst behördlich geräumt worden: wegen Einsturz- und Lebensgefahr.

Ich bleibe eine halbe Stunde oben und genieße diesen Blick in die Vergangenheit. Es ist spät am Nachmittag, der Zeitpunkt jener fünfzehn Minuten, die der österreichisch-ungarische Wüstenabenteurer Ladislaus Almásy in seinem Buch »Schwimmer in der Wüste« als die einzige Zeit am Tag beschreibt, zu der man in der Wüste weit sehen könne. Dunst und Irrbilder der Hitze sind wie weggezaubert. Der Ausblick auf die Dünen ist klar und atemberaubend. Die alten, bröseligen Lehmhäuser unter mir, zusammen mit dem Spiel der Natur, sehen aus wie die Kulisse aus »Familie Feuerstein«.

Almásy war oft in dieser Gegend unterwegs. Mit einem Tourenwagen der österreichischen Marke Steyr fuhr er von Kairo aus in die Wüste. Er arbeitete damals als Testfahrer und wollte seinem Chef beweisen, wie sand- und hitzetauglich die Wagen sind. Bis ins Gilf el-Kebir stieß er bei seinen mehrwöchigen Expeditionen vor, das mit seinen Mars ähnlichen Landschaften zu den schönsten Wüsten der Welt zählen soll. Wäre das Gilf el-Kabir ein Berg mit Schnee, dann wäre es eine schwarze Piste.

Almásys Leben war die Vorlage für den Helden aus Michael Ondaatjes Roman »Der Englische Patient«, der später als Liebesdrama mit Ralph Fiennes und Juliette Binoche verfilmt wurde. Seine Expeditionen waren eine Reise ins Ungewisse. »Ich leugne nicht, dass es für mich immer einen gewissen Nervenkitzel bedeutet, zu wissen, dass unser Leben von einer einzigen Schraube einer Maschine, einer Haaresbreite eines Instrumentenanzeigers abhängt, dort, wo das Nichts an das noch unendlichere Nichts grenzt.«

Das Nichts also; ich brauche eine Pause: zu viel Hitze, zu viel Ruhe, zu viel Vergangenes. Der Fahrer eines Pick-ups nimmt mich mit in den Hauptort der Region, nach Mut. Ich sitze im Restaurant Anwar und trinke einen türkischen Kaffee, nach der ägyptischen Art *masbut*, halbsüß, mit zwei Stück Zucker. Ein junger Mann, der eben seinen Tee ausgetrunken hat, kommt an meinen Tisch und fragt mich nach meiner Herkunft. Er heißt Michael und sieht nicht so aus, als ob er in der Wüste groß geworden ist,

zu glatt und blass ist seine Haut, zu schick die schwarze Lederjacke und die Brille.

Michael stammt aus der Stadt Minja. Die Leute hier gehen
auf Distanz zu ihm. Er ist kein Eingeborener und auch kein Tourist. Er ist ein geduldeter Gastarbeiter. Das hat insbesondere damit zu tun, dass Michael der einzige Christ in der Gegend ist. Zumindest hat er nach zwei Jahren, so lange arbeitet er schon hier,
noch keinen Glaubensbruder kennengelernt. Weit, sehr weit sei
die nächste Kirche entfernt, klagt er.

»Ich muss fast eineinhalb Stunden lang fahren, um einen Got-
tesdienst zu feiern.« Was er auch tatsächlich tut, denn wie fast alle
Menschen in Ägypten ist auch Michael sehr religiös.

Er arbeitet für New Horizon, eine ägyptische Organisation,
die von fast allen wichtigen Ländern dieser Welt finanziell unterstützt wird. Die Gelder werden wohltätig von Nord bis Süd in-
vestiert. Michael soll den Bauern, die oft nicht lesen und schreiben können, die moderne, ökologische Landwirtschaft erklären.
Noch immer müssen Obst und Gemüse aus dem Nildelta importiert werden, weil es hier zu wenig gibt.

»Willst du mitkommen?«, fragt er. »Dann zeige ich dir unsere Modellfarm. Wir können dort auch in Ruhe essen, schließlich
ist heute Freitag und das Dorf menschenleer, weil alle in der Moschee am Beten sind.«

Wir fahren mit einem Minibus in Richtung Balat, einem zeit-
losen Örtchen. Die Straße ist neu und wird später zu einer breiten
Autobahn, die in die Nachbar-Ooase Charga führt. Wie in aller
Welt soll man hier, in dieser humusfreien Zone, saftige Tomaten
anbauen? Umgeben von nichts außer Dreck und Staub, sehe ich
plötzlich ein neu gebautes Haus und Palmen: Wir sind da.

Als Michael und seine Mitarbeiter vor vier Jahren für das Projekt nach Dachla zogen, fanden sie nichts außer Geröll vor. Sie
erwarben ein vierzig *feddan* großes Grundstück, was in etwa der
Fläche der Hamburger Binnenalster entspricht. Sie kauften eine

Pumpe, die das Wasser aus fünfhundert Metern Tiefe aus dem Boden holt. Der Strom kommt aus Solarzellen und aus einer Biogasanlage, die demnächst installiert werden soll. Michael will den Bauern zeigen, wie man mit modernen Sprüh- und Tropfsystemen Wasser sparen kann. Das klappte anfangs nicht besonders gut. Die Bauern trauten der Technik nicht und beließen es lieber beim täglichen Fluten und Beten.

»Eine Kammer voll mit Reis und Kartoffeln ist den Landwirten hier wichtiger als Geld«, sagt Michael.

Erst ein Jahr später, als auf dem Acker große Erbsen und dicke Zwiebeln wuchsen, wurden sie neugierig.

»Was magst du essen?«, fragt er.

Ägypter sind manchmal einfach zu nett und nötigen einen regelrecht, eine Einladung anzunehmen. Michael jedenfalls hat in der Kinderstube alles gelernt, für das Ägypten wohlbekannt ist: Freundlichkeit, Großzügigkeit und die fürsorgliche Pflicht des Mannes, Frauen und Fremde beschützen zu müssen. Seit einer halben Stunde telefoniert er das halbe Dorf ab und sucht nach einer Familie, die uns Essen kochen könnte.

»Bald kommt jemand mit dem Auto und bringt uns etwas«, sagt Michael und schaut mich erwartungsvoll an. Dabei habe ich gar keinen großen Hunger; doch das will er nicht hören.

Er zeigt mir währenddessen die Farm. Wir laufen zu einer Bambushütte, dem Mitarbeiterhaus. Es ist umgeben von jungen, zierlichen Mango- und Orangenbäumen, Dattelpalmen und Rebstöcken, an denen zartschalige Tafeltrauben hängen. Und jede Menge Vieh, Kühe, Esel und Hühner, die den Nachschub an natürlichem Dünger liefern sollen. Mittlerweile hat sich der Erfolg der Farm herumgesprochen, und Bauern aus allen Teilen Ägyptens reisen an. Drei Monate lang lernen sie dann das Neueste über Wassermanagement und Recycling und probieren es auf dem Acker aus. Mehr als 300 Bauern und Mitarbeiter von 170 Kleinbetrieben seien schon geschult worden, sagt Michael. Damit auch

möglichst viel Geld in der Region bleibt, erfahren Frauen, wie sie
das alte Handwerk des Flechtens professionalisieren können und
erhalten einen Kurs in Selbstvermarktung.

Ich bin nun schon seit drei Stunden auf der Farm. Ich habe
das Gefühl, jede Zwiebel zu kennen. Michaels Telefon muss eine
gute Batterie haben, denn es hat bestimmt zwanzig Mal geklingelt. Nun schrillt es schon wieder.

»Gute Nachricht: Das Essen ist da!«, sagt er, vor Glück strah-
lend.

Wir gehen zurück ins Haus, wo auf dem Tisch ein Potpourri
aus ägyptischen Köstlichkeiten bereitsteht: frische, im Ofen ge-
backene *fatira,* eine Art Brot aus Blätterteig. Tomatensalat, der
nach Tomaten schmeckt, frische Gurken, weißer Käse. Dazu ein
riesiger Topf mit hausgemachtem *ful,* dem würzigen Bohnenbrei.
Als Nachspeise: süße Datteln und die kleinen, gelben Bananen,
die hier wachsen.

Michael erzählt mir beim Essen, dass die ägyptischen Macht-
haber immer wieder daran scheiterten, die Wüste zu zähmen.
Fast fünfundneunzig Prozent der Landfläche sind äußerst men-
schenfeindlich. Gamal Abd el-Nasser, Ägyptens mächtiger Präsident der Fünfzigerjahre, der an die Kraft des Sozialismus glaubte,
wollte aus diesen entseelten Gegenden blühende Landschaften
machen. Er träumte von einem El-Wadi El-Gidid, einem neu-
en Nildelta, im Süden des Landes. Die Ägypter benötigten dringend mehr Platz, denn sie bekamen viel zu viele Kinder. Auf dem
Reißbrett ließ Nasser eine künstliche Landschaft entwerfen. Sein
übermütiger Plan sah so aus: Die Wüste sollte geflutet werden,
damit dort Obst und Gemüse wachsen können. Das Wasser würde über mehrere Hundert Kilometer lange Kanäle aus dem Nasser-See und dem Assuan-Stausee in die Wüste geleitet werden.
Millionen von Menschen aus dem übervollen, nördlichen Nildelta sollten mit Geld- und Landgeschenken geködert werden, damit sie in die schöne, neue Welt ziehen. Ein paar Siedlungen hatte

man überhastet hochgezogen und sie in den Zeiten des Panarabismus nach arabischen Städten und Ländern benannt: Bagdad, Kuwait, Algier und Palästina. In die Häuser eingezogen aber sind nur wenige, denn die Planer hatten vergessen, dass es dort weit und breit keinen Strom gibt.

»Das sind jetzt Geisterstädte«, sagt Michael und ärgert sich darüber.

Die Bevölkerung aber wuchs weiter mit einer Rate, von der die Deutschen heute nur träumen können. Hosni Mubarak griff deshalb in den Achtzigerjahren die Idee noch einmal auf, die Wüste in blühende Landschaften zu verwandeln. Der Präsident nannte sein Projekt Toschka, ein Kunstname, zusammengesetzt aus zwei Begriffen aus der Sprache der Nubier, die früher ein mächtiges Volk mit König waren und heute höchstens ein Völkchen. *Tosch* ist demnach eine aromatische Heilpflanze und *ka* ein Wort für Heimat. Die staatlichen Tabakhersteller ließen flugs Toschka-Zigaretten produzieren, und Ägyptens bekanntester Autor für Kinderbücher sollte als Auftragsarbeit in seinen Werken beschreiben, wie in der nahen Zukunft junge Mädchen ihre Cousins in das neue Tal einladen und ihnen sagen, dass sie hier »in einem großen Haus mit großen Zimmern« leben könnten, umgeben von »singenden Gärten«.

Drei Millionen Menschen sollten bis zum Jahr 2017 umsiedeln. Dazu sollte Wasser aus dem Nasser-See durch die Sandhölle gepumpt werden, über den 260 Kilometer langen Scheich-Zaid-Kanal, benannt nach einem Emir aus den Golfstaaten, einem maßgeblichen Geldgeber. Das hörte sich alles gut an, und Mubarak ließ sich als Visionär feiern.

Im realen Leben aber war es eine Totalpleite, die grandios an Geld und Expertise scheiterte und den Oasen nicht viel mehr brachte als hässlichen Beton und Asphalt. Aus wertvollem Fruchtland wurden saure Böden. Der Wind trug tonnenweise Flugsand auf die ungeschützten Felder. Wanderdünen, die sich mächtig in der Wüste aufgetürmt hatten, drohten gar, komplette Ortschaften zu verschlucken. Verbrannt wurde viel Geld, geschaffen wenig und fertiggestellt eigentlich nur eines: die 436 Millionen Dollar teure Pumpstation im äußersten Süden des Landes. Sie zählt zu den größten der Welt und trägt den Namen ihres Schöpfers: Mubarak. Die Idee, dass der Mensch die Wüste bezwingen kann und bestimmt, was dort wächst und wer dort lebt, blieb mehr Alb als Traum.

»Die Bauern, die früher für den Eigenbedarf und die lokalen Märkte angebaut hatten, sollten ihre Pflanzen gleich mehrmals im Jahr ernten«, sagt Michael.

Also eine Turbo-Landwirtschaft betreiben, von der sie keine Ahnung hatten. Statt Kartoffeln und Weizen ließen ein paar korrupte Geschäftsleute seltene Trauben und Melonen züchten, die sie zu lukrativen Preisen in den Westen verschickten.

»Und eine Kartoffelsorte«, erzählt Michael, »die man ganzjährig ernten kann und die im Winter viel Geld bringt, weil bei euch in Europa die Knollen knapp werden.«

Es gebe aber noch ein anderes Problem, das ihn beunruhige, sagt Michael. »Toschka wurde ins Leben gerufen, als der Nil sehr viel Wasser führte. Die Planer gingen also von einer dubiosen Annahme aus: von einem übervollen Fluss.«

Rund 480 Milliarden Kubikmeter Nilwasser fließen jährlich durch halb Afrika. Wie viel davon den einzelnen Staaten zusteht, regeln ein Abkommen aus der Kolonialzeit und ein mehr als fünfzig Jahre alter, bilateraler Vertrag zwischen Ägypten und dem Sudan. Ägypten holt sich jedenfalls ziemlich genau zwei Drittel des kostbaren Gutes. Der große Verlierer sind die Äthiopier. Denn die sind in der paradoxen Situation, dass mehr als achtzig Prozent des Nils von den Quellen ihres Landes gespeist werden, sie selbst aber nur mickrige ein Prozent entnehmen dürfen, was bei Weitem nicht ausreicht, um große Staudämme zu füllen und damit das große Geld zu verdienen.

»Der nächste Krieg wird nicht gegen Israel sein«, ist Michael überzeugt, »sondern um den Nil.«

Um nicht zu verdursten und zu verhungern, wird den Ägyptern nur eines bleiben: bohren. Experten errechneten Prognosen, nach denen die Menschen im El-Wadi El-Gidid in fünfzig Jahren auf dem Trockenen sitzen werden. Landesweit sieht es nicht viel besser aus. Jedem Ägypter stehen derzeit etwas mehr als 700 Kubikmeter Wasser im Jahr zur Verfügung. 2017 könnten es nur noch 580 Kubikmeter sein, was die Hälfte dessen wäre, was nach den Vereinten Nationen notwendig ist, um die Grundbedürfnisse zu decken. Optimisten hingegen, und dazu zählen die meisten Einheimischen, hoffen auf ein Geschenk des Himmels.

So oder so wird sich Ägypten darüber mit seinem Nachbarland Libyen streiten müssen, denn schon unter dem früheren Diktator, Muammar al-Gaddafi, gab es das verwegene Bestreben, die Tiefen der Wüste regelrecht leer zu pumpen, um die Städte mit Trinkwasser zu versorgen. Im Erdinnern, in zweitausend Metern Tiefe, soll in der östlichen Sahara nämlich ein Schatz schlummern: ein Vorrat an fossilem Grundwasser, der die Schweiz viertausend Meter hoch bedecken würde.

Der Abend zieht langsam über das Land. Michael begleitet mich zur Straße und wartet so lange neben mir, bis ein Minibus hält. Auf der Rückfahrt, die mich über das Niltal zurück in den Norden bringen soll, bestaune ich die Landschaft mit ihren vielen Plateaus. Der Fahrer muss zeitweise in den ersten Gang zurückschalten, damit wir auf der steilen Straße, die in die Oase Charga führt, nicht stehen bleiben. Ich komme mir vor, als würden wir die Alpen überqueren. Der Ausblick ist gleichermaßen unwirklich wie faszinierend: So muss es auf dem Mond aussehen. Ab und zu überholen wir einen der vielen schweren Lkws, die hier keuchend unterwegs sind und Material aus der nahe gelegenen Phosphatmine Abu Tartur nach Safaga bringen, dem Hafen am Roten Meer. In der Wüste lagert viel des begehrten Grundstoffs für

Dünger und Waschmittel, dessen Abbau wenige Unternehmer reich machte und vielen Arbeitern die Lungen zerstört hat.

Ich mache ein paar Fotos durch das geschlossene Fenster. Der Mann, der neben mir sitzt, spricht mich an. Er ist neugierig und will wissen, was mich in diese Gegend treibt. Er lobt mein Arabisch. Den Buchstaben *qaf*, der in den arabischen Wörtern für Koran und Kairo steckt, würde ich sehr gut aussprechen.

»Das können viele Ägypter nicht«, sagt er.

Der Mann stellt sich als Mustafa vor, ein studierter Arabischlehrer, der an einer Grundschule für umgerechnet hundertzwanzig Euro im Monat unterrichtet.

»Die Araber wollten doch mal Österreich erobern«, wirft er unvermittelt ein. Ob es deswegen noch Feindseligkeiten gebe, fragt er mich. Die Menschen in Ägypten haben ein anderes Zeitgefühl. Sie halten den Christen auch noch immer die Kreuzzüge vor, als seien sie gestern gewesen.

Plötzlich tritt der Fahrer auf die Bremse. Er kann nichts mehr sehen. Die Lichtmaschine des Toyota-Busses ist kaputt. Ohne Werkzeug kann er sie nicht reparieren, und wir sind noch gute zwei Stunden von menschlichem Leben entfernt. Zwei Ägypter, die vorne sitzen, laden mit ihren Handys ein Programm aus dem Internet herunter, das mit Display und Blitz eine Taschenlampe imitiert. Sie drehen das Fenster hinunter und halten ihre Telefone hinaus. Sie leuchten ihm den Weg. Der Fahrer sieht jetzt ziemlich genau zwei Meter weit und fährt im Schritttempo. Es funktioniert.

Zeit spielt hier sowieso keine Rolle.

Kapitel

15

Assuan

أسوان

Eine schwere, schwarze Limousine deutschen Fabrikats hält vor dem Hotel Old Cataract; es ist ein Nachmittag im Oktober, und die Sonne brennt dermaßen stark vom Himmel, dass man Spiegeleier auf der Motorhaube braten könnte. Die Scheiben des Wagens sind verdunkelt. Mit einem leisen Surren öffnet sich hinten rechts ein Fenster. Ein älterer Mann mit einer dunklen Sonnenbrille, der ein weißes Hemd und einen silbergrauen Anzug trägt, winkt mich zu sich und sagt: »Steigen Sie ein!«

Ich bin in Assuan, an genau jenem Ort, neunhundert Kilometer südlich von Kairo, wo Agatha Christie ihren berühmten Meisterdetektiv Hercule Poirot in »Tod auf dem Nil« ermitteln ließ. Später wurde der Roman mit hochkarätigen Stars verfilmt und war ein Kassenschlager. Ich fühle mich aber gerade in einen ganz anderen Film versetzt: Marlon Brando, »Der Pate«.

»In Assuan leben nur friedliche Menschen«, sagt der Mann. »Das ist also höchst unangenehm, was Ihnen da passiert ist.«

Ich bin vor etwa zwei Stunden von einem Taschendieb bestohlen worden. Kreditkarten, Führerschein, Bargeld: weg. Mein Handy auch, weshalb ich von einem Verbrechen ausgehe und nicht von meiner eigenen Schusseligkeit. In meiner Verzweiflung wusste ich nichts anderes zu tun, als zum besten Hotel der Stadt zu gehen, in der Hoffnung, dass ich dort Hilfe bekomme. Das mache ich bei kleineren und größeren Notfällen in Ägypten immer so, denn diese Orte funktionieren nach westlichen Standards. Dort finde ich in der Lobby saubere Toiletten mit Seife, trinkbaren Cappuccino und erhalte zuverlässig Auskunft, wenn ich mal verloren bin. Vor allem aber hofieren die Angestellten jeden Ausländer und helfen ihm, selbst wenn er kein Gast des Hauses ist. Das berühmte Hotel Old Cataract ist seit mehr als einhundert Jahren eine Institution der Reichen und Schönen. Winston Churchill mietete in dem Fünf-Sterne-Palast eine Suite, Prinzessin Diana und auch der französische Präsident François Mitterrand, der über den Ort gesagt haben soll: »Wenn man morgens die Fenster öffnet, hat man das Gefühl, mit dem Universum zu verschmelzen.«

Das Hotel, im viktorianischen Stil erbaut, mit seinen Holzböden, Kronleuchtern und Badewannen mit Nilblick wurde erst vor Kurzem für viel Geld runderneuert. Der Direktor will es nun schleunigst mit Gästen füllen, was gar nicht so einfach ist. Die ständigen Bilder von brennenden Häusern in Kairo haben vielen Reisenden die Lust auf Ägypten vergällt. Wenn sich dann auch noch herumspräche, dass Urlauber bestohlen wurden, käme das einer Katastrophe gleich. Als ich erwähne, dass ich Journalist bin, wird der Rezeptionist nervös. Er werde sofort ein paar Anrufe tätigen. Eine halbe Stunde später fuhr der schwarze Wagen vor, in dem ich jetzt sitze.

Der geheimnisvolle Mann will wissen, wo es passiert ist.

»Ich war auf dem berühmten Basar in Assuan«, erzähle ich ihm.

Auf dem Touristenmarkt, wo die Luft nach Koriander, Karda-
mom und Nelken duftet, nach Lebkuchen irgendwie. Der Markt
ist nichts für Einheimische. Hier finden Urlauber genau das, was
sie sehen wollen und was sie mit dem Orient verbinden. Ich war
genervt von den aufdringlichen Verkäufern, die ihre geflochtenen
Körbe, Tücher und den Nepp aus Alabaster und Papyrus zu Fan-
tasiepreisen an die wenigen Ausländer bringen wollen, die sich
derzeit in die Stadt trauen.

»Haben Sie denn etwas bemerkt?«, fragt der Mann weiter.

»In Ägypten wird man ständig von Leuten angerempelt«, antworte ich.

Die Distanzzone zwischen Menschen, die sich nicht kennen,
ist den Ägyptern fremd. Sie fassen alles und jeden an.

»*El-Sahma*«, murmelt der Mann. Er weiß, was ich meine. *El-
Sahma* ist der Sammelbegriff für das pausenlose Gedränge in diesem Land und die nie enden wollenden Staus auf den Straßen. Ich
kann ihm deshalb nicht einmal sagen, wie oder wo es passiert sein
könnte. Der Dieb muss ein Profi gewesen sein.

Wir fahren im Schritttempo die Strecke ab, die ich an diesem
Tag zurückgelegt habe. Zum Hotel in der Saad-Saghlul-Straße,
in dem ich übernachtete. Zum Kaffeehaus nebenan, wo ich Tee
trank und eine Wasserpfeife mit Melonentabak rauchte. Und
zum Basar, durch den ich zuletzt schlenderte. Alle paar hundert
Meter bleibt der Wagen stehen, der Mann lässt seine verdunkel-
te Fensterscheibe herunter und unterhält sich kurz mit den Leuten. Ich habe das Gefühl, dass jeder diesen Mann kennt und res-
pektiert, manche ihn gar fürchten. Er hatte zu mir nur gesagt, ich
solle ihn Mahmud nennen, und er werde sich »dieser Unannehm-
lichkeit« annehmen. Alles andere sei nicht wichtig.

Da Gastfreundschaft in Ägypten so verstanden wird, dass man
Fremde in der Not bis zu drei Tage lang bei der Familie aufnimmt,
lädt mich Mahmud abends zu sich nach Hause ein. Wir fahren in
seine Villa, die etwas außerhalb auf einer kleinen Anhöhe liegt.

Die Sonne verabschiedet sich für diesen Tag und hinterlässt eine verträumte Landschaft aus ockerfarbenem Sand und grünen Palmen. Der Blick auf den Nil ist fantastisch. Der Fluss windet sich durch Felsen aus Granit, Dutzende Feluken mit kleinen Segeln tummeln sich im Wasser. Sie sehen aus der Ferne aus wie putzige Papierschiffchen in der Badewanne. Nur die Lichter der Schiffe, die an der Corniche mit ihren Lautsprechern die Ruhe stören, halten die Stadt wach.

Ich war schon mehrere Male in Assuan. Die Stadt liegt 1076 Kilometer von Alexandria entfernt, und die Fahrt mit dem Bus hierher ist eine gefühlte Weltreise. Nach Assuan fliegt man also besser, die Tickets gibt es oft für weniger als hundert Euro, und man will ja auch schnell hinkommen. Die Stadt ist ein Zufluchtsort, an dem man vieles zurücklassen kann, was einen in Ägypten nervt. Jedes Mal bin ich entzückt von der Gemächlichkeit und der Gelassenheit der Menschen, der Herzlichkeit und Offenheit ihrer Kultur, die maßgeblich von den Nubiern beeinflusst wurde, den schwarzen Pharaonen, wie die dunkelhäutigen Herrscher des alten, ägyptischen Königreichs genannt wurden.

Die Nachricht, dass es im Winter 2011 eine Revolution gab, ist in Assuan erst angekommen, als die Touristen ausblieben, erzählt man sich im lauten und aufgewühlten Norden des Landes. Denn Assuan mit seinen fast dreihunderttausend Bewohnern sei ein bisschen so, wie Kairo früher war, damals, in den Sechziger- und Siebzigerjahren des 20. Jahrhunderts. Als es noch kaum Autos gab und die Menschen noch nicht rund um die Uhr arbeiteten. Nach dem Motto: »Du musst wissen, dass du jeden Tag nur eine Sache erledigen kannst. Und wenn du das nicht schaffst, macht du es eben morgen.«

Das Essen, das Mahmud auftischen lässt, ist ein Festmahl: Kichererbsen, in Olivenöl eingelegte Auberginen, würziger, weißer Käse mit Tomaten als Vorspeise und *warak einab,* die mit Reis gefüllten Weinblätter. Danach gibt es Huhn aus dem Ofen, Reis mit orientalischen Gewürzen und Gemüse, in großen Kasserollen serviert.

»*Kull! Kull!*«, fordert mich Mahmud auf: »Iss!«.

Mein Teller will nicht leer werden, weil er ständig nachschöpfen lässt. Die Nachspeise ist eine kaum zu bewältigende Prüfung für meinen Magen und meine Bauchspeicheldrüse: *Umm Ali*, Alis Mutter, kleine Brot- und Croissantkrümel, die mit Pistazien, Kokosflocken, Rosinen und Zucker vermischt und mit reichlich Milch und Sahne im Ofen gebacken werden. Eine Portion hat 620 Kilokalorien. Das ist immerhin fast ein Drittel des täglichen Bedarfs an Energie und würde für eine Stunde Dauerlauf reichen.

Wir reden über das neue Ägypten. Mahmud mag den Begriff nicht. »Neu muss nicht immer besser bedeuten«, sagt er. »In Ägypten glaubt nun jeder, das tun zu dürfen, was er möchte. Das kann nicht gut gehen.«

Unter Mubarak war Ägypten ein Staat, in dem Ganoven so selten waren wie Krokodile im Nil. Zu groß wäre das Risiko gewesen, erwischt zu werden. Schließlich lauerte im Umkreis von fünfzig Metern mindestens ein Mitarbeiter des zwei Millionen Mann starken Polizeiapparats.

Ich hatte meinen Freunden zu Hause immer erzählt, dass selbst der Moloch Kairo so sicher ist wie die bayerische Provinz. Das überraschte einige, denn bei Ägyptern denken die Deutschen oft automatisch an die Araber in Berlin-Neukölln. Ich hätte hier tatsächlich auf der Straße übernachten können, und nichts wäre passiert. Als ich einmal meinen MP3-Player beim Spazieren verlor, lief mir ein Mann nach und gab ihn mir zurück. Beim Bezahlen mit der Kreditkarte fragen die Kassierer alte Frauen manchmal sogar nach dem PIN-Code und tippen diesen für sie ein, weil die Tasten der Geräte zu winzig sind.

Und wenn wirklich einmal jemand Ärger macht, regeln es die Leute an Ort und Stelle und trommeln eine Hundertschaft zusammen. So geschah es jedenfalls, als ein Dieb einer Frau in Ale-

xandria vor meinen Augen die Handtasche entriss. Eine Horde
Männer ließ alles stehen und liegen, rannte ihm nach, warf ihn auf
den Boden, besorgte ein Seil und fesselte ihn mit Gebrüll an eine
Laterne. Dann verprügelten sie ihn. Kinder, die vorbeiliefen, wurden von ihren Eltern aufgefordert, den Mann anzuspucken. Zivil-
courage und Selbstjustiz werden hier nach wie vor geschätzt und
gepflegt.

Seit dem Zusammenbruch des Regimes haben die Polizisten
hingegen ihre neue Rolle noch nicht gefunden. Schreiten sie ein,
heißt es gleich, jetzt sei das alte System wieder zurück. Schauen
sie weg, werden sie übelst beschimpft.

Mahmuds Handy klingelt. »El-Hamdu lillah«, höre ich ihn erleichtert sagen, »Lob sei Gott«. Zehn Minuten später kommt ein
gehetzter Mann zur Tür herein, begrüßt Mahmud demütig mit
Pascha und übergibt ihm eine Geldbörse und ein Handy. Es sind
meine gestohlenen Sachen. »Schauen Sie nach«, sagt er und nickt
mir auffordernd zu. Das Geld ist weg, die SIM-Karte aus dem Telefon entfernt, aber die Karten und Ausweise sind allesamt noch
da. Wo man sie gefunden hat, will ich wissen. »Meine Leute sind
gut in dem, was sie tun«, sagt Mahmud, ohne auf meine Frage ein-
zugehen. Ich vermute, dass Mahmud gar nicht Mahmud heißt und
dass er ein hochrangiger Mitarbeiter der Staatssicherheit ist. Vielleicht ist er aber auch tatsächlich der ägyptische Vito Corleone.

Sein Fahrer bringt mich zurück in die Stadt, zum Hotel Jas-
sin, einer netten Bruchbude mit Zimmern für umgerechnet sechs
Euro die Nacht, kakerlakenfrei und klimatisiert. Atef, der Direktor, schätzt sich selbst auf Mitte vierzig. Genauere Daten hat er
nicht, denn wie früher üblich in Assuan, wurde bei Atefs Geburt
keine Urkunde ausgestellt und auch der genaue Tag nirgendwo
verzeichnet. Er trägt eine weiße *galabeja* und erledigt seinen Alltag im Tempo eines Rentners. Stress hält er nämlich für eine rein
europäische Erfindung. Atef ist mit einer Portugiesin verheiratet.
Sie ist seine dritte Frau; er ist Muslim und darf das. Es ist mehr ein

Deal als eine Ehe: Er bekommt irgendwann einen europäischen Pass und Prestige. Und sie erhält anstandslos die Aufenthaltserlaubnis für Ägypten und in Hotels die ägyptischen Preise, denn sie gilt nun auf dem Papier als Einheimische.

Atef hört sich meine Geschichte mit einer Seelenruhe an. »Aber dir geht es jetzt gut, nicht?«, fragt er am Ende etwas ratlos und dankt Gott dafür. Atef hat nachts noch nie sein Hotel abgeschlossen. Den Schlüssel lässt er in seinem Wagen stecken, damit ihn jeder wegfahren kann, falls er im Weg steht. Atef hat derzeit nicht viel zu tun, das merke ich daran, dass er sich mit mir unterhalten will. Er jammert mir vor, dass die meisten seiner Gäste Koreaner sind: »Die können kein Englisch und sind wirklich seltsame Menschen. Ich möchte hier lieber Europäer haben und lerne deshalb Deutsch.«

Atef gibt mir eine Kostprobe und will mir zeigen, was er schon kann: »Können Sie mir Ihre Feder leihen?«, fragt er mich etwas unsicher. Ich schaue ihn ratlos an.

Er zeigt mir ein zerfleddertes Buch aus den Sechzigerjahren, »Deutsch lernen in dreißig Tagen«, das er bei einem Trödler auf dem Markt gekauft hat. Ich sage ihm, dass das Buch völlig veraltet ist und er Kugelschreiber statt Feder sagen soll. Atef nickt. Dann fragt er, ob er, wie geplant, den Ausflug nach Abu Simbel für mich buchen solle. Ich sage zu.

In Abu Simbel, diesem unscheinbaren Örtchen in der Wüste, das fast schon an der sudanesischen Grenze kratzt, stehen die berühmten, mehr als dreitausend Jahre alten Tempel zu Ehren von Ramses II., einem der mächtigsten Herrscher des Alten Ägypten, und seiner Frau Nefertari. Sie zählen zu den bekanntesten Relikten der Pharaonenzeit. Um die zu sehen, muss ich jedoch früher aufstehen als ein strenggläubiger Muslim, der sein tägliches erstes Gebet verrichten will. Der Minibus fährt um vier Uhr in der Früh los. Anders komme ich nicht hin, denn die Straße ist ein ausgewiesenes Hochsicherheitsgebiet und für den normalen Verkehr gesperrt. Sämtliche Minibusse müssen die 240 Kilometer in einer Kolonne fahren, eskortiert von einer Armada von Polizeiwagen, als wäre ein wichtiges Staatsoberhaupt zu Gast.

Die Tempelanlage liegt am Ende des schmucklosen Dorfes Abu Simbel, direkt am Nasser-See. Oder besser gesagt: Der Tempel wurde dahin versetzt, auf eine aufgeschüttete Geröllpiste, sonst wäre von ihm nichts mehr übrig geblieben, weil er in den Wassermassen untergegangen wäre. Der damalige Präsident Gamal Abd el-Nasser hatte in den Sechzigerjahren den größenwahnsinnigen Plan, den Nil zu einem Vorrats- und Energiespeicher zu machen. Für sein Projekt brauchte er einen fast 4000 Meter langen Staudamm, den er in Assuan, 13 Kilometer südlich der Stadt, hochziehen ließ. Ein gigantisches Bauwerk aus Beton, mit einer Sohle, die gut einen Kilometer breit ist und 111 Meter in die Höhe ragt. Es war der damals größte Staudamm der Welt. Dazu ein Kraftwerk, wiederum das größte der Welt, das gemäß den Berechnungen zwei Drittel des ägyptischen Strombedarfs liefern sollte. Das Wichtigste aber fehlte noch: das Wasser. Also ließ Nasser den Nil flussabwärts auf einer Länge von 500 Kilometern zu einem See aufblähen, dem er seinen Namen gab und der gigantische Ausmaße hat: Er ist zehnmal größer als der Bodensee.

Der Eingriff in die Natur blieb nicht ohne Folgen. Die jährliche natürliche Überschwemmung des Nils blieb nun aus. Das führte dazu, dass die Ufer erodierten und Ratten, die früher im zähen Nilschlamm verendeten, sich plötzlich vermehrten. So rasant und zahlreich, dass sie in die Dörfer und Städte wanderten und in die Hosen von Kleinkindern schlüpften. Nachts knabberten sie sogar an Ohren und Fingern.

Für die Bauern waren die Ratten eine regelrechte Katastrophe, denn sie fraßen die Baumwollblüten auf und das Getreide kahl. Die ägyptische Regierung antwortete 1984 mit einem Vernichtungskrieg gegen die Nagetiere. Sie stattete mehr als 50 000 Mann mit

Flammenwerfern aus, die unter dem Kommando von 600 Experten brandschatzend durch die Felder und Straßen zogen. Am Ende
verkündete der damalige Landwirtschaftsminister siegesfroh das
Ergebnis der Aktion: 56 Millionen tote Ratten.

Doch der Stausee, der maßgeblich von den Russen geplant
und finanziert wurde, war nicht nur ein ökologisches Desaster. Er
war auch eine kulturelle Tragödie. So versanken in den Fluten des
künstlichen Nasser-Sees nach und nach Hunderte, wenn nicht Tausende von kostbaren Relikten aus der Pharaonenzeit. Der Westen
war schockiert und entsandte Ingenieure und Wissenschaftler, die
retten sollten, was noch zu retten war. Vierzig Länder spendier-
ten Geld, um die größte Bergungsaktion in der Geschichte der Archäologie zu starten: die Verlegung der Tempelanlage Ramses' II.
Fast 100 Arbeiter zersägten die 20 000 Tonnen schwere Felsanla-
ge in 120 000 Blöcke und suchten nach einem neuen, geeigneten
Standort, um sie wieder zusammenzusetzen, und den fanden sie
auch: eine Anhöhe, gut 200 Meter vom ursprünglichen Standort
entfernt und 60 Meter höher.

Es war ein Kampf gegen die Zeit, weil das Füllen des Sees bereits begonnen hatte. Die Rettungsaktion dauerte fast fünf Jahre und endete im März 1968 gerade noch rechtzeitig. Die Historiker, Politiker und Bildungsbürger im Westen waren sich einig,
dass man wertvolle Relikte künftig besser schützen muss. Die
UNESCO nahm die Misere von Abu Simbel zum Anlass, eine Liste mit den historisch wertvollsten Orten und Stätten dieser Welt
aufzusetzen. Es war die Geburtsstunde des Weltkulturerbes.

Ramses II. war ein politischer Stratege, der den Frieden mehr
schätzte als den Krieg. Ein Erneuerer und Visionär, der dem Land
im 13. Jahrhundert vor Christus wirtschaftlich und kulturell gut
tat. Ein mächtiger Herrscher, der den Bau gigantischer Tempel
befahl, in Karnak, Memphis, Luxor und Abu Simbel, und so seinen Ruf bekam: als der größte Architekt und Bauherr Ägyptens.
Ich stehe vor dem Felsen, in dem mehrere Häuser Platz hätten

und der von den Sklaven damals mit einfachen Werkzeugen aus-
gehöhlt wurde. Hinter mir plätschert das Wasser ans Ufer. Die
Gegend ist mit hohem Draht abgesperrt; in dem Gewässer soll es
noch Krokodile geben. Überwachungskameras, die auf den umliegenden Felsen angebracht sind und vermutlich nicht funktionieren, sollen dem Besucher ein Gefühl der Sicherheit geben. Die
vier mächtigen, zwanzig Meter hohen Felskolosse am Eingang
tragen das Gesicht des Pharaos. Sie waren wohl eine Demonstra-
tion seiner Macht und sollten den feindlichen Schiffen eine Warnung sein.

Ich laufe durch eine Pforte in die erste Halle hinein. Die Re-
liefs an den Wänden sind beeindruckend, beinahe lebensecht;
sie zeigen Ramses II., mal wie er auf einem Streitwagen thront,
mal wie er einen Gegner tötet. Von Meter zu Meter senken sich
die Decken, immer kleiner und enger werden die Räume, bis ich
am Ende angekommen bin. Dort steht, wenig überraschend, eine
weitere Statue des Pharao.

Das Fotografierverbot ignorieren fast alle, ständig stören Blit-
ze die Atmosphäre, was die Sicherheitsleute freut, denn sie bekommen ein gutes Trinkgeld, damit sie wegschauen. Dieser
jahrtausendealte, magische Ort hat die Anmut eines Selbstbedie-
nungsrestaurants in einer Autobahnraststätte, in der Busladungen
an Touristen abgefertigt werden. Es bleibt viel zu wenig Zeit, um
die Stätte mit ihrer Geschichte auf sich wirken zu lassen. Denn
kaum da, muss ich nach eineinhalb Stunden schon wieder zum
Sammelplatz eilen, wo die Minibusse warten. Am späten Vormittag geht es zurück nach Assuan, im Konvoi.

Am Nachmittag treffe ich Atef auf ein Glas Tee in seinem Hotel. Atef ist Nubier, er hat eine dunklere Hautfarbe als die Oberägypter und schmalere, feinere Gesichtszüge. Er erzählt mir von
seiner Familie, die in der Gegend um Abu Simbel gewohnt hat
und in den Sechzigerjahren enteignet und umgesiedelt wurde, in
die Kleinstadt Kom Ombo. Das ging den meisten der dort leben-

den fünfzigtausend Nubier Ägyptens so. Fast vierzig Dörfer verschwanden im See.

»Das Herzland der Nubier ist damals ertrunken«, sagt Atef.

Präsident Nasser bot ihnen Wohnungen in Hochhäusern an,
die schnell hochgezogen wurden und die wenig gemein hatten mit
den bunt angemalten, nubischen Häuschen mit ihren Holztür-
chen, die ein wenig an die verspielte Architektur von Friedens-
reich Hundertwasser erinnern.

»Ein Hochhaus ist nicht unsere Kultur«, sagt Atef. »Die haben
das mit Absicht gemacht, die Ägypter mögen uns nicht.«

Die Nubier verstehen sich als eine der ältesten Kulturen der
Welt. Um 3000 vor Christus begann ihr Aufstieg zu einem mächtigen Königreich, das sich entlang des Nils vom Norden des Sudan
bis zur ersten Stromschnelle in Assuan erstreckte. Sie bauten Pyramiden als Grabstätten, die noch heute in Meroe, zweihundert Kilometer nördlich der sudanesischen Hauptstadt Khartoum, gut erhalten neben der Autobahn stehen. In der altägyptischen Sprache war
Nubien der Begriff für Gold, denn die Gegend war reich an kostbaren Bodenschätzen. Und so kam es über die Jahrhunderte zu einem
erbitterten Kampf der Ägypter und Nubier um die Macht am Nil.
Befand sich Ägypten auf einem Höhepunkt, dann unterwarf es Nubien; lag Ägypten darnieder, übernahm die nubische Kultur.

Atef erzählt mir, dass die Ägypter im Krieg gegen Israel 1973
einen nubischen Dialekt als Geheimsprache verwendeten, an der
sich die Israelis die Zähne ausbissen.

Nubisch gehört zur Familie der nilosaharanischen Sprachen
und hat nur wenig mit der komplizierten, semitischen Gramma-
tik des Arabischen gemein. Atef kann nur noch ein paar Brocken,
wie die meisten ägyptischen Nubier.

»Für die Touristen, die hören das gern«, sagt er.

Es gibt keine seriösen Statistiken über die Zahl der ägyptischen Nubier, vermutlich sind es um die hundertfünfzigtausend.
Die meisten leben in Assuan und in den großen Städten im Nor-

den, in Kairo und Alexandria. In Filmen werden sie abwertend als Köche, Taxifahrer und als Türsteher porträtiert. Die Staatssicherheit nährte die Feindseligkeiten jahrelang, indem sie das Gerücht streute, die Nubier wollten sich abspalten und ihren eigenen Staat im Süden gründen.

Die Nubier selbst fühlen sich seit Jahrzehnten benachteiligt. Jobs in Krankenhäusern, in Schulen und an den Schaltstellen der Macht bleiben ihnen meistens verwehrt. Sie fordern eine rechtliche Gleichstellung und verlangen, dass ihre Geschichte an den Schulen gelehrt wird. Ihre Kultur müsse den Stellenwert bekommen, den sie verdiene. Und der Nasser-See, verlangen sie, solle in Nubier-See umbenannt werden. Sie fühlen sich von den Ägyptern unterdrückt.

»Die *saidi*, die Oberägypter, kontrollieren mittlerweile fünfundsiebzig Prozent der Wirtschaft Assuans«, sagt Atef.

Die Nubier verlieren deshalb langsam die Geduld und fürchten um ihre Existenz. Im September 2011 versuchten ein paar wütende Männer sogar, das Rathaus in Assuan anzuzünden. Es war der erste gewalttätige Angriff seit Jahren.

»Komm, wir gehen auf ein Boot und fahren hinaus auf den Nil«, schlägt Atef vor.

Es ist elf Uhr abends. Assuan ist die südlichste, trockenste und heißeste Stadt Ägyptens, die Hitze liegt noch immer wie eine dicke Decke über der Stadt. Die Einheimischen können nicht schlafen. Sie zieht es in solchen Nächten an den Nil.

Atefs Kumpel Ibrahim, der ein Boot besitzt und damit Touristen von Ufer zu Ufer schippert, ist schon da und wartet auf uns. Er hat wohl auch nichts zu tun. Früher legten in Assuan bis zu dreihundert Anbieter von Kreuzfahrtschiffen an, jetzt sind es kaum mehr als vierzig. Die Hotels sind Geisterhäuser, ihre Auslastung in den Monaten nach der Revolution lag bei kümmerlichen fünfzehn Prozent. Vor Kurzem führte ein Bekannter Atefs eine Gruppe von Touristen in eine historische Moschee. Kaum hatten sie die Schuhe ausgezogen, stand eine Horde frustrierter Männer vor dem Eingang und ließ sie nicht mehr hinaus. »Sie waren sehr wütend und verlangten, dass die Touristen eine Fahrt mit ihren Kutschen machen«, erzählt Atef. Ansonsten, drohten sie, würden sie den Touristenbus niederbrennen.

Ibrahims Feluke sieht eher wie eine große, bunt angemalte Nussschale aus, auf der ein geflicktes Segel, drei Personen und ein Außenborder Platz haben. Wir fahren hinaus in die Stille, der Wind schubst das Segel an, wir reden leise.

Gegenüber, auf einem Berg, sehe ich das Mausoleum des Aga Khan, des 48. Imam der schiitischen Sekte der Ismailiten. Ihre Anhänger leben in Indien und Pakistan, einige auch im Jemen und in Syrien. In Ägypten hingegen werden sie nicht einmal als ›richtige Muslime‹ angesehen, denn die sunnitischen Ägypter können die Schiiten nicht ausstehen.

»Uns stört das aber nicht«, sagt Atef, »es ist nur ein Gebäude und tut niemandem etwas.«

Dass der Aga Khan ausgerechnet in Assuan seine letzte Ruhe fand, lag daran, dass er an Rheuma litt.

»Der Mann verbrachte die Winter bei uns, und das warme Klima nahm ihm die Schmerzen«, erzählt Atef.

Als er 1957 starb, ließ seine Witwe ein kuppelförmiges Grab aus Granit und Sandstein hier am Westufer des Nils errichten. Sie ordnete an, jeden Tag eine rote Rose auf den Sarkophag ihres Mannes zu legen.

Ibrahim macht eine Pause und dreht sich eine Zigarette. Die Menschen in Assuan sind die besten Geschichtenerzähler Ägyptens. Ibrahim ist ein Meister darin. Er will uns heute eine »wahre Geschichte« über »Dämonen und schwarze Magie« erzählen.

»Es war einmal ein Mann«, beginnt er mit ernster Stimme, »der auf einer Insel in Assuan lebte. Eines Tages wurde er verrückt, schrie und sprach in einer fremden Sprache.«

Ich höre ihm gespannt zu und will wissen, wie es weitergeht.

»Nun, die Leute brachten ihn ins Krankenhaus. Die Ärzte dort waren ratlos. Also holten sie den örtlichen Scheich, da klar war, dass er irgendeine Art von bösem Geist in sich hatte. Doch der Scheich kannte die Sprache des Mannes nicht. Also bestellten sie einen Priester ein, der die Worte verstand. Er war sich seiner Diagnose deshalb sicher: ›In diesem Mann lebt eine koptische Großfamilie!‹«

Ibrahim hält inne. Ich schmunzle. Atef schaut mich mit großen Augen an. Ich habe das Gefühl, er glaubt seinem Freund jedes Wort. Ibrahim erzählt weiter.

»Die bösen Geister mussten natürlich ausgetrieben werden. Doch dazu gab es nur eine Möglichkeit: Jeder einzelne Koptengeist musste durch die Fußnägel des Patienten herausgezogen werden. Nur so konnten Narben vermieden werden.«

Langsam wird mir die Geschichte zu wirr, aber Ibrahim läuft sich gerade so richtig warm.

»Der Priester war ein erfahrener Exorzist und konnte einen Geist nach dem anderen entfernen. Nur beim letzten Familienmitglied, dem Großvater, brauchte er länger, weil sich dieser weigerte, aus dem Körper zu kommen. Als auch das Familienoberhaupt ausgetrieben war, fühlte sich der Patient sofort besser und ging nach Hause zu seiner Ehefrau.«

Ich hake etwas enttäuscht nach: »Das also war die Geschichte?«

Ibrahim grinst, trinkt einen Schluck Wasser und legt nach: »Irgendwann erfuhren die Menschen im Dorf, dass die Ehefrau für die seltsame Krankheit des Mannes verantwortlich war. Sie hatte herausgefunden, dass ihr Mann sie betrogen hatte: mit der jüngeren Nachbarin, einer koptischen Christin. Also beauftragte sie einen Zauberer und ließ ihren Ehemann mit einem bösen Schwur belegen.«

Ich pruste laut los, denn die Geschichte wird mir zu absurd. Atef schaut mich entgeistert an. Er versteht nicht, warum ich lache. Ich habe das Gefühl, er glaubt seinem Freund noch immer jedes Wort.

Am nächsten Tag fliege ich nach Alexandria zurück, das Flugzeug braucht kaum länger als neunzig Minuten für die Strecke. Der Pilot will uns etwas Gutes tun und fliegt eine Runde um die Pyramiden von Giseh. In Alexandria lande ich in Burg el-Arab, dem Flughafen, der mitten in der Wüste liegt. Ich fahre am Mariut-See vorbei, mit seinen Industrieanlagen vor der Stadt, wie damals bei meiner Ankunft. Es ist der See, der tagsüber in einer rötlichen Farbe schimmert, blubbert und bestialisch stinkt, und nachts, wenn die Fabriken und Raffinerien ihre Lichter eingeschaltet haben, die sich im Wasser spiegeln, sogar etwas Romantisches ausstrahlt.

Ich wollte schon länger einmal meinen *bawab* fragen, was er von dieser dampfenden Industrie hält und wie der See damals aussah, als er jung war.

»Das war ein Paradies«, sagt Ali, nachdem er mich vor dem Haus begrüßt, mich nach dem Befinden meiner Familie gefragt und mir vorgejammert hat, die Katzen hätten nachts schon wieder die Müllsäcke aufgerissen.

Dreißigtausend Fischer habe es dort am See gegeben. »Und jetzt«, seufzt er, »ist das eine giftige Brühe«. Der See sei für ihn ein Symbol für den Zustand des Landes, seiner Kultur und letztlich seiner Menschen, der Ägypter.

»*Majet*«, sagt er, »*majet*«.

Es ist das arabische Wort für: tot.

Zitate und Quellen

Nagib Machfus, Mein Ägypten. Mohammad Salmawy im
Gespräch mit dem Nobelpreisträger Nagib Machfus.
Rotbuch Verlag, 1998 (S. 23)

Karl Marx / Friedrich Engels Werke, Band 1: Einleitung
"Zur Kritik der Hegelschen Rechtsphilosophie" (S. 111)

Sure 40, 70-72, www.islam.de, 24.06.2013 (S. 151)

Antoine de Saint-Exupery, "Wind, Sand und Sterne",
Übersetzung Henrik Becker, Karl Rauch Verlag, 3. Auflage 2002
(S. 244)

Ladislaus E. Almásy, Schwimmer in der Wüste. Auf der Suche
nach der Oase Zarzura. Haymon-Verlag, 1997, Neuauflage
Taschenbuch 2012 (S. 246)

Weitere Reiseabenteuer bei DuMont ...

PAPERBACK, 312 SEITEN
ISBN 978-3-7701-8254-1
PREIS 14,99 € [D]/15,50 € [A]
AUCH ALS E-BOOK ERHÄLTLICH

DUMONTREISE.DE

*»Im wahrsten Sinne eine
Reise der Extreme«*
Axel Lischke, Tontechniker

Über die Anden
bis ans Ende der Welt

8000 Kilometer Motorrad extrem

von Thomas Aders

»Ich segne die Motorräder mit den amtlichen Kennzeichen NG 71981 und 71988«. Der wettergegerbte Priester Julio Mamani gießt hochprozentigen Schnaps über die staubigen Straßenmaschinen des Fernsehteams, in der anderen Hand schwenkt er den getrockneten Fötus eines Lamas. Schnellsegen auf 4300 Metern Höhe, in der Nähe eines Andenpasses in Bolivien. Gleich werden ARD-Südamerikakorrespondent Thomas Aders und sein Kollege den »Camino de la muerte« hinunterfahren, eine halsbrecherische Route, die über 3000 Höhenmeter hinunter ins tropische Tal der Yungas führt. Eine enge Schlaglochpiste, glitschig wie Schmierseife, extremes Gefälle, keine Leitplanken, kein Warnschild. Nebenan geht es senkrecht in die Tiefe. Hunderte Menschen sind hier zu Tode gekommen. Der »Weg des Todes« ist die gefährlichste Straße der Welt.

Eine Episode aus der fast siebenwöchigen Tour, die das Team um den Journalisten Thomas Aders von Peru über Bolivien bis nach Feuerland bringt. Spannungsgeladen und dramatisch, witzig und hautnah schildert der Autor seine Erlebnisse in Südamerika. Sie sind extrem für Technik und Team, bis hin zu Höhenkrankheit, Lungenentzündung, vollkommener Erschöpfung und mehreren Beinahe-Katastrophen.

PAPERBACK, CA. 352 SEITEN
ISBN 978-3-7701-8256-5
PREIS 14,99 € [D]/15,50 € [A]
AUCH ALS E-BOOK ERHÄLTLICH

DUMONTREISE.DE

DUMONT

Empire Antarctica

Eis, Totenstille, Kaiserpinguine

von Gavin Francis

Übersetzt von Christina Schmutz und Frithwin Wagner-Lippok

Für Gavin Francis erfüllt sich ein Lebenstraum, als er die Arztstelle in Halley, dem Basislager einer britischen Forschungsstation, bekommt. Halley liegt völlig abgeschieden an der antarktischen Caird Coast und weit von allen bewohnten Kontinenten entfernt. An diesem äußersten Ende der Welt erlebt Francis im Kreis eines kleinen Forscher- und Technikerteams das ewige Schweigen der Eismassen und eine tiefe Einsamkeit – ohne Zerstreuung, ohne Abwechslung, ohne Spuren menschlicher Geschichte. Von konstant taghellen Sommertagen über den dreieinhalbmonatigen dunklen Winter führt er den Leser durch ein antarktisches Jahr. Er erlebt die physischen und mentalen Belastungen bei Temperaturen von minus 50 Grad Celsius, die Stimmungen, die das Leben im Eis auslöst, eine immerweiße Landschaft, in der die Legenden und Mythen von Polarforschern wie Shackleton, Scott, Amundson oder Admiral Byrd weiterleben. Auf seinem Außenposten im Eis verschaffen Gavin die Kaiserpinguine überraschenden Trost. »Empire Antarctica« ist eine bewegende Erzählung über die Dienstzeit eines Arztes auf dem einsamsten Kontinent unseres Planeten.

PAPERBACK, CA. 336 SEITEN
ISBN 978-3-7701-8250-3
PREIS 14,99 € [D]/15,50 € [A]
AUCH ALS E-BOOK ERHÄLTLICH

Die Suche nach Indien

*Eine Reise in die Geheimnisse
Bharat Matas*

von Dennis Freischlad

Über viele Jahre hinweg hat der Dichter und
Künstler Dennis Freischlad in Indien gelebt,
er hat sich als Übersetzer und Bibliothekar,
Farmer, Koch und Hostelmanager verdingt.
Nun begibt er sich auf einen weiteren Road-
trip durch *Bharat Mata,* Mutter Indien, um
jenen indischen Geheimnissen nahezukom-
men, die zwischen Mensch und Mythologie
einen einzigartigen Zugang zur Welt bilden.
Auf der Suche nach Indien reist Dennis
Freischlad auf abenteuerlicher Route mit
seinem Motorrad vom tempelreichen Süden
des Landes über das paradiesische Kerala und
das schillernd-zerstörerische Mumbai bis
in die Steppe des romantischen Rajasthan.
Weiter geht es mit dem Zug in den Punjab,
um schließlich an den Ufern des Ganges
im mystischen Varanasi anzukommen, der
heiligsten Stadt der Hindus.
Hinsichtlich Erfahrungen, Begegnungen
und Intensität wird es eine Reise durch das
»reichste Land der Welt«. Der Indienkenner
schildert den Alltag, die Geschichte und Ge-
genwart der Inder in spannenden, poetischen
und oft skurrilen Begegnungen und erzählt aus
erster Hand von ihren Träumen und Reali-
täten, immerwährenden Katastrophen und
Hoffnungen.

PAPERBACK, CA. 464 SEITEN
ISBN 978-3-7701-8257-2
PREIS 16,99 € [D]/17,50 € [A]
AUCH ALS E-BOOK ERHÄLTLICH

DUMONTREISE.DE

DUMONT

Wolkenpfad

Zu Fuß durch das Herzland der Inka

von John Harrison

Übersetzt von Christina Schmutz und Frithwin Wagner-Lippok

Der »Wolkenpfad« verläuft hoch über dem Rücken der Anden, durch raues Land. Kälte, Niederschläge und Höhe machen Harrison während seiner mehrmonatigen Fußreise vom Äquator bis zu den magischen Ruinen der Inka-Stadt Machu Picchu wahrhaftig zu schaffen. Die Menschen, auf die er in den Bergen trifft, haben kaum je einen Weißen gesehen. Harrisons Buch lässt die extremen Landschaften, die er unter den Vulkanen der Anden durchstreift, und die extremen Lebensbedingungen der Menschen ebenso lebendig werden wie die zahlreichen Ruinen des Inka-Imperiums am Weg, die er eingehend würdigt.
Er läuft den Camino Real ab, den Königsweg, auf dem einst die Staffelläufer der Inka aus allen Winkeln des Reiches Nachrichten zu den Herrschern beförderten. Das Gelände ist eine einzige Herausforderung, der Weg beschwerlich. Die vielen Unwägbarkeiten der Reise, die Ängste und die Einsamkeit, kaum einmal unterbrochen durch kurze Aufenthalte in Gebirgsdörfern, werden feinfühlig und spannend erzählt.

PAPERBACK, 272 SEITEN
ISBN 978-3-7701-8251-0
PREIS 14,99 € [D]/15,50 € [A]
AUCH ALS E-BOOK ERHÄLTLICH

DUMONTREISE.DE

»Beste Symbiose von Krimi und Infotainment ...«
Rüdiger Nehberg, TARGET

Der Mann, der den Tod auslacht

Begegnungen auf meiner Reise durch Äthiopien

von Philipp Hedemann

»Wer nicht reist, wird immer glauben, dass seine Mutter die beste Köchin ist«, lautet ein afrikanisches Sprichwort. Philipp Hedemann wollte wissen, wie andere Mütter kochen und reiste mit dem Geländewagen mehrere Tausend Kilometer durch Äthiopien. Er ließ sich von einem Aidsheiler den Teufel austreiben, lachte mit dem äthiopischen Lachweltmeister, besuchte die heilige Quelle des blauen Nils, bestieg den höchsten Berg des Landes und wäre beinahe Mönch geworden. Er traf Flüchtlinge in trostlosen Lagern und versuchte, das Rätsel der Bundeslade, in der die Zehn Gebote verwahrt werden, zu lüften. Er fürchtete in der Danakil, der heißesten Wüste der Welt, von Rebellen entführt zu werden, und trainierte mit äthiopischen Wunderläufern. Er feierte mit bekifften Rastafaris den Geburtstag Haile Selassies und fütterte wilde Hyänen ...

»Der Mann, der den Tod auslacht« erzählt von abenteuerlichen Reisen und spannenden Begegnungen und porträtiert unterhaltsam ein geheimnisvolles und widersprüchliches Land im Osten Afrikas.

PAPERBACK, 256 SEITEN
ISBN 978-3-7701-8253-4
PREIS 14,99 € [D]/15,50 € [A]
AUCH ALS E-BOOK ERHÄLTLICH

DUMONTREISE.DE

Das verlorene Paradies

*Eine Reise durch Haiti und die
Dominikanische Republik*

von Philipp Lichterbeck

Was tut man, wenn man während eines Vodou-Rituals in Haiti plötzlich zum Objekt der Zeremonie auserkoren wird? Was haben Sextouristen in der Dominikanischen Republik mit Kolumbus gemein? Warum ist Haiti eines der ärmsten Länder der Welt, obwohl Milliarden von Dollars in die winzige Nation gepumpt werden? Philipp Lichterbeck ist mehrere Monate durch die Dominikanische Republik und das erdbebenversehrte Haiti gereist. In Sosúa traf er einen Aussteiger, der die Menschheit mit seinen Raumschiffen retten will, in den dominikanischen Zentralkordilleren den Hexenjäger Bernardo Távarez und in Port-au-Prince zwei Bildhauer, die aus Schrott und Menschenschädeln Weltkunst montieren. Er war auf seiner Reise ganz unten: bei den Minenarbeitern, die den Halbedelstein Larimar schürfen. Und er war ganz oben: auf der Citadelle La Ferrière, dem »Machu Picchu Haitis«. Philipp Lichterbecks einundzwanzig Stories sind mal witzig, mal abenteuerlich, mal tragisch. Zusammengesetzt ergeben sie das Porträt einer Insel, auf der Schönheit, Kreativität und Witz neben Korruption, Gewalt und Ausbeutung existieren.

PAPERBACK, 384 SEITEN
ISBN 978-3-7701-8258-9
PREIS 14,99 € [D]/15,50 € [A]

DUMONTREISE.DE

*»Ein spektakuläres
Reportage-Buch«*
Stern

Mein russisches Abenteuer

*Auf der Suche nach der wahren
russischen Seele*

von Jens Mühling

Als der Journalist Jens Mühling in Berlin
den russischen Fernsehproduzenten Juri
kennenlernt, verändert sich sein Leben.
Juri, der deutschen Sendern erfundene Geschichten über Russland verkauft, sagt: »Die
wahren Geschichten sind viel unglaublicher
als alles, was ich mir ausdenken könnte.«
Seitdem reist Jens Mühling immer wieder
nach Russland, getrieben von der Idee,
diese wahren Geschichten zu finden.
Die Menschen, denen er unterwegs begegnet, sind das echte Russland. Eine Einsied-
lerin in der Taiga, die erst als Erwachsene
erfahren hat, dass es jenseits der Wälder
eine Welt gibt. Ein Mathematiker, der
tausend Jahre der russischen Geschichte
für erfunden hält. Ein Priester, der in der
atomar verseuchten Sperrzone von Tscher-
nobyl predigt. »Mein russisches Abenteuer«
ist eine Reiseerzählung, die durch das heutige Russland führt. Aus ganz persönlicher
Perspektive porträtiert Jens Mühling eine
Gesellschaft, deren Lebensgewohnheiten,
Widersprüche, Absurditäten und Reize
hierzulande nach wie vor wenigen vertraut
sind.

Paperback, ca. 512 Seiten
ISBN 978-3-7701-8259-6
Preis 16,99 € [D]/17,50 € [A]
Auch als E-Book erhältlich

»Ein poetisches Buch –
interessant, schockierend und
zutiefst fesselnd ...«
Daily Telegraph

Im Schatten der Seidenstraße

*Entlang der historischen Handelsroute
von China nach Kurdistan*

von Colin Thubron

Übersetzt von Werner Löcher-Lawrence

In Bussen, Zügen, klapprigen Taxis und Geländewagen, auf Eselskarren und Kamelen folgt Colin Thubron dem Verlauf der ältesten und berühmtesten aller historischen Handelsrouten. Im Herzen Chinas beginnend, steigt sie auf in die zentralasiatischen Gebirgsmassive, führt durch Uiguren-Land, durch Usbekistan, Kirgisistan und Afghanistan und zieht sich schließlich durch die weiten Ebenen des Iran und den kurdischen Teil der Türkei bis ins alte Antiochia am Mittelmeer. In sieben Monaten legt Colin Thubron mehr als elftausend Kilometer zurück. Mit Zähigkeit, Ausdauer und bewundernswertem Durchhaltevermögen meistert er die Strapazen und Gefahren seiner geradezu epischen Reise. Den Rucksack nur mit dem Nötigsten gefüllt, das Geld in einer leeren Flasche Mückenschutzmittel versteckt, Sandstürmen, Schnee und Hitze trotzend, sucht er nach den Spuren einer Jahrtausende alten Geschichte und ist immer und überall ein sensibler Beobachter, neugieriger Gesprächspartner und glänzender Erzähler, der sich auf die Menschen, denen er begegnet, einlässt und ihre Identität erspürt. Das geradezu poetisch geschriebene Werk zeigt Thubrons tiefe Passion für die Belange und die Geschichte einer Weltgegend, die uns weithin unbekannt ist.